ALLA SCOPERTA DELLA MIA STRADA

(titolo originale: Finding My Way)

Salty Key Inn - libro 2

Judith Keim

Wild Quail Publishing

Traduzione di Isabella Nanni

LIBRI DI JUDITH KEIM

LA SERIE DELLE DONNE HARTWELL:

L'albero che parla – 1
Chiacchiere dolci – 2
Chiacchiere dirette – 3
Chiacchiere infantili – 4
Le donne Hartwell – Cofanetto

LA SERIE DEGLI HOTEL DELLA CASA SULLA SPIAGGIA:

Prima colazione all'Hotel The Beach House - 1
Pranzo al Beach House Hotel - 2
Cena al Beach House Hotel - 3
Natale al Beach House Hotel - 4
Margarita al Beach House Hotel - 5
Dolce al Beach House Hotel - 6

IL GRUPPO DEI VENERDÌ GRASSI:

Venerdì grasso - 1
I sabati di Sassy - 2
Domeniche segrete - 3

LA SERIE DI SALTY KEY INN:

Trovarmi - 1
Trovare la mia strada - 2
Trovare l'amore - 3
Trovare la famiglia - 4
La serie Salty Key Inn - Cofanetto

LIBRI DEL SEASHELL COTTAGE:

Una stella di Natale
Cambiamento di cuore
Un'estate di sorprese

Un viaggio in auto da ricordare
Le ragazze della spiaggia

LA SERIE DELLA LOCANDA DI CHANDLER HILL:
Andare a casa - 1
Tornare a casa - 2
Finalmente a casa - 3
La serie Chandler Hill Inn - Cofanetto

LA SERIE DELLA LOCANDA DELLA SALVIA DEL DESERTO:
I fiori del deserto - Rosa - 1
I fiori del deserto - Giglio - 2
I fiori del deserto - Salice - 3
I fiori del deserto - Vischio e agrifoglio - 4

LE ANIME SORELLE AL CEDAR MOUNTAIN LODGE:
Sorelle di Natale - Antologia
Baci di Natale
Castelli di Natale
Storie di Natale - Antologia Soul Sisters
Gioia di Natale

LA SERIE DELLA LOCANDA DI SANDERLING COVE:
Onde di speranza - 1
Auguri di sabbia - 2
Baci salati - 3

ALTRI LIBRI:
L'ABC della convivenza con un bassotto
C'era una volta un'amicizia - Antologia

Vincere alla grande - una piccola storia d'amore per tutte le età
Speranze per le vacanze
I biglietti vincenti - (2023)

Per maggiori informazioni: www.judithkeim.com

wildquail.pub@gmail.com
www.judithkeim.com

Wild Quail Publishing
PO Box 171332
Boise, ID 83717-1332

ISBN#: 978-1-962452-67-0
Copyright © 2017, 2023, Judith Keim.
Traduzione di Isabella Nanni.
Tutti i diritti riservati.

Dedica

For all of my readers in Italy.

CAPITOLO 1
DARCY

Darcy Sullivan stava marciando attraverso il prato del Salty Key Inn a Sunset Beach, sulla costa occidentale della Florida, con i pensieri ancora rivolti alla sfida che lo zio Gavin aveva lanciato a lei e alle sue due sorelle nel suo testamento. A ciascuna di loro era stata lasciata una quota di un terzo dell'hotel, una quota che avrebbe potuto significare una grande quantità di denaro in futuro. Al momento, non significava altro che una mole assurda di lavoro e molta incertezza. Non riusciva a distogliere la mente dal messaggio speciale che lo zio Gavin le aveva scritto alla fine della lettera: *Darcy, tu non sei chi pensiamo che tu sia.*

«Che diavolo significa?» borbottò tra sé e sé. Lo zio Gavin Sullivan, o "Big G" come veniva chiamato talvolta, era un mistero per lei e per le sue sorelle. Anche se erano parenti, non era stato molto presente nella sua vita. Darcy aveva un vago ricordo di un omone dalla voce grossa, ma poiché suo padre non andava d'accordo con suo fratello, lei aveva visto lo zio di rado. Ecco perché il suo folle progetto di ristrutturare l'hotel entro un anno in cambio di un sacco di soldi era così strano.

«Non sei chi pensiamo che tu sia.» Accidenti! Lei, più delle sue sorelle, aveva la testa sulle spalle, no? La sorella maggiore, Sheena, stava ancora cercando di conciliare la propria vita con la maternità, con una famiglia che le aveva quasi tolto l'autostima. E la sorella minore, Regan, la bella della famiglia, stava ancora imparando che era molto più intelligente di quanto avesse sempre pensato. Per quanto riguardava lei stessa, Darcy intendeva portare a termine il progetto, prendersi i soldi e partire per destinazioni eccitanti. Forse i geni dello zio stavano facendo la loro parte, ma anche lei, come lui, voleva vivere delle avventure e vedere il mondo.

In quella luminosa e soleggiata mattina di maggio, Sheena le venne incontro con passi sicuri che le facevano oscillare i capelli ramati avanti e indietro sopra le spalle. Giovane madre di due adolescenti, era una donna attraente... e ancora la cosiddetta "donna perfetta" della famiglia.

«Darcy! Sei proprio la persona che volevo vedere!» disse Sheena. «Ti ho fissato un appuntamento per incontrare un giornalista del giornale locale. Pubblicheranno un articolo sul Salty Key Inn e su quello che stiamo cercando di fare qui. Il giornalista si chiama Nick Howard. Gli ho detto che lo avresti chiamato per confermare l'incontro il prima possibile.»

Darcy alzò gli occhi al cielo. *Cos'è che rendeva le sorelle maggiori così maledettamente autoritarie?* «Okaaay, lo farò.» Mentre pronunciava queste parole, Darcy sentì un formicolio, come se avesse un ragno dalle zampe lunghe sulle spalle. Fin da bambina, il suo desiderio segreto era quello di diventare una giornalista di giornale o la famosa autrice del romanzo più amato del mondo. Era finita a fare la programmatrice di computer perché era lì che c'erano i soldi e lei doveva essere in grado di ripagare i prestiti che aveva preso per studiare all'università. Ma ora l'idea di viaggiare scrivendo il romanzo perfetto era il suo sogno.

Accettò con entusiasmo il biglietto di Sheena con il nome e il numero di telefono di Nick. In qualche modo, avrebbe dovuto dare un risvolto positivo alla situazione in cui si trovavano lei e le sue sorelle. Quando avevano saputo della loro eredità, Darcy aveva pensato che si sarebbe ritrovata ricca a sorseggiare margarita seduta sulla spiaggia. Che brutto scherzo!

###

Nel suo ufficio, Darcy compose il numero del giornalista.

«Pronto?» L'uomo all'altro capo parlava con una voce profonda e ricca che a Darcy ricordò l'attore corpulento il cui noto basso faceva sembrare sexy anche le banali pubblicità televisive.

«Pronto, Nick? Sono Darcy Sullivan. Mia sorella, Sheena Morelli, ha parlato con te di un articolo di giornale sul nostro hotel, il Salty Key Inn.»

«Ah, sì. Sembra interessante.»

«Vorrei organizzare un incontro. Ci piacerebbe averti nostro ospite a pranzo da Gracie, il ristorante dell'hotel. Se puoi.»

«Mi sembra una buona idea. Perché non facciamo oggi?»

«Perfetto. Diciamo all'una. Ci vediamo fuori.»

«Ci vediamo allora» disse Nick.

Quando riagganciò il telefono, Darcy si chiese come fosse l'uomo che si celava dietro quella voce. In Florida non le era andata molto bene con gli uomini. Prima si era resa ridicola prendendosi una cotta per Brian Harwood, il ragazzo della porta accanto, e l'altro ragazzo con cui era uscita era stato un enorme flop. Il tipo era tornato con la sua ex, lasciandola a bocca asciutta. Se Nick Howard era bello come la sua voce, forse era il momento giusto per riprovare a uscire con qualcuno. Doveva dimostrare a sé stessa di non essere una perdente.

Per il resto della mattinata, la sua attenzione fu occupata dai problemi di installazione di un sistema wi-fi nelle due stanze degli ospiti. Per quanto il loro budget fosse limitato, tutte e tre le sorelle avevano concordato che, nel mondo di oggi, avere una linea wi-fi era essenziale. Con l'aiuto di Chip Carson, un giovane disponibile a fare il lavoro a un prezzo ragionevole, stavano facendo buoni progressi.

Poco prima dell'una, Darcy lasciò il suo ufficio nell'edificio principale, che si affacciava su Gulf Boulevard, e si affrettò ad attraversare il parco dell'hotel per raggiungere la suite che condivideva temporaneamente con Regan. Voleva rinfrescarsi prima dell'appuntamento a pranzo con Nick.

Prima di raggiungere l'edificio, si fermò a fissare quella che un tempo era stata una piccola casa con le pareti rosa. Era il luogo in cui lo zio Gavin aveva voluto che lei vivesse con le sue due sorelle per un anno intero. Dopo un terribile incendio, la casa stava per essere abbattuta perché il perito dell'assicurazione l'aveva definita un pericolo e un peso. Lei e le sue sorelle erano grate che il magro budget che avevano a disposizione per la ristrutturazione non avrebbe dovuto sostenere anche il costo della ricostruzione della casa, a cui avrebbe fatto fronte invece il risarcimento dell'assicurazione per gli incendi. Se necessario, eventuali fondi aggiuntivi sarebbero arrivati dal patrimonio dello zio Gavin. Ma vivere nelle suite significava una possibile perdita di entrate. Non avrebbero potuto affittare quelle stanze finché non fosse stato completato il nuovo edificio.

Sospirando per i problemi che stavano affrontando, Darcy si affrettò a entrare nella sua stanza.

Mentre si lavava, sentì Regan entrare nella suite e poi dirigersi verso il bagno.

Con indosso jeans strappati e una vecchia maglietta macchiata di vernice blu, Regan era bella come sempre con i suoi lunghi capelli scuri e gli occhi violetti. Qualcuno diceva che assomigliava a Liz Taylor, un vero schianto.

«Ehi! Cosa stai facendo? Sei tutta elegante» disse Regan lanciandole un'occhiataccia.

«Devo incontrare un giornalista per pranzo. Sheena mi ha organizzato un'intervista per un articolo di giornale su di noi e sul Salty Key Inn.»

Regan sorrise. «Bello. Un buon modo per iniziare il nostro programma pubblicitario.»

Darcy annuì, ma dentro di sé pensava che poteva essere un buon modo per iniziare a essere una scrittrice creativa, non solo per il progetto dell'hotel, ma anche per il romanzo che sperava di scrivere.

Dopo essersi controllata allo specchio, si passò una mano tra i riccioli rossi e si spazzolò via una macchia immaginaria sul suo semplice vestito verde scuro senza maniche. «Credo di non poter essere più pronta.» Sembrava così facile per le sue sorelle avere un aspetto curato, mentre lei doveva impegnarsi a fondo.

Dopo di che, si affrettò ad attraversare il parco dell'hotel ancora una volta.

Una macchia di piume blu si diresse verso di lei.

«No, Petey! Vai via!» gridò Darcy, e cominciò a caricare il fastidioso pavone che dominava la zona.

Quando il grosso uccello capì che Darcy faceva sul serio, emise un rauco starnazzo e si allontanò, trascinandosi dietro le penne della coda.

Uccello maledetto!

Rallentò i passi quando fu più vicina al ristorante. Davanti all'ingresso c'era un uomo alto, dalle spalle larghe e dalla corporatura tarchiata, con i capelli e la barba bianchi che contrastavano con la pelle abbronzata. *Era quello Nick Howard?*

Darcy si guardò intorno per vedere se c'era qualcun altro nelle vicinanze e, quando non apparve nessuno, si avvicinò all'uomo.

«Nick?»

Lui inclinò la testa e le sorrise. «Darcy?»

Lei gli tese la mano. «Per un attimo non sapevo se chiamarti Babbo Natale o Ernest Hemingway.»

La sua risata fu cordiale, quasi un "ho-ho-ho", come se lo facesse a Natale.

Felice, Darcy ridacchiò.

Nick terminò la stretta di mano e, con occhi scintillanti, disse: «Mi piacciono le donne con un buon senso dell'umorismo. Quanti anni hai, Darcy?»

«Ventisei» rispose lei, chiedendosi perché volesse saperlo. *Era forse uno di quei tipi anziani a cui piaceva avere una "nipote" al braccio per le occasioni mondane?* «Entriamo?»

Lui si passò una mano sullo stomaco. «Assolutamente. Devo confessare che ho sentito parlare di Gracie. Ha un'ottima reputazione da queste parti. A volte faccio recensioni di ristoranti per il giornale, ma non diciamo a nessuno chi sono o perché sono qui. D'accordo?»

«Certo» rispose lei.

Entrarono nel ristorante gestito da Gracie Rogers e dal resto del gruppo che tutti chiamavano la gente di Gavin. Gavin aveva aiutato queste otto persone, che aveva conosciuto nel corso della sua vita, dando loro un posto dove vivere in cambio di quello che potevano fare lavorando all'hotel. Quando li avevano ereditati, insieme all'albergo, Darcy e le sue sorelle avevano continuato questo accordo.

Quando entrarono nel ristorante, Lynn Michaels la salutò e venne da lei.

«Buon pomeriggio. È un piacere vederti.» Li condusse all'aperto, a un tavolo sotto un ombrellone sul patio.

Maggie O'Neill si affrettò a salutarli, tenendo in mano dei menu.

«Buon pomeriggio.» Sorrise a Darcy e poi rivolse la sua attenzione a Nick. «Posso portarvi qualcosa da bere oltre all'acqua?»

Nick lanciò un'occhiata a Darcy. «Com'è la limonata ghiacciata?»

«Deliziosa. Ma io prendo solo dell'acqua frizzante. Ne vuoi un po'?»

«Certo» disse Nick. Accettò un menu da Maggie e iniziò a studiarlo.

Dopo che Maggie se ne fu andata, Darcy disse: «Al momento il ristorante serve solo colazione e pranzo. In futuro Gracie potrebbe richiedere una licenza per vino e birra e servire la cena.»

Nick annuì. «Capisco. Il menu sembra davvero notevole. Ci sono diverse cose che mi piacerebbe provare.» Si acciglìò quando gli squillò il cellulare, ma lo tirò comunque fuori dalla tasca della sua camicia blu.

Darcy lo osservò studiare un messaggio e poi digitare una rapida risposta.

«Scusa.» Nick le lanciò un'occhiata mortificata e infilò di nuovo il telefono nel taschino della camicia. «Era mia moglie, mi ha scritto per assicurarsi che stessi rispettando la dieta che mi ha imposto.»

All'espressione colpevole che gli attraversò il viso, Darcy nascose una risata.

Lui si sporse in avanti e sussurrò: «Non glielo andrai a dire se ordino qualcosa che non è sulla sua lista, vero?»

Darcy non poté fare a meno di ridere. «No, te lo prometto. Tu da' una buona valutazione al ristorante e io manterrò il tuo segreto.»

«D'accordo» disse lui, raddrizzandosi con un sorriso. «È un inferno essere sposati con qualcuno che vuole prendersi cura di te tutto il tempo. Ma la amo.»

Dopo aver studiato il menu per qualche altro minuto, Nick lo mise giù.

Maggie se ne accorse e si affrettò ad avvicinarsi al tavolo. «Siamo pronti per ordinare?»

Nick lanciò un'occhiata a Darcy e poi sorrise a Maggie. «Ho

pensato di assaggiare un paio di cose. Ali di pollo, panino con cernia e insalata di pomodori.»

Maggie spalancò gli occhi, ma mantenne il sorriso. «E tu, Darcy?»

«Prendo il solito. Insalata di pollo.»

Dopo che Maggie se ne fu andata, Darcy agitò scherzosamente un dito contro Nick. «Non vedo l'ora di leggere la tua recensione.»

Risero insieme e poi Nick si fece serio. «Parlami dell'hotel. Vedo che avete già fatto dei lavori. Qualche anno fa era uno dei migliori posti per famiglie, grazie alla sua ottima posizione e all'accesso alla spiaggia. Ho saputo da Sheena che vostro zio l'ha lasciato a te e alle tue sorelle.»

Darcy annuì. «Siamo rimaste molto sorprese quando ci hanno parlato dell'hotel e completamente scioccate quando l'abbiamo visto. Ma io e le mie sorelle siamo determinate a vincere la sfida lanciata da mio zio di renderlo operativo per gli ospiti entro un anno. Abbiamo tutte molto da imparare sul settore alberghiero».

Mentre parlava, arrivò il cibo. Tra un boccone e l'altro, Darcy continuò a parlare. «E abbiamo imparato molto l'una dell'altra.»

Nick ascoltava con attenzione, anche quando faceva schioccare le labbra deliziato dal pasto.

«Lavorare con le proprie sorelle non è sempre facile. Quando un incendio ha distrutto la nostra casa e messo in pericolo i figli di Sheena, la mia sorella maggiore, quella forte, voleva mollare, credeva di rendere infelice la sua famiglia e di metterla in pericolo. E...» Darcy si rese improvvisamente conto di quanto tempo aveva parlato e si fermò, sentendo le guance diventare bollenti. «Non volevo dilungarmi troppo.»

Nick la studiò. «Hai mai pensato di scrivere? Hai un modo così naturale di raccontare storie.»

Darcy sbatte le palpebre per la sorpresa. «In realtà, sì. Da bambina volevo fare la giornalista e poi ho pensato che mi sarebbe piaciuto provare a scrivere un romanzo. Ma finora non ho avuto il tempo di fare nessuna delle due cose.»

Nick si protese in avanti. «Ti piacerebbe recensire ristoranti per il *West Coast News*? Ti aiuterei, naturalmente, e mi toglierei mia moglie di torno.»

Darcy rise e si appoggiò allo schienale per studiarlo. «Dici sul serio?»

«Sì. E chissà, forse, più avanti, potresti arrivare ad avere una rubrica settimanale di qualche tipo. Mi piaci, Darcy. Ci servirebbe una persona come te al giornale, una persona con uno sguardo fresco e nuovo sulle cose.»

Darcy fu travolta dall'eccitazione. Questo poteva essere l'inizio del suo sogno. Già si vedeva su un'isola tropicale, distesa su una sedia a sdraio, a leggere un libro o a progettare il suo romanzo pluripremiato.

«Ok, lo farò.» Mentre parlava, ricordò il formicolio che aveva provato pronunciando quelle stesse parole. Forse tutto questo faceva parte di un piano più grande, pensò, improvvisamente nervosa.

«Bene» disse Nick, posando lo sguardo su di lei. «Che cosa racconteresti del tuo pasto?»

Darcy fece un respiro profondo, evocando le parole migliori che avrebbe potuto usare. «La mia insalata di pollo era saporita, con note esotiche di melone e zenzero, sormontata da fette di mandorle croccanti e dorate e arricchita da un condimento al limone che amalgamava perfettamente gli ingredienti.»

Nick sorrise. «Lo sapevo.» Le porse la mano attraverso il tavolo. «Sei assunta.»

Lei gli strinse la mano con decisione. «Accetto il lavoro. Quanto mi pagano?»

Lui si mise a ridere. «Oltre al cibo gratis?»

«Oh, ho capito» disse Darcy, rendendosi conto di quanto fosse piccolo questo giornale locale perché la prendessero anche solo in considerazione per quel lavoro. «Comunque, lo farò. Ma, Nick, voglio quella rubrica sul giornale.»

«Bene. Ne parleremo tra un paio di mesi.» Sorrise. «Ora ordiniamo il dessert. Il cibo qui è una bomba e voglio vedere se le loro torte e i loro dolci sono altrettanto buoni.»

Mentre aspettava che Nick finisse di assaggiare la torta al lime e la torta al cioccolato e arancia, Darcy lo studiò. Sembrava un uomo così felice e piacevole. *Forse*, pensò, *è questo che mi mancava nei tipi con cui sono uscita.* I ragazzi con cui era uscita erano sempre sembrati rigidi e ansiosi di dimostrare qualcosa. Sheena le aveva detto di rilassarsi, che un giorno avrebbe trovato qualcuno. E forse ora, con il suo nuovo lavoro part-time al giornale, avrebbe smesso di preoccuparsi di avere un uomo nella sua vita e avrebbe preso ogni giorno come veniva, con o senza un ragazzo.

Dopo aver mangiato l'ultimo boccone, Nick le fece l'occhiolino. «Sei pronta a farmi fare un giro della proprietà?»

«Sì, ma solo se capisci che siamo ancora in fase di ristrutturazione. Se le cose andranno bene, dopo il primo dell'anno aggiungeremo molte altre migliorie alle camere e ulteriori servizi.»

«Capito. Andiamo.» Nick si alzò e la aiutò ad alzarsi dalla sedia.

Mentre Darcy mostrava a Nick la proprietà, compresa l'area del molo di fronte alla baia e la piscina, gli descrisse i progetti di miglioramento. E quando lo portò all'interno dell'edificio delle camere per gli ospiti che avevano chiamato Airone e gli mostrò una camera da letto in fase di sistemazione, fu pervasa da un vero senso di orgoglio. I mobili dipinti, posti sopra una moquette commerciale color sabbia, erano meravigliosi. Regan chiamava lo stile della finitura del legno *shabby-chic*. Con il tempo, avrebbero trovato tende e altri arredi per completare la stanza.

«Ottimo lavoro» disse Nick a Regan, dopo che Darcy ebbe fatto le presentazioni. «Hai davvero buon occhio per queste cose.»

Darcy fu felice di vedere l'espressione di gioia che attraversò il volto di Regan. Tra tutte loro, Regan era quella più felice del loro sforzo per vincere la sfida dello zio Gavin. Era già una persona molto diversa, con molta più fiducia in sé stessa.

Uscirono dall'edificio e si diressero verso il parcheggio accanto al ristorante.

Sheena uscì dal locale, salutò con la mano e le venne incontro. Aveva tenuto testa alla sua famiglia per partecipare a questa sfida di Gavin, e Darcy ne era felice. Intelligente e disposta a lavorare sui numeri, Sheena era una grande risorsa, anche se un po' autoritaria.

«Piacere di conoscerti, Nick» stava dicendo Sheena. «Spero che tu ci faccia un sacco di buona pubblicità.»

Nick sorrise. «Lo farò, credetemi. Il ristorante di Gracie merita una valutazione a cinque stelle come miglior posto per mangiare a pranzo.» Batté una mano sulla schiena di Darcy. «E Dee Summers, qui, mi aiuterà a fare le recensioni dei ristoranti.»

Sheena e Darcy si scambiarono uno sguardo interrogativo.

«Dee Summers?» disse Darcy.

Nick fece una risata di pancia. «Sarà il tuo nome al giornale. Non puoi fare recensioni con il tuo nome. E ho in mente un'idea per una rubrica speciale.»

«Di che cosa state parlando?» chiese Sheena, aggrottando

la fronte perplessa.

«Come dice Nick, lo aiuterò con alcune recensioni dei ristoranti. E poi, potrei avere una mia rubrica settimanale sul giornale.» Darcy non riuscì a nascondere lo stupore dal tono di voce. Era un sogno che si realizzava. Forse non era quello definitivo che voleva, scrivere un romanzo, ma era un inizio.

Sheena le fece un cenno pensieroso. «Buon per te, Darcy.»

Dopo che si fu allontanata, Darcy si voltò verso Nick. «Credo che ti chiamerò Babbo Natale. Mi sembra di aver appena aperto un pacco regalo.»

Lui sorrise. «Ok, Dee. Ci vediamo in giro. Mi farò sentire.»

CAPITOLO 2
SHEENA

Sheena si avvicinò alla casa rosa in cui lei e le sue sorelle avrebbero dovuto vivere. Mentre se ne stava sotto il sole cocente a guardare i suoi resti bruciati, fu scossa da un brivido. Alcune settimane prima, i suoi figli si erano trovati in casa quando il tubo del gas della cucina era scoppiato, provocando un'esplosione. Guardare le fiamme, sapendo che i suoi ragazzi erano all'interno, era stata un'esperienza terrificante che continuava nei suoi incubi. Anche ora, inspirando l'odore di legno bruciato, le si rivoltava lo stomaco e le girava la testa al pensiero di quello che avrebbe potuto perdere.

Voleva che i suoi figli venissero in Florida per sperimentare ciò che lei stava vivendo in albergo, in modo che si rendessero conto che sarebbe valsa la pena lasciare Boston per un anno. A quasi quindici anni, Meaghan aveva bisogno di una buona dose di realtà e di gentilezza. Ora che aveva diciassette anni, anche Michael era un adolescente che pensava di avere diritto alle belle cose che gli erano state date. Tra il lavoro che Sheena gli aveva fatto fare in giro per l'hotel e l'incidente dell'incendio, i loro atteggiamenti erano radicalmente cambiati. Ma era il cambiamento di suo marito Tony che l'aveva toccata più di ogni altra cosa. Con il suo incoraggiamento, le aveva dato un motivo per rimanere all'hotel e cercare di farne un successo.

Prima di proseguire, Sheena salutò gli operai che stavano sgomberando i resti della casa. Tra qualche settimana i ragazzi sarebbero tornati definitivamente in Florida. Anche Tony avrebbe potuto essere con loro. Stava pensando di aprire un'attività di termoidraulica indipendente in Florida. Nel frattempo, aveva lavoro ogni volta che voleva per Brian Harwood, il giovane che Gavin aveva incaricato di aiutarle a ristrutturare l'hotel.

Sheena entrò nella suite che lei e le sue sorelle avevano sistemato come residenza temporanea per lei e la sua famiglia. Un tempo avevano pensato di ristrutturare prima le suite. Ma, vista la necessità di viverci, si stavano concentrando sulla ristrutturazione delle venti camere per gli ospiti al primo piano dell'Edificio Airone. Poi, se avessero avuto abbastanza soldi, avrebbero affrontato le venti camere del secondo piano.

Sheena si sedette al piccolo tavolo da cucina in legno che avevano recuperato dalla collezione di mobili delle stanze originali. Avevano in programma di sostituire tutti i mobili delle suite, ma fino a quando non avessero rifatto le stanze dell'Edificio Airone e non avessero avuto maggiori entrate, avrebbero dovuto aspettare.

Fissando i numeri sullo schermo del computer, Sheena fece un sospiro. A meno che non accadesse un miracolo, non sarebbero state in grado di preparare le suite per gli ospiti per un po' di tempo. C'erano molte cose di cui avevano bisogno: arredi, biancheria, mobili per la piscina e per il patio, televisori, telefoni e così via. Cercò dei fornitori per hotellerie online per vedere se potevano trovare dei saldi. Avevano già preso delle lampade e delle opere d'arte a un'asta di un hotel che vendeva i vecchi arredi per ristrutturare. Sicuramente ce ne sarebbero stati altri.

Le squillò il cellulare. Sheena controllò lo schermo e sorrise. *Meaghan.* C'era stato un tempo in cui sua figlia si era rifiutata di parlarle perché era arrabbiata perché Sheena aveva lasciato Boston. Ora voleva parlare sempre, da quattordicenne che era.

«Ciao, tesoro! Cosa c'è?»

«È Lauren. Ora che sa che possiedi un hotel vuole tornare ad essere mia amica.»

«E?» chiese Sheena.

«E non so cosa fare» ammise Meaghan. «È una delle ragazze più popolari a scuola. O lo era. A Shelby non piace più.»

«Meaghan, è importante essere amichevoli con tutti, ma è altrettanto importante scegliere con saggezza gli amici più stretti. Ricordi quanto è stata crudele Lauren con te? Fossi in te manterrei solo una distanza amichevole.»

«Indovina un po'! Tommy mi ha chiesto se volevo andare al ballo di fine anno scolastico. Gli ho detto che ci avrei pensato.»

«Ci avresti pensato?» Sheena scosse la testa. Un tempo sua figlia avrebbe fatto di tutto per andare ovunque con Tommy Whitehouse.

«Sì, perché spero che mi inviti Danny Sawyer» disse Meaghan.

«Ricordati di essere gentile» la ammonì Sheena.

«Lo so, mamma. Non devi dirmelo» sbuffò Meaghan esasperata.

Sheena si trattenne dal rispondere. A volte era difficile avere a che fare con un'adolescente, soprattutto quando si trattava della propria figlia che stava scoprendo che i ragazzi la trovavano attraente. Era una notizia sia buona che cattiva.

Parlarono dell'abito che Meaghan voleva per il ballo e poi Sheena riattaccò con la promessa di guardare la fotografia del vestito che Meaghan le avrebbe inviato per email.

Darcy bussò alla porta ed entrò. «Ecco il conto finale di Chip per la sua parte di installazione del sistema wi-fi in tutti gli edifici.»

Sheena prese il foglio che Darcy le stava porgendo e studiò le cifre. «È più alta di quanto pensassi, ma è comunque ragionevole. Dovremo destreggiarci con i soldi per i televisori delle camere degli ospiti.»

«Hai ottenuto un buon prezzo per la moquette per tutte e quaranta le stanze, vero?» chiese Darcy.

Sheena annuì. «È stato una manna per il nostro budget. Grazie al cielo, qualcuno ha ordinato qualche rotolo in più per un lavoro che stava facendo la sua azienda e siamo riuscite ad averla a prezzo di saldo.»

Darcy la guardò a lungo. «Dopo aver fatto fare un giro a Nick, ho riflettuto un po'. Con la nuova pubblicità che potrebbe farci, dobbiamo aprire quelle stanze il prima possibile. Credo che dovremmo vederci con Regan e parlarne.»

«Mi sembra una buona idea. Dobbiamo parlare dell'arredamento del patio e di qualsiasi altra struttura e servizio da offrire ai nostri ospiti. Anche se avremo solo venti camere aperte, dobbiamo fare le cose per bene.» Sheena non poté fare a meno di chiedere: «Hai davvero intenzione di recensire ristoranti per il *West Coast News*?»

Darcy sorrise. «Ehi, è un inizio. Giusto? E Nick è un tipo fantastico. Non dovrebbe portare via troppo tempo. Si tratta solo di qualche serata fuori.»

«Be', se hai bisogno di qualcuno che ti accompagni, lo farò io.»

Darcy rise. «Vedremo.»

Quella sera, Sheena preparò per sé e per le sorelle una semplice insalata verde condita con gamberetti freddi. Darcy versò un pinot grigio ghiacciato e Regan affettò il pane francese che le aveva donato Gracie.

Sheena mise le insalate davanti alle sorelle e si rivolse a Darcy. «Ehi! Non provare a scriverne. Il *West Coast News* non farà una recensione su come cucino.»

Darcy rise. «Vedremo.»

Regan si accigliò. «Di che cosa state parlando voi due?»

«Mi occuperò di recensire ristoranti per il *West Coast News*» annunciò Darcy con orgoglio. «Nick Howard mi ha chiesto di aiutarlo e, se le cose andranno bene, mi potrebbero anche dare da scrivere una rubrica settimanale.»

Regan spalancò gli occhi. «Cavolo, Darcy! È fantastico!» La sua espressione si fece improvvisamente seria. «Ma questo non toglierà niente alla campagna pubblicitaria dell'hotel, vero?»

Darcy scosse la testa. «No, ma temo che con l'articolo che Nick sta facendo per noi, caminceranno ad arrivare richieste di prenotazioni per le camere. Volevo parlare con te e Sheena della possibilità di anticipare il nostro programma.»

«Sei tu la responsabile delle camere degli ospiti, Regan. Quindi, sotto molti aspetti, sei tu a dirigere l'operazione» disse Sheena.

«Sì, dobbiamo sapere cosa ne pensi» aggiunse Darcy.

Regan si coprì il viso con le mani.

Sheena e Darcy si guardarono l'un l'altra.

«Stai bene, Regan?» chiese Darcy.

Quando Regan sollevò il viso, Sheena fu sorpresa di vedere occhi di sua sorella pieni di lacrime. «Cosa c'è che non va, tesoro?»

«È la prima volta che mi dite che posso comandare su di voi. Avete idea di cosa significhi per me?» La voce di Regan era tremolante.

Darcy alzò il suo bicchiere di vino bianco. «Alla sorellanza!»

Regan sorrise e sollevò il bicchiere. «A noi!»

«Alle sorelle Sullivan!» disse Sheena, sentendosi crescere dentro un afflato d'affetto per le sue sorelle.

Non erano sempre andate d'accordo, ma lavorare a questo progetto le aveva unite. Lo zio Gavin aveva sperato che la sua sfida fosse una lezione di vita per ciascuna di loro. A quanto pareva la lezione era in corso.

«Abbiamo bisogno di un aggiornamento completo sulle stanze» disse Sheena. «Quello che è stato fatto, quello che dev'essere fatto e un programma per ciascuno.»

«Ok, sorellona, dopo cena andiamo in salotto a discuterne» disse Regan.

«E dobbiamo mettere insieme una lista di cose da comprare» disse Darcy.

«Dopo che mi avrete dato le informazioni, sarò in grado di aggiornare completamente il nostro budget. Potrei riuscire a convincere Blackie Gatto a spostare alcune di queste voci nelle spese ragionevoli dell'hotel prima dell'apertura, in modo che il nostro ridicolo budget di ristrutturazione di centocinquantamila dollari possa bastare. Abbiamo già speso un sacco di soldi.»

«Niente più incontri a cena con Blackie. Limitiamoci a un caffè, ok?» disse Darcy.

Sheena non poté fare a meno di aggrottare la fronte. «Era un incontro di lavoro. Ricordi?» Quando suo marito Tony aveva scoperto che era uscita a cena con Blackie, si era infuriato. Le ci era voluto un po' di tempo per convincerlo che si trattava solo di affari.

«Penso che dovremmo invitare Blackie alla nostra inaugurazione» disse Regan, dissipando il momento di disagio.

«Buona idea» disse Sheena. «Nel frattempo, dobbiamo convincerlo che una parte dei costi di questa operazione dovrebbe provenire dal patrimonio di Gavin e non dal nostro budget.»

Regan parlò dei progressi nelle camere degli ospiti. Aveva

preso molti dei comò, dei tavolini e delle testate originali delle camere degli ospiti e, con una tecnica speciale che prevedeva l'uso della vernice a gesso, li aveva trasformati in pezzi azzurro chiaro con una finitura *shabby-chic*. Le pareti erano state tinteggiate e la moquette era nuova. Ma le stanze dovevano ancora essere completate con gli ultimi ritocchi, quelli più costosi delle tende per le finestre e delle apparecchiature elettroniche.

«E i bagni?» chiese Sheena. «Non li abbiamo quasi toccati.»

«Abbiamo provato a pulirli con prodotti normali» sospirò Regan, «ma credo che dovremmo assumere dei professionisti per pulirli con prodotti chimici speciali e sbiancare anche le piastrelle dei pavimenti. Qualcuno mi ha detto che, se necessario, le vasche possono essere rismaltate. E credo che le fughe vadano solo pulite, non sostituite.»

«Dovremmo preoccuparci di farli sembrare nuovi?» chiese Darcy.

Sheena annuì. «Fa una grande differenza. E ho un'idea per i lavabi. Se sostituiamo i vecchi mobiletti in legno con un piano d'appoggio in laminato e due lavabi, possiamo aggiungere un ripiano aperto sottostante per riporre asciugamani e altri oggetti. In questo modo saranno più attraenti anche per le famiglie. Tony l'ha fatto per una piccola proprietà nel New Hampshire, e ha funzionato bene e con poca spesa.»

«Chiediamo a Tony di lavorarci con Brian» disse Darcy.

All'idea, le labbra di Sheena si incurvarono. Questo avrebbe dato a Tony una buona scusa per tornare in Florida... senza i ragazzi.

«Come faremo a convincere la gente a prenotare le camere qui se stiamo ancora ristrutturando?» chiese Regan.

«Ho un piano» disse Sheena.

Darcy le rivolse un sorriso malizioso. «Certo che sì. Sentiamo.»

«Ok. E se dessimo a ogni persona che soggiorna qui per due o più notti, il cinquanta per cento di sconto su due notti prenotate nei prossimi sei mesi. È un vantaggio per tutti. Giusto?»

«È geniale!» esclamò Darcy. «Possiamo pubblicare un annuncio sui giornali locali e io posso metterlo sul nostro sito web.»

«C'è un altro problema» disse Regan. «Dobbiamo completare almeno una stanza prima di poter scattare foto promozionali per il sito web e altre cose.»

«Va bene» disse Sheena. «Mi occuperò di chiamare un'impresa di pulizie, di dire a Tony di prepararsi a venire e di parlare con Brian dell'installazione dei ripiani e delle mensole nei bagni. Cercheremo di finire i bagni del primo piano il prima possibile. Toglieremo i lavandini dei bagni del secondo piano e li useremo per creare due lavandini gemelli identici nei nuovi lavabi. Ma così facendo, avremo un costo aggiuntivo per sostituire i lavandini al secondo piano quando rifaremo quelle stanze.»

«E i mobili da esterno?» chiese Darcy. «Ne abbiamo bisogno per ognuna delle venti stanze e anche per l'area della piscina.»

Sheena fece un sorriso diabolico. «Lasciate fare a me. Qualcuna vuole venire con me a prendere un caffè con Blackie?»

CAPITOLO 3
REGAN

Regan si alzò presto, si vestì in silenzio con abiti sempre più sporchi di vernice e lasciò la suite per andare da Gracie. Doveva incontrare due degli operai di Brian Harwood che la stavano aiutando a completare la ristrutturazione delle camere degli ospiti. Per quanto cercasse di evitarlo, doveva parlargli dei sanitari e della ferramenta. Brian avrebbe dovuto essere in grado di procurare quello che le serviva a prezzi scontati attraverso la sua impresa edile. Voleva delle nuove aste per le tende della doccia, di quelle curve che lasciavano più spazio nella doccia. E forse sarebbe stato a conoscenza di un'altra svendita di materiale di hotellerie per acquistare piccoli oggetti come specchi reversibili e portasapone.

Quando entrò da Gracie, fu accolta da sorrisi. Il ristorante avrebbe aperto presto per la giornata e il personale era riunito ai tavoli a sorseggiare caffè e a fare colazione prima che il locale diventasse un turbinio di attività.

«Caffè?» chiese Lynn.

Regan la ringraziò con un cenno del capo. «Mi sembra una splendida idea.»

«Che ne dici di un po' di uova?» chiese Bertha Baker, meglio conosciuta come Bebe. Una donna corpulenta con i capelli grigi raccolti in uno chignon, sembrava la tipica cuoca che si vede in un libro illustrato per bambini. Era più silenziosa di altre persone del gruppo di Gavin, ma a Regan piaceva molto.

«Grazie. Uova strapazzate e un muffin inglese andrebbero

benissimo.»

Bebe rise. «Sapevo che avresti ordinato quello.» Si alzò in piedi a fatica. «Torno tra un minuto.»

«Che succede?» chiese Gracie, entrando nella stanza. Il cibo delizioso che cucinava era il motivo per cui il ristorante aveva preso il suo nome.

«Stiamo cercando di completare le camere degli ospiti il prima possibile, in modo da poter aprire l'hotel» disse Regan. «Speriamo di riuscire a prepararne un numero sufficiente per gli ospiti entro un paio di mesi.»

«Sembra un sacco di lavoro» disse Rocky Gatto. Il fratello di Blackie sembrava un pirata, con i suoi capelli scuri e ricci, il naso adunco e il grande orecchino d'oro. Per completare l'immagine, gli bastavano una bandana rossa, una spada lucente e un pappagallo appollaiato sulla spalla.

«Sì, ma dobbiamo iniziare a fare soldi per vincere la sfida» disse Regan. «Qualcuno ha visto Brian? Ho bisogno di parlargli.»

«Dovrebbe arrivare presto» disse Maggie O'Neil. Sulla quarantina e la più giovane delle persone di Gavin, Maggie era una donna attraente che aveva un'aria di vulnerabilità che Regan aveva sempre notato. Regan, come le sue sorelle, non sapeva molto del gruppo, ma era sicura che Maggie avesse una storia più importante di quella di essere stata beccata con della droga nell'ospedale dove un tempo lavorava come infermiera.

Bebe tornò con le uova di Regan. «Ecco a te, tesoro.»

Regan si mise a mangiare di gusto. Se fosse stata fortunata, avrebbe finito di fare colazione e sarebbe uscita dal ristorante prima dell'arrivo di Brian. Si rese conto che non voleva affrontarlo di fronte agli altri, perché le creava tanti sentimenti confusi che non sarebbe riuscita a nascondere né a lui né a nessun altro.

Dopo aver finito di mangiare, si alzò. «Grazie a tutti. Buona giornata. Dite a Brian che lavorerò nell'Edificio Airone.»

Uscì di corsa dal ristorante e si diresse verso l'edificio dall'altra parte del prato. Quando una piccola lucertola le tagliò la strada correndo in mezzo all'erba, si fermò e trattenne uno strillo. Non si era ancora abituata a quelle creature, ma le avevano detto che erano preziose perché, anche se minuscole, mangiavano molti dei piccoli insetti che svolazzavano qua e là.

Petey, il pavone, le venne incontro con le sue piume blu che brillavano alla luce del sole.

«Ciao, bello» canticchiò Regan. Sorrise quando lui sollevò le penne della coda e le allargò con scarsa convinzione. «Oh, hai bisogno di qualcuno da amare, vero?»

«Tutti hanno bisogno di qualcuno da amare» disse una voce profonda alle sue spalle.

Regan si girò di scatto. Alla vista del bell'uomo di fronte a lei, si sentì avvampare le guance. «Ciao, Brian.»

«Ciao, ho visto Clyde fuori dal ristorante. Mi ha detto che volevi vedermi.»

Regan si disse di non fissarlo. «Sì. Sheena stava per chiamarti, ma io ho bisogno di parlarti dei bagni, di quali impianti dobbiamo ordinare per il nuovo design che vogliamo. Vuoi venire a dare un'occhiata a quello che abbiamo in mente?»

Brian scrollò le spalle e la guardò dritto negli occhi. «Certo.»

Mentre si avviavano insieme verso l'edificio, la mano di Regan gli toccò accidentalmente il braccio. Trattenne un sussulto per la scossa che il breve contatto con Brian le aveva trasmesso. Non poteva negare l'attrazione che c'era tra loro, ma, come sempre, si disse di stare attenta. In passato, gli uomini si erano interessati a lei solo per il suo aspetto. E quando scoprivano che non era interessata alle stesse cose che interessavano a loro, soprattutto quando non concedeva i favori sessuali che volevano, se ne andavano, chiamandola provocatrice o peggio. Era convinta che Brian Harwood fosse come loro. Le donne gli sbavavano dietro e lui sembrava apprezzarlo. In un momento di ubriachezza, Darcy gli aveva persino chiesto di diventare trombamici. Una cosa davvero assurda.

Regan scosse la testa. Non voleva più esperienze devastanti di quel tipo.

«Qualcosa non va?» le chiese Brian.

«No, no» rispose rapidamente Regan. Meglio mantenere le cose su una base puramente professionale.

Entrarono nell'edificio e si diressero in una delle stanze del piano inferiore.

Regan condusse Brian in bagno. «Vogliamo ingaggiare dei professionisti per far pulire le piastrelle dei pavimenti e i bordi della vasca e della doccia e per rismaltare le vasche che ne hanno bisogno. Conosci qualcuno?»

Brian sorrise. «Certo, può farlo uno dei miei ragazzi.»

Regan non poté fare a meno di ridere. A quanto pareva, Brian e la squadra della sua impresa edile potevano fare qualsiasi cosa. «Ok, parlane con Sheena. E dobbiamo procurarci le aste per le tende della doccia e sostituire gli specchi a muro a un buon prezzo, magari anche alla svendita di qualche hotel.»

«Qual è il nuovo design di cui parlavi?» chiese Brian.

«Al posto di questo mobile obsoleto per il lavandino, vogliamo installare un nuovo bancone con due lavandini e uno scaffale aperto sotto. Pensiamo di prendere i lavelli dalle stanze del secondo piano perché si abbinano a questi. In seguito li sostituiremo con altri nuovi. Abbiamo pensato che Tony potesse aiutarci.»

«Buona idea. Può occuparsi anche dell'impianto idraulico. Vedrò di incastrare il tutto nei nostri programmi e lo farò sapere a Sheena.»

«Ecco, è questo il punto. Vogliamo che sia fatto in fretta. Stiamo cercando di aprire le stanze di questo piano entro un paio di mesi o poco più. Pensi di farcela?»

Un'improvvisa tenerezza gli riempì il viso mentre continuava a fissarla.

Regan sapeva che voleva baciarla e fece un passo indietro, urtando contro la vasca da bagno. Si sentì cadere.

Braccia forti la afferrarono. «Ehi, attenta.»

Quando Brian la tirò su prendendola tra le braccia, lei cominciò a protestare. Ma quando le sue labbra si posarono sulle sue, il suo corpo ribelle rispose. Le piaceva da matti sentire le labbra di Brian, il suo sapore, la sensazione di sicurezza che provava tra le sue braccia.

Il buon senso prese il sopravvento.

Si staccò. «Scusa, non so cosa mi sia successo.»

Brian le rivolse uno sguardo fisso che la toccò nel profondo. «Ah no?»

Regan scosse la testa con decisione. «Non sono interessata.»

Un sorriso malizioso attraversò il volto di Brian. «Lo sarai perché non intendo arrendermi. Ma non preoccuparti, ti darò tutto il tempo per cambiare idea.»

Regan deglutì a fatica. Se doveva essere interessata a qualcuno, poteva essere Brian. Ma aveva troppe responsabilità sulle spalle per pensare a uscire con chiunque nel prossimo futuro. Per la prima volta in vita sua, le sue sorelle e tutti gli altri pensavano che fosse intelligente.

Brian la guardò e sospirò. «Ok, parlerò con Sheena poi possiamo cercare di far partire il progetto del bagno. Ci vediamo dopo.» Si girò e uscì, lasciando Regan a chiedersi se fosse poi così intelligente.

CAPITOLO 4
DARCY

Darcy se ne stava accanto a Sheena nell'ufficio di Blackie Gatto a St. Petersburg, in attesa che lui le raggiungesse. «Bell'ufficio» sussurrò lei, osservando l'arredamento attraente e poi guardando fuori dalla grande finestra che dava sull'insenatura sottostante, dov'erano legate diverse barche.

Sheena sorrise e annuì. «È un uomo molto intelligente e di grande successo. Siamo fortunati ad averlo dalla nostra parte quando si tratta di negoziare con l'avvocato di Gavin a Boston. Archibald Wilson non sarebbe altrettanto creativo nel far diventare certe cose una normale spesa alberghiera pre-apertura non coperta dal nostro ridicolo budget.»

Darcy sentì un rumore fuori dalla porta e poi Blackie Gatto entrò nella stanza. Aveva sempre pensato che assomigliasse a George Clooney, ma più giovane. Si chiese, come aveva già fatto in passato, come due fratelli potessero veicolare sensazioni così opposte. Rocky Gatto la spaventava con i suoi occhi profondi, scuri e misteriosi e i suoi sorrisi maliziosi. Ma Blackie non era affatto spaventoso.

«Ah, Sheena, è bello rivederti, mia cara. E come sta Tony?»

Sheena rise. «Mi sento un po' imbarazzata per il modo in cui si è comportato con te.»

Blackie sorrise. «È un brav'uomo.» Si rivolse a Darcy. «E tu sei Darcy, giusto?»

Darcy fece un cenno di assenso. «Sì, la sorella di mezzo.» Dirlo la faceva sentire insignificante. Ma d'altronde, essere paragonata alle sue sorelle l'aveva sempre fatta sentire così.

Blackie la studiò e sorrise. «Gavin era sempre interessato a quello che facevi. Aveva la netta sensazione che avresti ingannato tutti facendo qualcosa di diverso, di inaspettato.»

Un brivido di piacere la pervase. «Be', in realtà sto iniziando qualcosa di nuovo per me.»

Blackie inarcò le sopracciglia. «Oh?»

«Deve restare un segreto, ma mi occuperò di recensire alcuni ristoranti della zona. E forse finirò per avere una rubrica settimanale al *West Coast News*.» Darcy non riuscì a nascondere il senso di orgoglio che provava.

«Interessante» disse Blackie. «Credo che Gavin ne sarebbe contento.»

Darcy non riuscì a nascondere il suo disagio. «Quanto bene conoscevi mio zio?»

«Gavin e io ci siamo conosciuti molto tempo fa. È stato uno dei miei primi clienti. Come ho detto a Sheena, voleva molto bene a voi tre. Non avendo figli propri, significavate molto per lui.»

«Ma ci conosceva appena» protestò Darcy.

«Sapeva molto più di quanto pensiate» rispose Blackie.

«Lui e la mamma erano molto uniti» le disse Sheena. «Anche se papà non voleva avere molto a che fare con lui, lei si teneva in contatto con nostro zio.»

Darcy lasciò che quell'idea si sedimentasse nella sua mente. Sapeva che i suoi genitori non avevano avuto un matrimonio felicissimo, ma aveva sempre pensato che fosse perché sua madre era spesso a letto afflitta da emicranie debilitanti.

«Prego, accomodatevi» disse Blackie.

Mentre lui si sedeva dietro la scrivania, Darcy si sistemò su una sedia di pelle scura accanto a Sheena.

«Allora, in cosa posso aiutarvi oggi?» chiese Blackie, studiando ciascuna di loro per un momento.

«Abbiamo bisogno di una migliore definizione di quelle che possono essere considerate spese di pre-apertura rispetto a quelle che dovrebbe coprire il nostro budget per la ristrutturazione» disse Sheena. «Dobbiamo cercare di ottenere il maggior aiuto finanziario possibile per questo progetto, al fine di affrontare la sfida. Sono sicura che lo capisci.»

«Capisco» disse Blackie in tono poco convinto.

«Dobbiamo parlare in particolare degli arredi esterni» disse Sheena, facendo un occhiolino sornione a Darcy mentre Blackie rovistava tra alcune scartoffie.

«Dobbiamo rispettare la volontà di vostro zio» disse Blackie.

«Sì, ma sono sicura che allo zio Gavin non dispiacerebbe un po' di creatività» rispose Sheena.

Blackie sorrise. «Hai ragione. Vediamo cosa possiamo fare.»

Blackie e Sheena cominciarono un tira e molla, cercando di elaborare un piano equo per tutti. Ascoltando la sorella, Darcy rimase sempre più impressionata. Sheena era intelligente e ingegnosa.

Quando finalmente fu soddisfatta delle risposte di Blackie, Sheena disse semplicemente: «Grazie.»

«Be', credo che per ora sia tutto» disse lui. «Gavin sarebbe orgoglioso di te, Sheena. Per la negoziazione hai sicuramente ereditato i geni dei Sullivan.»

Sheena rise. «Stiamo cercando di far funzionare tutto. Certo, i mobili da esterno potrebbero essere considerati una normale spesa pre-apertura. Dobbiamo avere la possibilità di utilizzare il bordo vasca, le terrazze e i balconi.»

«E aggiungere almeno un'amaca» interviene Darcy.

«Chiamerò Archibald Wilson per avere la sua approvazione e poi vi farò sapere» disse Blackie. «Ma io dico di andare avanti e vedere che occasioni si possono trovare sia per la piscina che per le camere degli ospiti.»

Si strinsero tutti la mano, si salutarono e Darcy e Sheena lasciarono l'ufficio.

Fuori, Darcy disse: «Ottimo lavoro, Sheena. Ora voglio vedere il Vinoy. Ho controllato ed è proprio in centro qui a St. Petersburg, sulla baia.»

«Ok, andiamo. Cos'hai scoperto al riguardo?»

Darcy fu felice di condividere quello che aveva imparato. «L'hotel aprì nel 1925 e visse i suoi anni d'oro come resort fino al 1942. Poi subì diversi cambi di destinazione d'uso, da struttura per l'addestramento dei cuochi militari durante la guerra a pensione a basso costo nei primi anni '70, fino alla chiusura definitiva nel 1974 in un triste stato di abbandono. Negli anni '90 ha vissuto una rinascita. Il sito web mostra la sua bellezza dopo un restauro di oltre novantatré milioni di dollari.»

«Wow! Hai fatto davvero molte ricerche.»

«Sì» confermò Darcy. «È il tipo di posto in cui mi piacerebbe poter soggiornare un giorno.»

Sheena controllò l'orologio. «Andiamo a farci una visita e poi pranziamo. Prima o poi mi piacerebbe vedere il Museo di Salvador Dalì e altre cose belle, ma non mi sembra giusto lasciare fuori Regan.»

Darcy trattenne un gemito. Sheena non avrebbe mai smesso di essere la sorella maggiore e la mamma.

Darcy parcheggiò il furgone lungo la strada a poca distanza dall'hotel e lei e Sheena si avvicinarono alla storica struttura color salmone.

In piedi davanti ad essa, Darcy emise un sospiro di apprezzamento. Era bellissimo.

Entrarono nell'atrio e spiegarono che stavano solo dando un'occhiata in giro. Gli alti archi a soffitto, gli infissi in ottone lucido, la luce tenue delle candele, tutto faceva pensare all'eleganza e alla ricchezza che Darcy aveva sognato un tempo.

«Bellissimo» commentò Sheena. «E che storia.»

Darcy rise. «Il Salty Key Inn ha la sua storia, ma niente di simile.»

Presero alcuni opuscoli e se ne andarono in silenzio.

Mentre si allontanavano dall'hotel, a Darcy frullarono mille pensieri in testa. Forse avrebbe cercato la storia del loro hotel e l'avrebbe usata per le pubbliche relazioni. Nick aveva detto che un tempo il loro albergo era stato un luogo rinomato per soggiorni di famiglie.

Sheena si voltò verso di lei e le rivolse uno sguardo interrogativo. «Perché quel sorrisino?»

«Ho appena pensato a un modo per pubblicizzare il Salty Key Inn. Saremo quello che è sempre stato: un posto super per famiglie.»

«Mi piace l'idea» disse Sheena. «Non fingeremo di essere più di quello che siamo. Ma, come madre, vorrei tutte le comodità disponibili per i bambini. E questo significa che dobbiamo spendere di più.»

Darcy le fece un cenno solenne. «Capito.»

Per pranzo si fermarono al Terrace, un piccolo caffè all'aperto. Sedute all'ombra, l'aria calda era piacevole. Si avvicinò una giovane e graziosa cameriera. «Ecco i menu.» Li posò sul tavolo e si girò per andarsene.

«Aspetta!» disse Darcy. «Puoi portarmi una Diet Coke?»

«E io vorrei un bicchiere d'acqua» disse Sheena.

«Ok» disse la cameriera. «Torno subito».

Quando se ne fu andata, Darcy e Sheena si scambiarono occhiate sgomente.

«Ti immagini Gracie che lascia che le sue cameriere se la cavino con un'accoglienza del genere?» disse Sheena. «Siamo fortunate ad avere la gente di Gavin al ristorante.»

«Lo so. Vediamo cosa c'è nel menu.» A Darcy venne l'acquolina in bocca mentre studiava le scelte. «Se il cibo è buono come si legge, non m'interessa la scortesia della cameriera.»

Sheena rise. «Che cosa prendi? Io prendo l'Insalata del Sud con pollo fritto. Voglio vedere se regge il confronto con quella di Gracie.»

«Va bene. Io ordinerò un'insalata di spinaci con gouda affumicato, piselli a foglia larga e vinaigrette tiepida di mele e pancetta.» Darcy diede una gomitata a Sheena. «Farò una recensione del ristorante sulla nostra esperienza e la farò vedere a Nick. Per fare pratica.»

«Ottimo. Devi essere onesta sul servizio, però.»

«Oh, sì. Lo so.» Darcy alzò lo sguardo e sorrise alla cameriera che si dirigeva verso di loro con la sua bibita dietetica.

La cameriera porse il bicchiere a Darcy. «Pronte per ordinare?»

Sheena fece la sua ordinazione e Darcy la seguì. «E potremmo avere anche dell'acqua?»

La cameriera annuì. «Chiedo scusa. Me ne sono dimenticata.»

Rimasta sola, Darcy disse a Sheena. «Torno subito. Vado a dare un'occhiata dentro.»

L'interno del ristorante era tinteggiato con una combinazione di colori verde e pesca, per mantenere un aspetto tropicale. Darcy contò quindici tavoli, e ne aveva già notati dieci all'esterno. Non c'era molta differenza rispetto al ristorante di Gracie, a parte la mancanza di clienti.

«Posso aiutarla?» chiese un giovane che usciva dalla

cucina. Indossava un grembiule bianco su quello che era un corpo notevolmente sodo sotto una maglietta bianca. Un cappellino da baseball gli copriva i riccioli scuri. Due occhi verdi la studiarono.

«No, grazie. Sto solo dando un'occhiata in giro.»

Lui scrollò le spalle e tornò in cucina.

Darcy tornò al tavolo esterno e si sedette accanto a Sheena. «Allora?»

«È carino e ha più o meno le stesse dimensioni del ristorante di Gracie» dice Darcy. «Ma ci sono pochissimi clienti all'interno.» Guardò i quattro tavoli occupati intorno a loro.

«Arriva il nostro cibo» sussurrò Sheena.

Darcy si appoggiò allo schienale e osservò la cameriera mentre le metteva davanti una bella insalata. Dopo aver posato un'altra splendida insalata davanti a Sheena, la giovane porse a entrambe le posate avvolte in tovaglioli di carta.

«Serve altro?» chiese la cameriera.

«I nostri due bicchieri d'acqua» disse Darcy. «Mia sorella li sta ancora aspettando.»

La cameriera aggrottò la fronte. «Oh, sì. Me ne sono dimenticata. Ho avuto da fare con gli altri clienti.»

«Be', gradiremmo avere dell'acqua» disse Darcy con una voce fintamente calma che nascondeva la sua irritazione.

La cameriera sospirò. «Certo, torno subito.»

«Il mio piatto ha un aspetto meraviglioso» commentò Sheena. Sollevò una forchetta e diede un morso ai pezzetti di pollo fritto che sormontavano l'insalata. «Mmmh. Delizioso.»

Darcy si tuffò sull'insalata di spinaci. «Accidenti! Il condimento caldo a base di pancetta e mele è da urlo.»

La cameriera tornò con la loro acqua e chiese: «Come va?»

«Delizioso!» dissero Darcy e Sheena all'unisono.

Alla fine del pasto, Darcy era convinta che si trattasse del miglior cibo che avesse mai mangiato. Aveva assaggiato l'insalata di Sheena e anche quella era favolosa. Era tutta eccitata. La sua prima recensione di un ristorante sarebbe stata una buona recensione. Se, ed era un grande "se", Nick le avesse permesso di pubblicarla.

Quando Darcy e Sheena tornarono al Salty Key Inn, tutti i pensieri sulle recensioni dei ristoranti andarono a farsi friggere. La connessione internet era interrotta e la situazione era caotica. Darcy chiamò subito Chip per aiutarla.

Mentre lavoravano insieme, Darcy si rese conto che i suoi doveri all'hotel dovevano venire prima di ogni altra cosa. Stavano lavorando sodo per poter aprire il prima possibile e lei aveva bisogno che tutto filasse liscio.

Una volta ripristinata la connessione internet, Darcy si dedicò al sito web che stava creando. Lavorò su una migliore descrizione dell'hotel come luogo per famiglie. Non aveva ancora ideato un logo, senza il quale non sarebbe stato possibile portare avanti alcuna campagna pubblicitaria. Decise di convocare un'altra riunione. Era ora che le sorelle Sullivan lavorassero insieme per creare qualcosa di unico.

CAPITOLO 5
SHEENA

Sheena tornò nella sua suite con una maggiore stima per Darcy. Sua sorella a volte poteva essere irruente e molto schietta, ma aveva ascoltato Blackie e lei discutere di finanze senza interferire. E andare a pranzo insieme era stato divertente e le aveva permesso di capire meglio le ambizioni di Darcy per il futuro. Sheena non vedeva l'ora di vedere che tipo di recensioni di ristoranti avrebbe fatto Dee Summers.

Dopo essersi cambiata, Sheena si sedette al tavolo della cucina per lavorare sui numeri. Aveva stilato un elenco di voci che lei e Blackie avevano concordato di considerare come normali spese alberghiere pre-apertura, e un altro di costi che avrebbero dovuto essere pagati con il budget per la ristrutturazione.

Guardando le spese di cui erano responsabili, Sheena fece una smorfia. I mobili nuovi erano fuori discussione. Era giunto il momento di recarsi presso un distributore di mobili d'albergo usati per trovare i divani, i tavoli, le scrivanie e le sedie di cui avevano bisogno. Lei e Darcy avrebbero dovuto vedersi di nuovo con Regan.

Fece il numero di cellulare di Regan.

«Sto arrivando» rispose la sorella. «Di' a Darcy di essere paziente per una volta.»

«Di cosa stai parlando?» disse Sheena.

«Non mi stai chiamando per una riunione? Darcy mi ha detto di incontrarci nella tua suite.»

Sheena alzò lo sguardo e vide Darcy entrare in cucina.

Ridendo, disse a Regan: «A presto.»

Chiuse la chiamata e si girò verso Darcy. «Che cosa succede?»

«Abbiamo bisogno di una buona definizione del Salty Key Inn. Non posso fare nessuna campagna pubblicitaria senza averla.»

Regan arrivò senza fiato. «Ok, cosa c'è di così importante da dover venire subito?»

«Voglio parlarti dei mobili» disse Sheena.

«E dovremmo parlare di un logo e di uno slogan per l'hotel» aggiunse Darcy. «Sto cercando di mettere insieme un sito web e ne ho bisogno. Nick mi ha detto che un tempo il Salty Key Inn era noto per essere un posto per famiglie. È questo che vogliamo qui?»

«Mettetevi a sedere voi due» disse Sheena. «Darcy e io ne abbiamo parlato un po' e credo che sia una buona idea sviluppare questo hotel come posto per famiglie. Ma non voglio lasciare fuori i single o le coppie.»

Regan le rivolse uno sguardo riflessivo. «Non vedo perché non possiamo enfatizzare entrambe le cose. Tutte le camere degli ospiti dell'Edificio Airone hanno porte comunicanti, quindi possono essere utilizzate per entrambe le cose.»

«Sì, ma quale single o giovane coppia vorrà venire qui se è pieno di bambini?» disse Darcy.

«Una delle cose che mi piacciono di questa proprietà è il suo ambiente tranquillo.» Regan fece una smorfia. «A meno che Petey non decida di pavoneggiarsi. Vi prego, non possiamo liberarci di quell'uccello?»

Sheena scosse la testa. «Non finché c'è Rocky. L'ha salvato lui. Ricordate? E poi è bello avere un "uccello da guardia" in giro.»

Regan e Darcy si misero a ridere.

«Mi piacerebbe che il lungomare diventasse un luogo dove

la gente possa sedersi a bere qualcosa» disse Regan.

«O sdraiarsi su un'amaca» disse Darcy. «Vogliamo che le famiglie si sentano benvenute, ma non voglio rinunciare all'idea che sia un luogo tranquillo.»

«Che ne dite di qualcosa come "Salty Key Inn, un tesoro tranquillo?" disse Regan.

«Mmmh» disse Sheena. «Farebbe allontanare le famiglie con molti bambini senza che glielo diciamo.»

«A me piace, soprattutto perché l'Isola del Tesoro non è così lontana» disse Darcy. «Ora, che ne dite di un logo? Usiamo un semplice sole?»

«Che ne dite di una sagoma di sole con una linea ondulata blu al di sotto? Potremmo chiedere ad Austin Blakely di aiutarci. E poi magari potrebbe fare un cartello stradale in legno intagliato per l'hotel» disse Regan.

Sheena sorrise. «Mi piace molto l'idea. Facciamolo. Darcy, tu ti occuperai del sito web e lavorerai con Austin, vero?»

«Certo. Tu cosa farai?»

«Oltre a lavorare sui numeri, mi occuperò della ristrutturazione delle stanze. Dobbiamo riempire alcuni vuoti di arredamento. Propongo di andare dal rivenditore di hotel con cui ho parlato la settimana scorsa. Dobbiamo trovare semplici scrivanie in legno, sedie da scrivania, tavolini e divani estraibili. Ma dobbiamo trovarli a un prezzo stracciato.» Sheena lanciò un'occhiata a Regan. «Sei in grado di occupartene?»

«Ok, so cosa voglio per le stanze. Spero solo di poterle ottenere. E dobbiamo procedere con la tinteggiatura delle pareti delle altre venti stanze e con il rifacimento dell'arredamento finché abbiamo persone che ci aiutano. In questo modo ridurremo al minimo il disturbo per gli altri ospiti quando apriremo le stanze al piano terra.»

«I bagni al piano di sotto stanno progredendo?» chiese

Darcy.

Regan annuì. «È un processo lento, ma è avviato.» Sorrise a Sheena. «Quando arriva Tony?»

Sheena sorrise a sua volta. «Sarà qui questo fine settimana. Non vedo l'ora di passare un po' di tempo da sola con lui.»

«Per me va bene» disse Darcy. «Anch'io vorrei fare una piccola pausa.»

Regan si acciglió. «Siamo già in ritardo rispetto al programma che ho stabilito. Dobbiamo andare avanti se volete aprire entro la fine dell'estate.»

Sheena aprì la bocca per protestare e la chiuse. Regan aveva ragione. Non potevano rallentare adesso. I suoi figli sarebbero arrivati tra qualche settimana e allora, volente o nolente, la sua attenzione sarebbe stata altrove.

In attesa che Tony arrivasse all'aeroporto, fuori dall'area di ritiro bagagli, Sheena si sentiva come tanto tempo prima, quando Tony stava per andare a prenderla per un appuntamento. Con due adolescenti nella loro vita, erano rare le occasioni in cui potevano passare del tempo da soli. E anche in quel caso, spesso erano troppo stanchi per un po' di romanticismo. Ora, sistemata nella suite dell'hotel, era pronta a godersi suo marito in un modo che non le era sembrato possibile fino a pochi mesi prima.

Quando Tony la vide, un sorriso raggiante di piacere gli illuminò il viso.

Le tornò in mente l'immagine del momento in cui lo aveva incontrato per la prima volta. Aveva appena iniziato l'università e doveva incontrare alcuni amici a Somerville. Quando era entrata nel bar, aveva visto Tony. I loro sguardi si erano incrociati e, come nel più romantico dei romanzi, il mondo intorno a lei si era dissolto. Da quel momento la sua vita era cambiata. Alcuni mesi dopo, rimasta inaspettatamente incinta, era stata costretta a rinunciare all'idea di diventare infermiera, perché il ruolo di madre e moglie aveva preso il sopravvento. Avendo perso il futuro che aveva sognato un tempo, ora era determinata ad affrontare la sfida di Gavin. Nei pochi mesi trascorsi in Florida, aveva iniziato a pensare a una serie di nuove possibilità di carriera legate all'hotel.

Quando Tony si avvicinò, il suo sorriso si fece ancora più ampio. La luce che emanavano i suoi occhi scuri la scaldò. Si sentiva su di giri. La chimica tra loro era quasi tangibile.

«Ciao» disse Sheena, prima di lasciarsi avvolgere dalle braccia di Tony.

«È bello essere qui» disse Tony, strofinando il viso contro il suo collo.

Quando la lasciò andare, si allontanarono di un passo e si sorrisero a vicenda.

Lei gli afferrò la mano. «Dai, prendiamo i bagagli e andiamo via di qui.»

Mentre aspettavano che la valigia di Tony apparisse sul nastro trasportatore, Sheena chiese: «Come stanno i ragazzi?»

«È incredibile come sono cambiati dopo il soggiorno in Florida per le vacanze di primavera. Hanno un atteggiamento molto diverso nei confronti delle cose.» La sua espressione si fece cupa. «Non posso credere che li abbiamo quasi persi nell'incendio. Ci siamo andati vicini.»

Sheena rabbrividì. «Me lo sogno ancora: perdere un figlio è il peggior incubo di un genitore.»

«A casa stanno succedendo molte cose. Possiamo parlarne più tardi. Per ora voglio godermi la compagnia di mia moglie.»

Lo sguardo sexy che Tony le rivolse le provocò un'altra

ondata di calore in tutto il corpo. Sheena gli diede una gomitata scherzosa. «Ho già detto alle mie sorelle che ci devono lasciare in pace.»

Lui rise e la strinse a sé. «Brava.»

All'hotel, Sheena mostrò a Tony come lei e le sue sorelle avevano sistemato la suite che avrebbero usato temporaneamente. Avevano utilizzato il più possibile i vecchi mobili e, sebbene Rocky e la squadra avessero pulito la moquette non una, ma due volte, l'avrebbero tolta prima di accogliere gli ospiti.

«È il meglio che possiamo fare per il momento. Ci trasferiremo in alcune camere degli ospiti nell'Edificio Airone appena possibile, in modo da poter rinnovare le suite.»

«Andrà bene lo stesso» disse Tony. «Per me è importante stare con te.»

Sheena lo condusse in camera da letto. «Materasso nuovo, biancheria da letto nuova, tutto bello qui.»

«Perché, Sheena, cos'hai in mente?» la provocò Tony. «*Moi?*»

Sheena rise. Ci aveva preso.

Più tardi, sdraiata accanto a Tony, Sheena accarezzò il suo corpo forte. Le piaceva da morire sentire la sua pelle accanto alla sua. A quasi quarant'anni, Tony era un uomo sano e bello che le aveva appena dimostrato di non aver perso la sua magia nel fare l'amore. Gli passò un dito sulla guancia e poi lo accostò alle labbra. «Andiamo in spiaggia a fare una passeggiata? Possiamo parlare lì.»

Tony aprì gli occhi e le sorrise. «Andiamo giù alla baia. Lì c'è pace. E mi darà la possibilità di dare un'occhiata a quello di cui parla Michael. È molto contento dell'idea di occuparsi delle attività del molo quando quell'area sarà sistemata.»

«Va bene» disse Sheena. «Ma se ci sono serpenti in giro, dovrai salvarmi.»

Lui rise. «Li cacceremo via.»

Sheena si alzò dal letto e si diresse in bagno, grata che la suite avesse una vera doccia. La casa rosa aveva un bagnetto molto antiquato, con una vasca vetusta che fungeva anche da doccia. Era stata un'altra delle sfide dello zio Gavin. Quella, una cucina piccola e vecchia e tre sorelle che vivevano insieme.

Mentre l'acqua calda le scorreva sul corpo, Sheena ricordò le poche volte che aveva visto suo zio. Gavin era stato un uomo grande e grosso con una risata fragorosa. Sebbene lui e suo padre fossero fratelli incompatibili e avessero sempre litigato, lei lo aveva trovato meraviglioso.

Era solo una bambina quando Gavin le aveva regalato una scimmia di peluche. Più tardi, quando la scimmia era stata ormai consumata dai suoi abbracci, si era aperta una cucitura. Curiosando con le dita, aveva tirato l'imbottitura e ne era uscita una vecchia moneta d'oro. Quando Sheena l'aveva mostrata a sua madre, lei l'aveva avvertita di non parlarne e l'aveva nascosta. Solo dopo la morte della madre, Sheena aveva trovato una busta con il suo nome nascosta in un cassetto. All'interno c'era la moneta d'oro e un biglietto della madre. La moneta, che era stata nascosta appena l'aveva trovata, era ancora un segreto. Nessun altro della sua famiglia ne era a conoscenza.

Sheena chiuse gli occhi e sospirò mentre l'acqua continuava ad accarezzarle il corpo. La vita a volte era una grande sorpresa, rifletté, pensando a tutti i cambiamenti avvenuti negli ultimi mesi. La sfida che lo zio Gavin aveva preparato a lei e alle sue sorelle era stata molto inaspettata per tutte loro. La prospettiva di doversi trasferire in Florida l'aveva portata a litigare con Tony, ma lei era rimasta convinta che fosse un modo per aiutare la sua famiglia. Ora, con la loro benedizione, non era l'errore che avevano ritenuto potesse essere all'inizio. Stavano tutti imparando a conoscere meglio sé stessi e gli altri. Sheena non ne era sicura, ma aveva cominciato a sospettare che Gavin potesse essere suo padre e non lo zio che tutti dicevano che fosse. Aveva scoperto che lui e sua madre si erano amati. E anche dopo che a Gavin era stato proibito di frequentare la casa di famiglia, sua madre si era tenuta segretamente in contatto con lui.

Alle sue spalle, sentì la porta della doccia aprirsi e chiudersi. Sorridendo, si girò e si trovò di fronte Tony.

Lui le fece l'occhiolino e, dopo essersi riempito la mano di sapone liquido da bagno, iniziò ad accarezzarle il corpo. «È da un po' di tempo che non ho l'occasione di farlo.»

«Un po' di tempo? Anni» disse Sheena, sospirando felice al suo tocco.

Sheena e Tony si diressero mano nella mano verso il retro del loro parcheggio, dove si trovava un piccolo molo prospicente la baia. La bonifica dell'area era iniziata, ma richiedeva ancora molto lavoro. La rimozione di parte del sottobosco aveva aperto l'intera estremità orientale della proprietà, ampliandola parecchio. Qui speravano di allestire un'area dove gli ospiti potessero sedersi per bere qualcosa di fresco o semplicemente per rilassarsi. Lo zio Gavin aveva persino parlato con Blackie Gatto della possibilità di creare un ristorante sull'acqua. Sheena esitava a fare qualcosa del genere ora o forse anche in futuro. Voleva prima aspettare di vedere come l'hotel avrebbe gestito gli ospiti.

«Quest'area può essere molto bella» disse Tony. «Anche in presenza di attività al molo, le persone possono sedersi all'ombra e rilassarsi.»

Sheena annuì e gli rivolse uno sguardo fermo. «Sei pronto a parlare di quello che sta succedendo a casa? È qualcosa di cui dovrei preoccuparmi?»

Tony scosse la testa. «Niente affatto. Il molo è sicuro? Possiamo sederci a parlare lì?»

«Bisogna farci qualche lavoro, ma è sicuro.» Sheena si aggrappò alla mano di Tony mentre camminavano sulla struttura di legno.

Si sedettero sul ponte e fecero penzolare i piedi sopra l'acqua. Il sole faceva capolino da dietro le nuvole grigie che riempivano gran parte del cielo, mandando fasci di luce sulle punte delle onde che si increspavano nell'acqua, bordandole di una sfumatura dorata. Nell'acqua sguazzava un grande airone blu alla ricerca del suo prossimo pasto. Sheena trasse un respiro profondo, godendosi il paesaggio che la circondava.

«Sheena?»

Si voltò verso Tony.

«Sei pronta a parlare?» La stava guardando con un'espressione seria. «Qualche giorno fa, mamma e papà mi hanno chiesto di andare da loro per discutere di una cosa importante.»

«Stanno bene?» Sheena voleva molto bene ai suoi suoceri, Rosa e Paul Morelli.

Tony annuì. «Sì. In effetti, sembrano tornati bambini. Hanno deciso di mettere la casa in vendita e di trasferirsi in Florida. Papà ha già parlato con un agente immobiliare di Boston. E hanno fatto un'offerta per una casa nel quartiere di un suo amico, proprio qui vicino.»

Sheena rimase a bocca aperta. Suo suocero, rigido e conservatore com'era, lasciava Somerville e Boston di punto in bianco? Non avrebbe mai immaginato che fosse davvero disposto a farlo. Era un uomo che prendeva tempo per ogni piccola decisione.

«E a Rosa va bene così?»

Tony sorrise. «La mamma non vede l'ora di arrivare in un posto dove non debbano pensare ai costi elevati del riscaldamento di quella grande casa durante i freddi inverni.»

«Quindi, vuol dire che noi siamo per strada?» chiese Sheena, per nulla scontenta all'idea.

«Sanno che non possiamo permetterci di comprare la casa al giusto valore di mercato e hanno bisogno di soldi per acquistare la loro nuova casa. Inoltre, io non la voglio.» Tony la studiò. «E tu?»

Sheena scosse la testa. «Sono pronta per qualcosa di nuovo. Questa esperienza all'hotel mi ha fatto capire quanto sono stata legata alla tradizione familiare a Boston. Voglio qualcosa di diverso e voglio che i nostri figli facciano nuove esperienze.»

Tony fece un lungo sospiro. «Bene, perché ho altre notizie da darti.» L'espressione di Tony era allo stesso tempo eccitata e preoccupata.

«Oh?» Lei lo guardò inarcando un sopracciglio.

Lui le rivolse un sorriso quasi timido. «Ho parlato con Brian della possibilità di lavorare con la sua ditta fino a quando non mi qualificherò per sostenere tutti gli esami necessari a gestire la mia azienda di impianti idraulici qui in Florida.»

«Anche tu vuoi trasferirti qui? Davvero?» Sheena gli gettò le braccia al collo. «Sarebbe meraviglioso! Semplicemente meraviglioso! Io credo che Darcy, Regan e io metteremo a posto questo hotel e vinceremo la sfida. E poi avremo abbastanza soldi per occuparci di tutto.»

«Be', non siamo poveri» disse Tony con un po' della sua vecchia grinta. «John è seriamente intenzionato ad acquistare l'azienda. Ha in mente qualcuno che possa diventare suo socio, e anche Dave e Anna ne vogliono una quota.»

Sheena cominciò a pensare avanti. Sua cognata, Anna, aveva sposato un bravo ragazzo che aveva un talento naturale per il marketing. Dave aveva da poco perso il lavoro e aveva iniziato a lavorare con Tony. John Larson aveva lavorato con Tony per anni e da tempo aveva dichiarato di voler acquistare l'azienda.

«Sei contento di cedere le cose a loro? Hai lavorato sodo per metterla in piedi. *Abbiamo* lavorato sodo entrambi in realtà»

Tony fissò l'acqua in silenzio per un momento. Quando si voltò verso di lei, nella sua espressione c'era una tenerezza che non c'era mai stata. «Per me niente è più importante della mia famiglia. Come continui a dirmi, siamo giovani. Possiamo ricominciare da capo quaggiù. E se l'hotel non dovesse funzionare, potremo comunque vivere bene mentre io costruisco la mia nuova attività.» Le sue labbra si incurvarono. «Potrebbe essere un bene lavorare alle dipendenze di qualcun altro per un po', senza preoccuparmi di come assicurarmi che tutti quelli che lavorano per me siano tutelati.»

Sheena gli strinse la mano. «Possiamo farcela, Tony. Insieme, come famiglia, possiamo far funzionare questa nuova situazione. Sarà un bene per tutti.»

Tony sorrise. «Mamma e papà non saranno lontani, ma grazie a Dio avremo una casa tutta nostra.»

«Che ne dici di vedere se possiamo comprare la casa che stanno ricostruendo qui?» chiese Sheena.

Tony scosse la testa. «No, Sheena. Troveremo qualcosa nelle vicinanze, se vuoi, ma non vivremo insieme agli ospiti dell'hotel.»

«Sì, credo che tu abbia ragione.»

«Domani mi vedrò con Brian e i suoi soci per trovare un

accordo.»

«I ragazzi lo sanno già?»

Tony scosse la testa. «Glielo diremo insieme. Qualche mese fa, si sarebbero arrabbiati all'idea di lasciare Somerville. Ora credo che siano pronti. Dopo aver parlato con altri ragazzi che ha conosciuto qui, Michael vuole giocare a baseball. E Meaghan? Chi lo sa?»

Risero insieme. Senza dubbio, la loro giovane figlia avrebbe continuato a essere una sfida.

CAPITOLO 6
DARCY

Darcy digitò il numero di Austin Blakely e aspettò che rispondesse. Regan aveva trovato una delle sue sculture in legno a una svendita e da allora erano diventati amici. Di bell'aspetto, Austin era un ragazzo simpatico e piacevole da frequentare con cui era facile andare d'accordo, ma Darcy non era interessata a lui dal punto di vista sentimentale. Sperava solo che potessero lavorare insieme per creare un logo per il sito web da utilizzare anche per un'insegna in legno intagliato per l'hotel.

Una volta terminato il lavoro per l'albergo, Darcy intendeva concentrarsi sul ruolo di recensore di ristoranti. Aveva telefonato a Nick Howard del *West Coast News*, ma lui non le aveva risposto.

«Pronto?»

«Pronto, Austin?»

«Sì. Chi parla?»

«Sono Darcy Sullivan, la sorella di Regan. Mi chiedevo se potessimo lavorare insieme alla creazione di un logo e se potessi parlarti di un'insegna in legno intagliato per l'hotel.»

«Ok, ho quasi finito l'insegna del piovanello per l'edificio delle suite. La prossima settimana verrò giù a trovare i miei nonni. Ti va di vederci in quei giorni?»

«Certo. Possiamo prendere un caffè qui in albergo o andare da qualche altra parte. Come vuoi. Come stanno i tuoi nonni?»

«Mia nonna non sta affatto bene. Il cancro non se ne va e mio nonno è spaventato all'idea di rimanere solo dopo la morte della nonna.»

«Mi dispiace» disse Darcy provando molta compassione. «Mia madre è morta di cancro un anno fa. Non è un momento divertente per nessuno.»

«Sì, ho promesso ai miei di andare a trovare i miei nonni ogni due settimane. E ho promesso a mio nonno che, non appena avrò finito la scuola di odontoiatria, troverò uno studio dentistico nelle vicinanze.»

«So quanto la tua famiglia debba apprezzarti» disse Darcy. «Grazie per aver accettato di incontrarmi. Chiamami quando arrivi in città.»

Riattaccò e sospirò. Austin era un ragazzo molto gentile e alla mano, era facile parlarci.

In quel momento Sheena entrò in ufficio. «Come va?»

Darcy le raccontò della telefonata. «Che succede tra te e Tony? Andate in giro con il sorriso sulle labbra.»

«Non ci crederai!» disse Sheena, prendendo posto dietro l'altra scrivania dell'ufficio. «Tutta la famiglia si trasferisce qui: Tony, i ragazzi e io, e anche i suoi genitori.»

«Coooosa? I suoi genitori? Ma vivono a Somerville da una vita.»

Sheena fece un sorriso smagliante. «Lo so. Non vedo l'ora di raccontare ai ragazzi del nostro trasferimento e di tutto quello che sta succedendo.»

«Non lo sanno? Come la prenderanno?»

«Penso che si troveranno bene. Non vedono l'ora di andare a scuola qui. E dopo un altro anno Michael andrà al college. E sono sicura che Meaghan sarà felice di lasciare le stronzette a Somerville.»

Darcy rivolse alla sorella uno sguardo interrogativo. «E se l'albergo non ha successo? Cosa farete allora?»

Sheena liquidò la sua preoccupazione sventolando la mano. «Non voglio nemmeno pensarci. Ce la faremo... a qualunque costo.»

Darcy guardò fuori dal finestrino. Una brezza marina agitava le fronde di una palma vicino alla strada. Era uno spettacolo che le piaceva, ma voleva sperimentare molte altre cose. Era stata costretta dalle circostanze economiche a rimanere a Boston, ma ora riusciva solo a pensare alla prospettiva di viaggiare. Si voltò verso Sheena. «Se l'hotel ce la fa e la nostra sfida è finita, non ho intenzione di restare qui. Voglio vedere quanto più posso del mondo. E forse, solo forse, scriverci sopra.»

«Davvero?» Lo sguardo sorpreso di Sheena la ferì un po'. «Non sapevo che volessi viaggiare molto. Eri la sorella di mezzo che ha frequentato la scuola a Boston e poi è rimasta lì.»

«Tu stai facendo molti cambiamenti. Perché io non posso?» chiese Darcy con tono più difensivo di quanto intendesse.

«Certo che puoi» disse Sheena con calma. «È solo che non riesco a pensarti non sistemata da qualche parte. Perché sei arrabbiata? Va tutto bene?»

Darcy scosse la testa. «Ho chiamato Nick per la recensione del ristorante che ho scritto. Sono passati giorni e non mi ha ancora richiamata. Tu non pensi che mi abbia mentito sul fatto di lavorare per il giornale, vero?»

«No, non lo penso. Sembrava un uomo sincero. Dagli tempo.»

Darcy sospirò. «Lo so, ma è difficile. Sai che il mio sogno è lavorare per un giornale. Voglio iniziare perché ne ho bisogno per fare pratica prima di poter affrontare un romanzo.»

«Non c'è bisogno di lavorare al giornale per scrivere un romanzo» disse Sheena, guardandola con fermezza. «Se vuoi farlo davvero, devi metterti a sedere a una scrivania e iniziare a scrivere ogni giorno.»

«Ma sono impegnata con il lavoro in albergo» si lamentò Darcy.

«Ho letto alcuni articoli di vari autori e tutti dicono la stessa cosa: Scrivi. Leggi. Scrivi.» L'espressione di Sheena si addolcì. «Forse puoi mettere a frutto quest'idea nel tuo tempo libero, leggendo o progettando romanzi tuoi.»

Darcy ci pensò e sorrise. «Mmmh, forse hai ragione. È solo maledettamente spaventoso pensare a tutte quelle pagine bianche, sai?»

«Me lo immagino.» Sheena controllò l'orologio e si alzò. «Devo andare. Volevo solo darti la mia buona notizia. Domani Tony inizierà a lavorare ai bagni delle camere degli ospiti con Brian. Nel frattempo, ho un appuntamento con lui.»

Davanti all'espressione raggiante sul volto di Sheena, Darcy trasse un profondo respiro. Sperava di incontrare un uomo che la facesse sentire come Sheena quando parlava di Tony un giorno. Un tempo aveva provato a farsi notare da Brian Harwood, ma non aveva funzionato. E ora pensava che forse fosse stato un bene.

Una settimana dopo, Darcy si recò a St. Petersburg di buon'ora. Voleva che l'incontro con Austin fosse breve, in modo da potersi prendere un po' di tempo in più per visitare la città. Con i suoi musei e il suo mix di culture, era un luogo intrigante.

Trovò un parcheggio non lontano dal Vinoy e, come d'accordo, si diresse al Terrace Café, dove avevano mangiato lei e Sheena. Non aveva ancora avuto notizie da Nick Howard in merito alla recensione che aveva fatto sul ristorante e voleva controllare di nuovo per essere sicura di essere stata corretta.

Quando Darcy si avvicinò al ristorante, vide Austin seduto

a uno dei tavoli all'aperto. Lo salutò con la mano, felice di vederlo.

Quando si avvicinò al tavolo, lui si alzò. «Ciao, Darcy. Cominciavo a preoccuparmi di aver sbagliato l'ora.»

«Oh, scusa il ritardo. Sono stata trattenuta da un problema in albergo. Spero che tu non abbia dovuto aspettare a lungo.»

Austin sorrise per metterla a suo agio. «Ho ordinato una birra fresca. Ne vuoi una?»

«Certo» rispose lei guardandosi intorno. «Dov'è la cameriera?»

«Dentro, credo» rispose lui alzandosi. «Vado a chiamarla.»

Tornò con una donna più anziana che portava un vassoio con due bicchieri di birra e due di acqua. Nell'altra mano aveva i menu. «Mi dispiace per il ritardo» disse sorridendo a Darcy. «La nostra cameriera abituale è in pausa.»

«Una cameriera stabile, si spera» borbottò Darcy.

La donna la guardò sorpresa. «Siete già stati qui?".

Darcy arrossì. «Chiedo scusa. Non volevo essere sentita, ma sì, io e mia sorella abbiamo mangiato qui una decina di giorni fa.»

«Capisco» disse la donna, lanciandole uno sguardo criptico prima di allontanarsi.

«Se sei tornata qui, il cibo dev'essere buono» disse Austin. «Il menu è ottimo. Cosa prendi?»

Darcy sorrise. «L'insalata messicana. Ero stata sul punto di sceglierla l'ultima volta che sono stata qui. L'aveva ordinata un altro cliente e sembrava deliziosa!»

«Io prendo il loro Big Burger.» Austin si accarezzò lo stomaco. «Non ho molto tempo per godermi un pasto all'università.»

«Quando ti laurei?» chiese Darcy. Non pensava che Austin avrebbe avuto problemi ad aprire un nuovo studio dentistico, non con i suoi modi piacevoli e pacati.

«Terminerò il corso il prossimo gennaio, a meno che non prosegua durante l'estate. In quel caso finirò in autunno. Stavo pensando di prendermi l'estate libera e di fare un viaggio per andare a fare volontariato in America Centrale come dentista pro bono, ma non posso iscrivermi prima di aver sistemato le cose con i miei nonni. L'ho promesso a mamma e papà.»

Darcy non riuscì a nascondere la sua curiosità. «Perché non sono loro ad aiutare i tuoi nonni?»

Austin alzò una mano. «Oh, lo fanno quando possono, ma viaggiano in tutto il mondo per lavoro. A volte stanno via per settimane intere. È sempre stato così.»

«Cosa fanno?»

«Sono specializzati nell'organizzazione di viaggi di alto livello per gruppi e singoli.»

Darcy si raddrizzò sulla sedia. «Dopo la fine del mio anno di lavoro all'hotel, voglio viaggiare in tutto il mondo. Sembra così eccitante! Ehi, forse i tuoi genitori potrebbero aiutarmi.»

Austin scrollò le spalle. «Forse.»

Nel suo entusiasmo, Darcy si avvicinò di più. «Anche tu hai viaggiato molto? Dove sei stato?»

«Praticamente ovunque» rispose Austin. «Il mondo è un luogo affascinante: c'è molto da vedere e molto da fare.»

«Non sembri molto entusiasta» disse Darcy.

«Oh, ma lo sono, anche se conosci la famosa frase: "Casa dolce casa".»

«Che noia» lo prese in giro Darcy.

«Per niente. Per quanto mi piaccia andare in giro, mi piace tornare a casa» rispose Austin. «Ma non rinuncerei ai viaggi per nulla al mondo. Ho ancora una lista di posti che voglio visitare.»

Darcy si appoggiò allo schienale e lo studiò. Di altezza

media, con quei suoi capelli color cioccolato, gli occhi azzurri e la corporatura robusta, era un bell'uomo senza artifici.

Quando arrivarono le loro ordinazioni, la conversazione si concluse e si tuffarono sul cibo.

Darcy diede un morso alla lattuga romana ricoperta da un condimento piccante a base di pomodoro e un altro a una fetta di avocado e schioccò le labbra soddisfatta.

Austin sorrise. «Così buono?»

Darcy rise. «Sì, e il tuo?»

«Ottimo» disse Austin, dando un altro morso al suo hamburger.

Mangiarono in piacevole silenzio. Per Darcy era bello non dover cercare di impressionare Austin. Erano solo amici.

La cameriera apparve mentre finivano di mangiare. «Volete un'altra birra?»

Darcy e Austin si guardarono e annuirono.

«Ok, parliamo del logo» disse Austin. «Vuoi proporre un design che si abbini al vostro slogan. Giusto?»

«Sì. "Un tesoro tranquillo" è lo slogan. Stiamo pensando a un logo con un sole stilizzato e onde d'acqua azzurre. I mobili delle camere sono dipinti in un tenue azzurro antico. Forse possiamo abbinarlo. Non volevamo una palma, che non sarebbe stata così unica. Cosa suggerisci?»

Austin prese una penna e un blocco dal taccuino appoggiato su una sedia vuota accanto a lui. «Proviamo un po' di cose.»

Darcy lo guardò abbozzare rapidamente una serie di scelte e alzò lo sguardo quando un giovane con un grembiule bianco e un cappellino da baseball blu si fece strada tra i tavoli dirigendosi verso di loro.

«Com'era il pasto?»

«Delizioso» rispose lei.

I suoi occhi verdi si restrinsero. «Tu non eri qui una

settimana fa o giù di lì?»

Lei alzò la mano. «Colpevole, lo ammetto.»

«Allora, ti piace il cibo?»

«Il cibo è ottimo.»

«E il servizio?»

Darcy esitò e poi sbottò: «Non è il massimo. Pensavo che la situazione potesse cambiare, ma non è così.»

Il suo sguardo sospettoso la trafisse. «Sei una specie di recensore di ristoranti o una cosa del genere?»

Quando Darcy aprì la bocca per rispondere, Austin intervenne. «Magari non recensisce ristoranti, ma sa riconoscere un buon servizio quando lo vede. E oggi è stato così così.»

«E la prima volta che sono stata qui, è stato terribile.»

Il cipiglio del ragazzo si acuì fino a formare una V con le sopracciglia. «Attenta! Stai parlando della mia ragazza e, oggi, di mia madre.»

Apparve la loro cameriera. «Che succede Graham?»

«Questi due si lamentano del servizio.»

Imbarazzata, Darcy disse: «Oh no, signora. Lei è stata molto meglio di...» Fece una pausa e alzò lo sguardo verso Graham «... della sua... ehm... di quell'altra.»

La madre di Graham mise le mani sui suoi ampi fianchi. «Graham, ti ho detto più volte che dovresti licenziarla. Anche lo zio Nick la pensa così.»

«Solo perché fa recensioni di ristoranti, non fa dello zio Nick un esperto» brontolò Graham.

Darcy spalancò gli occhi per la sorpresa. «State parlando di Nick Howard?»

«Sì? E allora?» disse Graham.

Darcy ansimò. «Si dà il caso che lo conosca. Tutto qui.»

Dall'interno, un uomo fece un cenno a Graham e disse: «È meglio che vieni. Siamo in ritardo.»

Graham le lanciò un'occhiata da sopra la spalla mentre si affrettava a rientrare nel ristorante.

«Mi dispiace» disse Darcy alla cameriera che si trovava al loro tavolo. «Non volevo creare problemi.»

La madre di Graham diede a Darcy una pacca sulla spalla. «Nessun problema, cara. Tutti ci siamo lamentati del servizio qui. Anzi, vi offro il pasto. E sentitevi liberi di stare seduti qui quanto volete. Come potete vedere, abbiamo solo pochi tavoli occupati.»

Dopo che se ne fu andata, Austin disse: «Avevi ragione, Darcy. Se il tipo non ha un buon servizio, come può avere successo? Ora parliamo del logo.»

Dopo pochi minuti di studio dei bozzetti di Austin, Darcy sapeva esattamente cosa voleva. Il sole di uno schizzo era perfetto con le onde stilizzate di un altro. Semplice, ma di buon gusto.

Si rivolse ad Austin con un sorriso. «Sei davvero bravo, sai?»

Lui sorrise. «Grazie. Mi piace. Considero anche certi aspetti dell'odontoiatria un'attività artistica. Non eccitante come questo, ma è un buon modo per avere una vita in cui posso viaggiare e fare le mie opere d'arte.»

«Molto bello» osservò Darcy. Le sarebbe piaciuto che la sua vita diventasse come quella di Austin, con i viaggi e la scrittura.

Mentre lasciavano il ristorante, Austin disse: «Vuoi tornare alla mia macchina? Ho finito l'insegna del piovanello per Regan. Possiamo prenderlo e te lo porto alla tua macchina.»

«Ok, grazie.» Darcy aveva appena messo piede in strada quando un'auto in corsa si precipitò verso di loro.

Austin la tirò indietro così in fretta che lei gli cadde tra le braccia.

Rannicchiata contro il suo petto forte, Darcy sentì il suo corpo rilassarsi per un attimo prima che un'inquietante ondata di libidine la travolgesse. Si rese conto di quello che stava accadendo e si affrettò a tirarsi su.

Scossa dal desiderio che ancora le pulsava dentro, fissò Austin. Si era sentita così bene, così al sicuro tra le sue braccia.

Quando si allontanò, gli occhi azzurri di Austin catturarono il suo sguardo, facendola arrossire.

Un'altra auto li superò rombando.

«Meglio stare attenti» disse Austin prendendola per il braccio.

Lei annuì, troppo stordita dalla reazione che aveva avuto nei suoi confronti per parlare.

CAPITOLO 7
REGAN

Durante una breve pausa caffè, Regan si fermò con Sheena nella sua suite. Allungò la mano dall'altra parte del tavolo e diede una stretta alla la mano della sorella. «Sono felice che tu ti trasferisca in Florida. Fa sembrare utile il nostro lavoro qui all'hotel. Dopo il nostro anno di convivenza qui, e anche se non dovessimo vincere la sfida, intendo restare anch'io.»

«Ne sono felice. Dopo che avremo finito qui, Darcy vuole passare del tempo a viaggiare. Lo capisco, ma sono delusa.»

Regan non riuscì a trattenersi dal dire: «Ma, se avremo successo, dovremo essere *tutte* in grado di gestire l'hotel nel prossimo futuro.»

«Troveremo una soluzione. Ricorda che Darcy ha lavorato sodo per mettere sotto controllo i sistemi informatici. E ora è a capo della campagna pubblicitaria.»

«Lo so, ma...»

Sheena alzò la mano per interrompere la conversazione.

Regan si alzò. «Va bene. Smetterò di lamentarmi e tornerò nella mia stanza a vedere se ci sono svendite di mobili per alberghi online».

Poco dopo aver cominciato a cercare, Regan trovò St. Pete Hotel Suppliers, Inc. un negozio nel centro di St. Petersburg. E quando lesse che c'era una svendita di fine stagione, si precipitò da Sheena per darle la notizia.

«Prendo la vecchia macchina di Gavin e vado in città a dare un'occhiata. Vuoi venire?»

Sheena scosse la testa. «No, vai pure. Ho da fare qui.

Meaghan ha detto che mi avrebbe chiamato. E questa è la mia ultima sera con Tony finché non arrivano i bambini. Vogliamo fare qualcosa di speciale.»

«Tipo?» chiese provocatoriamente Regan, lanciando un'occhiata maliziosa alla sorella.

Sheena rise. «Non sono affari tuoi.»

Continuando a ridacchiare, Regan prese le chiavi dell'auto per prendere Gertie. Darcy aveva il furgone e avevano consigliato di portare fuori l'auto di tanto in tanto. La Cadillac decappottabile rossa con capote bianca e pneumatici bianchi era un classico degli anni Cinquanta. Di solito Regan lasciava guidare Gertie a Darcy, ma era troppo eccitata per la svendita dei mobili per aspettare che tornasse dall'incontro con Austin.

Mentre si dirigeva verso St. Petersburg, Regan ammirò le palme, il clima caldo e l'atmosfera tropicale della zona. Boston era una bella città piena di storia e di vita e la sua infanzia a Dorchester era stata bella. Ma in questa parte della Florida ora si sentiva a casa.

Arrivata a Treasure Island, attraversò il ponte che collegava la terraferma e si diresse verso la periferia di St. Petersburg. Lì, sul lato destro della strada, vide l'insegna del grossista di articoli per hotellerie. Si fermò nel parcheggio davanti all'edificio, che sembrava più un magazzino che la parte anteriore di un negozio. Nelle due vetrine, però, erano in mostra mobili disposti in modo attraente.

Scese dalla macchina e si affrettò ad entrare. L'edificio era lungo, ampio e aperto, pieno di mobili e altri oggetti per alberghi.

Vedendo tutte quelle belle cose, Regan cominciò ad entusiasmarsi. Sicuramente avrebbe trovato qualcosa in saldo da comprare.

«Ehi, ciao, tesoro! Ti ho visto entrare. Come posso aiutarti?»

Al pensiero che qualcuno ci provasse come al solito, Regan strinse i denti e si girò di scatto.

Rimase a bocca aperta.

Di fronte a lei c'era un uomo magro, di altezza inferiore alla media. Indossava una camicia rosa abbottonata, un papillon color lime e pantaloni grigi accuratamente risvoltati sopra dei mocassini marroni con nappe. Vivaci occhi castano chiaro la guardarono scintillando dal suo viso marrone. I capelli scuri e ricci erano tagliati con cura ed erano ricoperti da un leggero strato di gel. Il suo sorriso smagliante illuminava l'intero viso. Era, be'... adorabile.

«Salve» disse lei.

«Sono Mo Greene. Posso aiutarti?»

Regan strinse la mano che le porgeva. «Regan Sullivan. E, sì, spero che tu possa aiutarmi a trovare una serie di cose in vendita. Ho portato con me una lista.»

Mo la studiò. «Sediamoci.» Le fece cenno di avvicinarsi a un divano di pelle lì vicino. «Dopo esserci sistemati, perché non mi parli un po' di te e di quello che stai cercando?»

Regan si accomodò sul divano e aspettò che Mo prendesse posto all'estremità opposta.

«Ok, tesoro, parliamo.»

Regan gli descrisse brevemente come lei e le sue sorelle erano arrivate a possedere il Salty Key Inn e la sfida che dovevano affrontare. «Ho trovato un modo per risparmiare ridipingendo alcuni armadietti e io e mia sorella siamo riuscite a comprare la moquette con un forte sconto. Ora dobbiamo completare l'arredamento con altri mobili per le stanze al primo piano dell'edificio per gli ospiti più grande. Non possiamo ancora permetterci di arredare le venti stanze del secondo piano. Non prima di aver incassato un po' di soldi.»

Mo annuì. «Che cosa stai cercando?»

«Ci servono divani estraibili, scrivanie, tavolini e sedie. Il resto lo abbiamo noi.»

«E di che colore sono i tuoi mobili?» le chiese lui, rivolgendole uno sguardo pensieroso.

«Azzurro antico.» Regan spiegò come li aveva ritinteggiati con la vernice a gesso e come li aveva invecchiati. «Ho mantenuto il tema della spiaggia con pareti giallo pallido e moquette color sabbia.»

Mo ascoltava con attenzione. «Sei un'arredatrice d'interni?»

Lei fece una smorfia. «Volevo diventarlo, ma non sono riuscita a entrare alla RISD.»

Lui scosse la testa. «Nemmeno io. Non con quei costi. Ma ho preso una laurea alla FIU.»

«FIU?»

«Florida International University.» Un giorno voglio avere una mia attività di design e decorazione d'interni.»

«Sembra meraviglioso» sospirò Regan. «Ti invidio.» Gli porse un foglio Excel. «Io e le mie sorelle abbiamo fatto un elenco di tutte le cose di cui abbiamo bisogno. Le nostre esigenze principali sono scrivanie semplici, di colore chiaro, con sedie e divani-letto standard, o divani a due posti.»

Mo alzò un dito. «Credo che tu sia venuta nel posto giusto. Abbiamo ricevuto un reso su una spedizione di deliziosi divani-letto che i proprietari originali hanno deciso di non gradire. Vieni con me.»

La condusse attraverso una serie di collezioni di divani, scrivanie e sedie fino a un angolo in fondo. Le fece un piccolo inchino. «Ta-dah! Forse ad altri non piacerà, ma noi sappiamo che il color caramello e il celeste carta da zucchero stanno bene insieme quando sono disposti in uno schema intrecciato come questo.»

Regan spalancò gli occhi e studiò il divano, immaginandolo

in una delle stanze. Giunse le mani al petto. «Ti prego, dimmi che hai venti di questi divani.»

Lui sorrise. «In realtà ne abbiamo cinquanta. Senti il tessuto. Robusto ma confortevole.»

Regan passò le dita sul tessuto, apprezzandone la morbidezza e la resistenza. «Tutti i divani sono in buone condizioni?»

Mo annuì. «Tesoro, se li compri, li ispezionerò uno a uno prima di caricarli sul camion. E se li prendi tutti e cinquanta, ti farò un'offerta da non credere.»

«Ok, lasciami fare un paio di foto con il cellulare che le mando alle mie sorelle.»

«Certo» disse Mo. Rimase in attesa mentre Regan estraeva il telefono dalla borsa e scattava diverse foto del divano da diverse angolazioni e le inviava a Sheena e Darcy.

«Che ne dici di tavolini, scrivanie e sedie?» chiese Regan. «Vorrei qualcosa in pino, acero o altro legno chiaro.»

Mo si mise una mano sotto il mento. «Fammi pensare. No, quello non va bene. Forse quelli della Georgia? No...» Schioccò le dita. «Vieni con me. Sono qui da un po'. Probabilmente perché sono piuttosto semplici. Ma potrebbero andare bene con il tuo arredo.»

Mo la condusse all'interno dell'edificio dove i mobili in legno erano esposti in una serie di scene allestite come stanze per gli ospiti.

«Che ne dici di questo?» disse Mo. Indicò un semplice tavolo di pino appoggiato alla parete di una delle stanze.

Lungo e stretto, non aveva cassetti, ma la superficie avrebbe costituito una bella scrivania e sarebbe stato abbastanza lungo da contenere altre cose. «Ci sono sedie da abbinare?» chiese lei.

«Stai parlando di sedie da ufficio? Se è così, no. Ma le vende il nostro negozio gemello. Potresti trovare qualcosa là.»

«E classiche sedie Venezia in pino?»

Mo aggrottò la fronte, ma poi la sua espressione si illuminò. «Un motel sulle montagne della Georgia ne ha ordinate più del necessario. Credo che ci fossero diverse sedie di quel tipo. Fammi controllare l'inventario e se non le abbiamo, possiamo procurarcele.»

«Quanti tavoli di pino avete?»

«Controllerò anche questo. Credo che sia sufficiente per quello che ti serve.» La accompagnò in un'esposizione vicina. «Questi tavolini sarebbero un abbinamento perfetto.»

Regan giunse di nuovo le mani in una posa da preghiera. «Se tutto questo funziona, sarebbe meraviglioso.»

Mo rispose con un sorriso. «Sta a noi farlo funzionare. Andiamo. Mettiamoci d'accordo.»

Il telefono di Regan squillò e, quando vide il messaggio, sorrise e si girò verso Mo. «A Sheena e Darcy è piaciuto quello che hanno visto. Sheena vuole sapere se possiamo averne trenta adesso e farvi tenere da parte gli ultimi venti per sei mesi.»

Mo annuì. «Possiamo inserire questa condizione nell'accordo.»

Regan seguì Mo nel suo ufficio vicino all'ingresso e si sedette su una delle sedie in pelle con schienale ad ala di fronte alla sua scrivania. Mentre lui lavorava al computer, lei si guardò intorno. Mo aveva reso l'ufficio molto attraente. Lo sguardo le cadde sulla targhetta sulla scrivania.

«Mosè?»

Lui la guardò e rise. «Fin dall'inizio, mia madre aveva grandi aspirazioni per suo figlio. Per fortuna ha una mente aperta, perché di sicuro non sono venuto fuori come pensava lei.»

Regan ridacchiò alla sua battuta. «Da quello che ho visto, dovrebbe essere orgogliosa. È ovvio che conosci il tuo lavoro.

E, Mo, hai un gusto eccellente. Prenderesti in considerazione l'idea di venire all'hotel per aiutarci a dare gli ultimi ritocchi alle camere?»

Mo fece un sorriso che gli arrivò fino agli occhi. «Mi piacerebbe, Regan. Mi piacerebbe davvero.»

Poi tornò a lavorare al suo computer. Dopo qualche minuto si voltò verso di lei. «Ok, penso che possiamo farvi un'ottima offerta per i divani. E abbiamo alcune opzioni per le sedie.» Fece una pausa. «Vuoi davvero le sedie Venezia con lo schienale a doghe di legno? Vorresti vedere qualcosa di diverso?»

«Certo» rispose Regan.

«Che ne dici di queste?» Le mostrò una sedia in vinile con schienale incrociato. Le linee dello schienale della sedia le conferivano un aspetto più raffinato di quanto lei avesse immaginato.

«Possiamo realizzarle in un colore neutro, con una seduta imbottita marrone» disse Mo.

Regan si girò verso di lui entusiasta. «Mi piace molto l'idea. Ma costano molto?»

«Meno delle altre» rispose lui. «E ricorda, siamo qui per metterci d'accordo.»

«Ok, parliamone. Ma, Mo, è mia sorella Sheena che sovrintende il nostro budget. È lei che dovrai convincere. Ma io ti sosterrò fino in fondo.»

«Va bene, allora. Mettiamo insieme un pacchetto che non potrà rifiutare.»

A Mo squillò il cellulare. Lui rispose e ascoltò. «Devo richiamarti. Sono con un cliente importante.» Riattaccò e si girò verso di lei. «Scusa. Mia madre.»

Regan non poté fare a meno di ridacchiare per lo sguardo imbarazzato di Mo. «Nessun problema.»

Lui la studiò. «Questo fine settimana c'è un evento di

famiglia. So che può sembrare strano che te lo chieda, ma sei libera sabato? Devo fare una rapida apparizione alla festa della mia famiglia. Non dovremo restare a lungo, te lo prometto.»

Regan spalancò gli occhi. «Mi stai chiedendo di uscire con te?»

«Non proprio. Ti sto solo chiedendo di fare qualcosa per aiutarmi a uscire da un pasticcio. Sarà del tutto sicuro, te lo prometto. Il mio capo sarà felice di darti delle referenze, se vuoi.»

Regan rise. «Se si trattasse di qualcun altro, mi sentirei insultata per una proposta così oltraggiosa. Ma perché no? Mi piaci ed è un buon modo per ringraziarti per tutto quello che stai facendo per noi.»

«Sapevo che eri speciale» le disse lui sorridendo.

Le sue sorelle avrebbero pensato che fosse pazza a fare una cosa del genere, ma a lei non importava. Tra lei e Mo si era creato un legame immediato. Inoltre, forse era arrivato il momento di divertirsi un po'.

CAPITOLO 8
DARCY

Darcy si mise davanti allo specchio dicendosi di rilassarsi. Si sporse in avanti e fissò il suo riflesso. Il sole le aveva schiarito i capelli fino a farli diventare di un colore più bello, rosso chiaro, e i suoi occhi azzurri erano limpidi e vigili. Sheena le aveva detto che si preoccupava troppo del suo aspetto, ma cosa doveva fare una ragazza con due sorelle che erano uno schianto? Si era sempre sentita brutta al loro fianco.

Regan fece capolino dalla porta. I suoi occhi violetti scintillavano. «Divertiti stasera. Ci vediamo dopo.»

«Anche tu. Non vedo l'ora di conoscere il tuo nuovo tipo. Hai detto che verrà a vedere l'hotel la prossima settimana?»

Regan annuì. «Mi aiuterà con alcune idee per gli ultimi ritocchi alle camere degli ospiti. A proposito, prendo il furgone. Gli andrò incontro io invece di farmi venire a prendere. Sarà molto più comodo così.»

Darcy scrollò le spalle. «Per me va bene. Austin viene a prendermi tra qualche minuto.»

Regan se ne andò e Darcy si passò una spazzola tra i capelli, chiedendosi perché dovesse essere lei la sorella con i riccioli rossi invece che con i capelli lisci e scuri come quelli di Regan o con quelli belli, folti, lisci e ramati come quelli di Sheena.

Sheena entrò nella stanza. «È arrivato Austin.» Sorrise. «Sei bella, Darcy. Divertiti. Io me ne starò in camera mia a godermi una serata tranquilla.»

«Ti manca Tony?»

«È difficile avere la mia famiglia lontana da me.» Poi sul

viso le comparve un sorriso malizioso. «Ma finché sono lontani, tanto vale godermi la pace e la tranquillità.»

Darcy rise. «Non stare alzata fino a tardi.»

Sheena la salutò e uscì dalla stanza.

Darcy fece un profondo respiro e afferrò la borsa.

Austin la stava aspettando fuori. Le si avvicinò sorridendo e la accompagnò alla sua auto, una vecchia Volvo. Dopo averla aiutata a entrare, fece il giro del retro dell'auto e si mise al posto di guida, poi si voltò verso di lei. «Sei carina.»

«Grazie» disse lei. Austin aveva solo ventisei anni, come lei, ma con tutte le sue buone maniere si comportava come un gentiluomo di un'epoca passata, come alcuni degli eroi di cui aveva letto nei romanzi. Le piaceva. La faceva sentire... be', una persona di valore.

«Sono contenta che tu abbia chiamato» disse Darcy. «Dove andiamo?»

«C'è un posto a Clearwater che volevo provare. Tamales è un bar sulla spiaggia che offre un'interessante cucina messicana. È diventato il posto più in voga. Buona birra, buon cibo, buona musica.»

Darcy si illuminò. «Sembra divertente.»

Durante il viaggio mantennero un piacevole silenzio. Darcy si disse di dimenticare quanto si era sentita bene tra le braccia di Austin quando l'aveva salvata dalla caduta. Aveva l'abitudine di dare a momenti del genere più importanza di quanto fosse ragionevole. Inoltre, Austin non era il tipo ribelle che le piaceva di solito e, in questa fase della sua vita, era sciocco pensare di fare sul serio con qualcuno quando era impegnata con l'hotel e stava per intraprendere una nuova carriera.

Si fermarono in un parcheggio.

«Il Tamales è a un paio di isolati di distanza, ma è meglio parcheggiare qui. Stasera sarà pieno di gente. Mi hanno detto che è affollato ogni sabato sera.»

«Per me va bene fare una passeggiata» disse Darcy. «Sono stata bloccata dietro una scrivania per quasi tutta la settimana.»

Austin parcheggiò l'auto e si occupò di pagare e prendere il biglietto del parcheggio da lasciare sul cruscotto. «Ok, andiamo, signorina Sullivan.»

Lei sorrise e gli prese il braccio.

Man mano che si avvicinavano alla meta, la musica e il suono delle persone che ridevano e parlavano le riempì le orecchie.

Darcy spalancò gli occhi quando vide la loro destinazione. L'insegna *Tamales* era rosa acceso e lampeggiava nell'oscurità.

Quando si avvicinarono, vide che ogni sezione dell'edificio a due piani era dipinta di un colore diverso. Al piano terra, di colore azzurro, i tavoli sul patio erano pieni di ospiti. Salendo qualche gradino si arrivava a una terrazza arancione, dove una folla di persone circondava un grande bar. Una scala laterale conduceva al secondo piano, di colore verde. Lì, una balaustra bianca correva intorno alla terrazza e fungeva da parapetto.

Guardò meglio. C'erano dei pannelli di legno turchese brillante che coprivano i fianchi dell'edificio. Pali disegnati e dipinti in modo da sembrare palme sorreggevano il tetto del secondo piano.

«Andiamo?» chiese Austin, indicandole di salire le scale.

In cima alla scala, Darcy vide un altro grande bar circondato da persone che ridevano e parlavano. Il ritmo della musica era insistente, ma non così forte da non riuscire ad essere sentiti se si parlava ad alta voce.

«Vediamo se riesco a prendere un tavolo alto vicino al parapetto» disse Austin. «Seguimi.»

Si fecero strada tra la folla. Darcy vide che una coppia si

stava preparando ad uscire e strattonò il braccio di Austin per attirare la sua attenzione.

Lui annuì e si avvicinò ai due tipi. «Vi dispiace se prendiamo il tavolo dopo di voi?»

«Niente affatto. Ecco, è meglio che prendi questa sedia prima che qualcun altro la porti via» disse il ragazzo, rivolgendo a Darcy uno sguardo di approvazione.

«Grazie» disse Austin. «Stasera è piuttosto affollato.»

«Lo è sempre, ma il cibo è ottimo.» Il tipo e la sua ragazza si allontanarono.

Darcy si sedette e fissò la scena sottostante. La gente girava per il locale e nelle immediate vicinanze. Alcuni ballavano sulla sabbia bianca oltre la passerella. Altri erano seduti e mangiavano ai tavoli vicino al marciapiede. Era bello far parte di un ambiente divertente e attivo. Il lavoro in albergo le era sembrato ogni giorno più noioso, mentre aspettava di avere notizie da Nick Howard sulla recensione del ristorante che aveva scritto.

Come se il suo nome avesse evocato un fantasma, tra la folla apparve suo nipote Graham, con una ragazza che Darcy riconobbe essere la giovane cameriera del Terrace.

Girò rapidamente la testa, sperando che Graham non l'avesse vista.

«Ehi, Graham!» Austin lo chiamò e lo salutò.

Darcy sospirò e osservò di nascosto Graham e la sua ragazza che si avvicinavano. Sentì Austin dire: «Volete unirvi a noi? Credo che abbiamo gli ultimi posti a sedere disponibili.»

«Tu sei il tipo del ristorante. Spero che tu non abbia portato...» Graham smise di parlare quando Darcy si voltò rivolgendogli un sorriso amichevole.

«Ciao. Come ha detto Austin, siete benvenuti se volete unirvi a noi.»

«Ehm, Lacy Morris, questi sono Darcy Sullivan e Austin...»

«Austin Blakely» suggerì lui.

Lacy fulminò Darcy con lo sguardo. «Hai detto alla mia futura suocera che non ho fatto un buon lavoro al ristorante. Grazie mille, stronza.»

Darcy sbatté le palpebre per la sorpresa, poi alzò la mano. «Senti, mi dispiace se ti ho messo nei guai. Ho solo cercato di essere sincera quando lei ha continuato a chiedermi spiegazioni.»

«Be', prenditela con qualcun altro. Andiamo, Graham. Mi rifiuto di restare qui.» E si allontanò.

Graham rivolse a Darcy uno sguardo dispiaciuto. «L'ho licenziata ieri. È ancora arrabbiata per questo. Ma mia madre ha detto che hai fatto bene a dirmelo, che se volevo avere successo, dovevo avere dei collaboratori competenti. A Lacy non piacerà, ma mi hai fatto un favore.» Salutò Austin e andò a cercare la sua ragazza.

«Come si dice, la verità a volte fa male, ma è bene affrontare i fatti» disse Austin. «E speriamo che questo aiuti gli affari di Graham. Mi piace quel ragazzo, e il cibo è buono.»

«Sì, ma ho capito che bisogna stare molto attenti a come si parla con i proprietari delle attività» disse Darcy. Aveva imparato una lezione. Sperava solo di non aver rovinato le sue possibilità con Nick e il giornale.

A quel punto arrivò una cameriera che sparecchiò il tavolo e chiese cosa volevano ordinare da bere mentre porgeva i menu.

Dopo che la cameriera se ne fu andata, Darcy guardò il suo menu. «Sembra tutto delizioso, ma prenderò i tacos di pesce speciali.»

«Ok, io proverò i loro tamales al formaggio e carne.»

La cameriera portò ad Austin la sua birra e a Darcy il suo Texas Margarita e se ne andò con le loro ordinazioni.

Il suono della band, le conversazioni allegre intorno a loro e la gente che ballava sulla sabbia le riportarono alla mente le precedenti vacanze isolane che Darcy aveva fatto con le sue coinquiline. Non vedeva l'ora di poter viaggiare di nuovo. Era un'altra ragione per cui non doveva impegnarsi seriamente con Austin o con qualsiasi altro uomo.

«Che ne pensi di questo posto?» chiese Austin.

Darcy gli mostrò il pollice in su. «Mi piace molto. Mi ricorda i Caraibi.»

«Sì, è bello rilassarsi. Finora ho studiato per gli esami e ho bisogno di una pausa.»

«Ok, divertiamoci un po'» disse Darcy.

Lui rise. «Mi sembra una buona idea.»

Bevendo un sorso del suo drink, Darcy si chiese come stesse andando l'appuntamento di Regan.

CAPITOLO 9
REGAN

Regan rimase accanto a Mo mentre si faceva strada tra le persone riunite a casa di sua madre. Le donne si salutavano con grandi abbracci e gli uomini della famiglia si stringevano la mano o si davano delle pacche sulla schiena.

«Resta con me» disse Mo mentre si avvicinavano alla donna che ovviamente era la padrona di casa.

«Era ora che arrivassi, Moses» disse sua madre, studiando Darcy. «E chi è questa bella ragazza?»

Regan sorrise e tese la mano. «Sono Regan Sullivan.»

«Una nuova... fidanzata?»

Regan lanciò un'occhiata a Mo, che alzò gli occhi al cielo. «Regan, questa è mia madre, Marietta.»

«Piacere di conoscerla» disse Regan, studiandola mentre le porgeva la mano. La madre di Mo era di altezza media, con una circonferenza abbondante che risultava attraente. Inseriti in un bel viso, i suoi occhi marroni brillavano di intelligenza e buon umore. A Regan piacque subito.

Marietta le strinse la mano di Regan. «Sembri una brava ragazza, Regan.»

«Lo è, mamma» disse Mo. «L'ho conosciuta al negozio, e io e lei ci capiamo al volo.»

Marietta annuì. «Bene, figliolo. Ora vieni a fare il tuo dovere e saluta tutti.»

Lui gemette. «Devo proprio?»

Marietta inarcò un sopracciglio e lo guardò.

«Ok. Andiamo, Regan. Ti metterò alla prova e poi giuro che

mi farò perdonare, alla grande.»

Regan rise. Era affascinata dal gruppo numeroso e felice che si trovava in casa. Dalla sua posizione in corridoio, poteva vedere un tavolo in sala da pranzo, imbandito con cibi dall'aspetto delizioso.

Crescendo, le riunioni di famiglia a casa sua erano state piccole e insolitamente tranquille fino a quando suo padre e due dei suoi fratelli non bevevano qualche birra. A quel punto si mettevano fuori in veranda, sul retro, e si divertivano con le loro stesse battute, dando un po' di vita al gruppo all'interno.

«Ciao, zio Mo! È questa la tua ragazza?» chiese una ragazzina timida che la scrutava da dietro gli occhiali con la montatura rosa. Si muoveva avanti e indietro, aggrappandosi all'orlo del suo prendisole.

«Regan, lei è Mercy» disse Mo. «La mia figlioccia.»

Regan si accovacciò davanti a lei. «Ciao, Mercy. Quanti anni hai?»

«Sei» rispose lei.

«Una bimba di sei anni molto carina» disse Regan a cui piaceva molto il modo in cui le ciocche di capelli scuri e ricci sul davanti erano state intrecciate in piccole trecce e tirate dietro la testa.

Mo offrì la mano a Regan e lei si alzò in piedi quando una donnina curva dai capelli bianchi si avvicinò, usando un bastone per farsi strada tra la folla. Le persone ai lati della donna si divisero per farle strada come se fosse un membro della famiglia reale.

«Mia nonna» sussurrò Mo, e Regan poté sentire un leggero tremore nella sua voce.

«Bene, Mosè, sei apparso come richiesto» disse la donna, guardando Regan mentre parlava.

«Ciao, nonna» disse Mo con riverenza prima di abbracciarla. «Vorrei presentarti Regan Sullivan, una mia amica.»

«Vedo» disse la nonna. Batté il bastone contro la gamba di Mo.

Mo si raddrizzò. «Oh sì. Regan, questa è mia nonna, Carlotta Beecher.»

«Piacere» disse Regan, consapevole che quello era ciò che sua madre avrebbe definito "un sommo, importante momento".»

Carlotta fissò Regan. «Ti hanno mai detto che assomigli a quell'attrice... sai quella. Ha recitato in *Gran Premio* e si è sposata più volte delle dita della mia mano destra.»

«Elizabeth Taylor?» chiese Regan.

Carlotta annuì. «Sì, esatto.»

«Sì, la gente ne ha accennato, ma non credo che ci assomigliamo affatto. Era una donna di grande talento.»

Carlotta la studiò. «E tu cosa fai nella vita?»

«In questo momento sto aiutando la mia famiglia a sistemare il Salty Key Inn per poterlo aprire.»

Un sorriso apparve sul volto di Carlotta. «Sei tu l'arredatrice che lavora con Mosè?»

Regan esitò, non sapendo come rispondere. Le sarebbe piaciuto essere un'arredatrice, ma in realtà non lo era.

«Sì, ha un buon senso dei colori, nonna.» Mo sorrise. «Andiamo d'accordo su molte cose.»

Carlotta rise. «Sempre a scherzare, questo ragazzo.» Diede una pacca sul braccio a Regan. «Abbine cura, capito?»

«Sì, signora» disse Regan, chiedendosi esattamente cosa intendesse Carlotta. Non aveva capito che Mo era gay?

Mentre Carlotta si allontanava, Mo la prese per il braccio. «Usciamo di qui.»

Si diressero verso il cortile.

Prima che potessero uscire, un uomo lo afferrò. «Ehi! Dove vai? Non vuoi salutare tuo zio Bob?»

Mo scosse la testa. «Devo portare fuori Regan. Non si sente bene.»

Regan nascose la sua sorpresa e stette al gioco. «Grazie, Mo.»

Uscirono in cortile, dove un gruppo di uomini se ne stava intorno a una griglia per il barbecue. Sull'erba, non lontano da loro, alcune donne erano sedute in un cerchio di sedie da giardino a parlare.

Regan si rivolse a Mo. «Che cos'è successo?»

Lui scrollò le spalle. «Lo zio Bob diventa cattivo quando ha bevuto troppo. Nessuno di noi ne ha bisogno.»

«Certamente no» disse Regan. Sentendosi protettiva, gli passò un braccio disinvolto sulla spalla. «Mi sono piaciute molto tua madre e tua nonna.»

«Grazie» disse lui. «Sono brave persone. Vieni a conoscere qualcuno dei miei parenti. Gli piacerai.»

Mo la condusse verso il cerchio di donne. «Ehi, gente, vorrei presentarvi Regan Sullivan. Io e lei stiamo lavorando insieme a un progetto. È nuova in città.»

«Ehi! Unisciti a noi» disse una delle donne più giovani. «Ci stiamo raccontando le ultime novità di quello che succede in zona.»

Regan si sedette su una sedia da giardino vuota.

«E portale da bere, Mo» disse un'altra donna prima di rivolgersi a lei. «Margarita? Birra?»

«Birra» disse subito Regan. Non voleva più sentire il sapore della tequila dopo aver bevuto troppi margarita con Darcy la sera in cui Tony aveva sorpreso Sheena con una visita.

«Allora, parlaci di te» disse una delle donne.

Le altre si sporsero in avanti in attesa.

Regan accettò una birra da Mo, ne bevve un sorso veloce e poi disse: «Io e le mie sorelle abbiamo inaspettatamente ereditato il Salty Key Inn a Sunset Beach. Finora, non è la cosa affascinante che pensavamo sarebbe stata. Stiamo faticando a sistemarlo per l'apertura. Mo ci sta aiutando.»

«Devi essere speciale, altrimenti Mo non ti avrebbe mai portato qui» disse una delle signore.

«Grazie per essere sua amica» disse un'altra donna. «Vogliamo bene a Mo. È un tesoro.»

Regan sorrise. «Lo penso anch'io.» Alzò lo sguardo e trovò Mo in bilico lì vicino, che le lanciava un'occhiata ansiosa.

Lei lo salutò con un cenno del capo, segnalando che stava bene.

Lui annuì ed entrò.

«Parlatemi di voi» disse Regan, avvicinandosi alle donne. Altre undici erano sedute in cerchio con lei. Di età diverse, due erano bianche, le altre di varie tonalità di marrone. Mentre ogni donna si presentava, veniva presa in giro dalle altre donne che raccontavano ulteriori storie su di lei. Dalla conversazione, era evidente che si conoscevano da molto tempo. Regan si appoggiò allo schienale e ascoltò le chiacchiere, trovandosi completamente a suo agio con loro. Non poteva fare a meno di pensare alla sua vita a New York e alle persone indifferenti che vi aveva conosciuto. Nei pochi mesi trascorsi in Florida, aveva trovato una casa confortevole dove poteva essere più libera, più felice. L'essere accettata da questo gruppo lo confermava. Si chiedeva quali altre sorprese fossero in serbo per lei.

CAPITOLO 10
DARCY

Darcy finì i tacos e si appoggiò allo schienale, godendosi la compagnia di Austin e il panorama circostante. Vestita con una canottiera, una gonna di jeans e sandali morbidi, sentiva il suo corpo rilassarsi dalla tensione del lavoro in albergo. L'aria tiepida della brezza del mare le accarezzava la pelle e le scompigliava i riccioli rossi che aveva accuratamente domato. Non le importava. Voleva solo divertirsi con un amico.

«Vuoi ballare?» chiese Austin.

Darcy scrollò le spalle. «Certo, perché no?» Si voltò verso la coppia seduta accanto a loro. «Torniamo subito. Non permettete a nessuno di prenderci il tavolo. Capito?»

«Ci penso io» disse l'uomo, sorridendo.

Darcy seguì Austin giù per le scale e verso la striscia di spiaggia riservata al ballo. Si tolse i sandali e sospirò. I leggeri granelli di sabbia le sembravano freschi a contatto con i piedi.

Austin le porse la mano. Darcy la prese, poi la lasciò andare quando cominciarono a ballare al ritmo di una canzone hard rock. A Darcy piaceva ballare in quel modo libero e disinvolto. Guardò Austin e sorrise. Era un ottimo ballerino!

Quando la musica passò a un numero morbido e lento, Darcy gli andò tra le braccia. I suoi pensieri andarono alla deriva, felici. Quando sentì Austin fermarsi, aprì gli occhi sorpresa.

Accanto a loro c'era Graham Howard. «Posso?» chiese.

Darcy guardò Austin e scrollò le spalle.

Austin si allontanò.

Darcy aggiustò la sua posizione per adattarsi a Graham, che era più alto di Austin di almeno tre centimetri.

«Volevo parlarti» disse Graham. «Ho chiuso con Lacy.»

«Ma eravate fidanzati» disse Darcy.

Graham scosse la testa. «No, lei voleva che la sposassi, ma io non ho mai lasciato intendere che sarebbe successo. Mia madre e mio zio non la approvavano a causa della sua scarsa sensibilità per gli altri.»

«Oh, mi dispiace» disse Darcy, chiedendosi perché Graham le stesse raccontando tutto questo.

«Mi chiedevo se posso portarti fuori qualche volta. A mio zio Nick piaci molto.»

«Davvero?»

Graham annuì. «Mi ha detto che potresti fare del lavoro per lui e pensa che possiamo aiutarci a vicenda.» La studiò. «Che ne dici?»

«Forse un giorno. Hai appena rotto con la tua ragazza.» Darcy cominciò a pensare in fretta. Considerando che Nick Howard era suo zio, poteva essere una buona idea scoprire di più su di lui. Più tardi.

«Ok, credo di meritarmelo.» Graham la accompagnò fino a dove si trovava Austin, gliela riconsegnò e si allontanò. «Ci sentiamo, Darcy.»

Austin la prese di nuovo tra le braccia. «Che cos'è successo?»

«Sono abbastanza sicura che fosse una proposta di affari» disse Darcy, ancora scossa dall'idea che Nick Howard volesse che lei e Graham si mettessero insieme.

La musica lenta si fermò.

«Sono pronto per un'altra birra» disse Austin. «Andiamo.»

Darcy lo seguì al loro tavolo, ancora confusa dalle azioni di Graham. Era giusto che qualcuno rompesse con una quasi fidanzata e chiedesse immediatamente a un'altra ragazza di uscire? La cosa non le piaceva.

Austin ordinò un altro giro di drink e si sedettero comodi a guardare gli altri ballerini e a ridere insieme di alcune loro mosse.

Un'altra canzone lenta.

Austin le rivolse uno sguardo interrogativo. «Balliamo?»

«Certo.» Il loro primo ballo lento era stato interrotto da Graham.

Darcy seguì Austin ancora una volta sulla sabbia. A quell'ora più tarda, l'atmosfera era un po' più rilassata e diverse coppie ballavano intorno a loro mentre Austin la prendeva tra le braccia.

«Bella serata» mormorò.

«Sì, è stata divertente» rispose Darcy, e diceva sul serio. Si sentiva così a suo agio con lui che per tutta la sera non si era preoccupata del suo aspetto o di aver detto la cosa giusta.

Lui la avvicinò e lei appoggiò la testa sulla sua spalla, apprezzando questa amicizia con lui.

Quando la musica si fermò, si fissarono un attimo e poi Austin disse: «È meglio andare a casa. Si sta facendo tardi.»

«Va bene» disse Darcy amabilmente. «Sarà un'altra giornata intensa all'hotel. Ci stiamo dando tutti da fare per finire la verniciatura dei mobili al secondo piano. Anche se non possiamo ancora permetterci di arredare quelle stanze, stiamo facendo più lavori possibili.»

«Regan è molto brava» disse Austin. «Mi piace quello che ha fatto.»

Darcy annuì e si disse che il suo sentimento di gelosia era sciocco.

Durante il viaggio di ritorno all'hotel, Darcy guardò fuori dal finestrino. La visuale sulle spiagge era incorniciata dalle palme. La sabbia chiara contrastava nettamente con l'acqua scura che si infrangeva sulla riva con ritmo incalzante. Nuvole grigie attraversavano il cielo veloci, oscurando la luna in uno schema che segnalava l'arrivo di un nuovo fronte atmosferico in zona. Dal finestrino aperto l'aria sembrava già più fresca a contatto con la pelle.

Austin si fermò nel parcheggio dietro l'edificio delle suite e spense il motore. Voltandosi verso di lei, disse: «Grazie per aver preso bene la mia telefonata tardiva. Mi sono davvero divertito.»

«Anch'io.»

Si sporse verso di lei per un rapido bacio.

Quando le loro labbra si incontrarono, il corpo di Darcy sussultò di piacere. Questo ragazzo non solo sapeva ballare, ma era anche molto bravo a baciare, pensò Darcy sognante, godendosi il suo abbraccio.

Si separarono. «Ci vediamo.»

Austin iniziò a scendere dall'auto, ma Darcy gli fece cenno di lasciar stare. «Grazie, ma posso arrivare alla porta per conto mio.» Aveva bisogno di stare un attimo da sola prima di entrare.

Scese dall'auto, gli fece un piccolo saluto e si diresse verso la porta della sua suite, pensando che una ragazza sarebbe stata molto fortunata ad avere Austin. Si stava rivelando un amico davvero in gamba.

Dentro trovò Regan e Sheena sedute sul divano a chiacchierare. La guardarono con un'espressione impaziente.

«Com'è andata?» chiese Regan.

«È stato divertente» disse Darcy. «È un ragazzo simpatico. Sei sicura di non voler cambiare idea su di lui, Regan? L'hai conosciuto per prima.»

Regan scosse la testa. «Voglio qualcuno che mi faccia fremere con i suoi baci.»

Darcy annuì e ripensò al bacio con Austin. Una scossa di piacere equivaleva a un fremito?

CAPITOLO 11
SHEENA

Sheena stava dipingendo dei mobili insieme a Regan e Darcy quando le squillò il cellulare. *Tony.* Si affrettò a rispondere alla chiamata.

«Ciao, tesoro! Cosa c'è?»

«Sei seduta?»

Fu percorsa da un brivido di preoccupazione. «Perché?»

«Mamma e papà hanno venduto la casa a condizione che ce ne andiamo tutti entro trenta giorni.»

«Oh mio Dio! Come facciamo?» Sheena scivolò di schiena lungo una parete e si sedette sul pavimento.

«Che ne dici se ci sbarazziamo dei mobili e facciamo una svendita insieme alle cose di mamma e papà? Non sono affezionato a nessuna di queste cose. E tu?»

Sheena non dovette pensarci a lungo. «Ok, sarà divertente ricominciare tutto da capo. Avremo bisogno di un arredamento diverso quando potremo trasferirci dall'albergo in una casa tutta nostra.»

Vivere all'hotel, prima nella casa e poi nella suite con mobili di seconda mano in condizioni tutt'altro che perfette, le aveva dato una prospettiva completamente nuova.

«Ok, devi fare una lista delle cose che hai lasciato a casa e che vuoi ancora» disse Tony. «Io e i ragazzi le impacchetteremo con cura e le spediremo insieme alle cose di mamma e papà. La tempistica di questa cosa è un vero shock.»

«Come l'hanno presa i tuoi genitori?»

«Sorprendentemente bene. Avevano già preso accordi

definitivi per comprare la casa che gli piaceva in Florida, in modo da non sentirsi senza casa.»

«Sei sicuro che sia quello che vuoi, Tony? Ti sentirai a tuo agio a vendere la tua attività e a trasferirti qui?»

«Sì. Inoltre, John e Dave e Mark, l'amico di John, sono elettrizzati all'idea di sostituirmi. Non potevo rimangiarmi la parola data.»

«E i ragazzi?»

Lui rise. «Sono felicissimi di avere una piscina e di andare in spiaggia.»

«Hanno capito che vivremo qui in albergo temporaneamente fino alla fine dell'anno, vero?»

«Sì, anche se dobbiamo informarci sui distretti scolastici per poterli sistemare nelle scuole giuste.»

«Ne ho già parlato con diverse persone e il distretto scolastico più vicino all'hotel è eccellente. Sono sicura che riusciremo a trovare una soluzione.»

«Allora, signora Morelli, sembra che stiamo per diventare residenti permanenti in Florida. Chi avrebbe mai immaginato che nel giro di pochi mesi sarebbero cambiate così tante cose?»

«Non io» disse Sheena, ancora sorpresa per com'era successo tutto quanto. «Fai le mie congratulazioni ai tuoi genitori, per favore. E, Tony, grazie di tutto. Ti voglio tanto bene. E di' ai bambini che non vedo l'ora di vederli, che anch'io gli voglio tanto bene. Pensa. Saremo di nuovo una vera famiglia.»

Sheena riattaccò il telefono e fece un lungo sospiro di sollievo, con la mente in subbuglio.

«Che succede?» chiese Darcy.

«Stai bene?» aggiunse Regan.

Sheena annuì e sorrise. «Ci trasferiremo in Florida in pianta stabile. Paul e Rosa hanno venduto la casa e Tony sta vendendo la sua attività. Questa è la buona notizia. La cattiva è che dobbiamo lasciare la casa entro trenta giorni.»

«Cattiva notizia? È fantastico!» disse Regan.

«Trenta giorni? Caspita!» Darcy tese la mano.

Sheena la prese e saltò in piedi.

Regan e Darcy le afferrarono una mano ciascuna e cominciarono a girare in cerchio come matte.

Quando rallentarono, Regan disse a Sheena: «Sono molto felice. Ricordi quanta paura avevi di dire a Tony che stavi per trasferirti in Florida? Ora tutta la famiglia sarà con noi.»

Sheena le fece fermare. «Siete sicure che non vi dispiaccia averli qui in albergo? Gli adolescenti non sono affatto facili da gestire.»

L'espressione di Regan si fece seria. «Li adoro e hanno bisogno di stare qui con te.»

«Anch'io li adoro. Li abbiamo quasi persi nell'incendio. Ricordi?» si affrettò ad aggiungere Darcy.

Sheena abbracciò entrambe le sorelle. Il legame tra loro si rafforzava ogni giorno di più.

Dopo cena, Sheena rimase nella sua suite per preparare un elenco di cose della casa di Somerville che voleva conservare. Non sarebbe stato molto. La moneta d'oro era infilata in una tasca con cerniera della sua borsa, dove sarebbe rimasta nascosta, e aveva portato in Florida i suoi pochi gioielli: degli orecchini d'oro ad anella, un filo di perle, orecchini di perle, alcuni ciondoli d'argento inseriti in una collana e un paio di braccialetti d'argento. Il resto poteva essere venduto o regalato se Meaghan non lo voleva.

Mentre frugava mentalmente nell'armadio e nei cassetti, passando in rassegna i suoi indumenti, Sheena si rese conto di quanto alcuni di essi le sembrassero scialbi dopo aver vissuto una vita spensierata in un ambiente tropicale. Aggiunse solo alcuni capi preferiti alla lista delle cose che voleva e decise che il resto non le serviva. La cucina era una storia diversa. Non era pronta a rinunciare a nessuno degli oggetti che aveva acquistato con amore per cucinare e servire i pasti. Si sarebbe fatta portare tutto in Florida.

Sheena passò in rassegna i mobili della casa, salvando un paio di lampade e alcuni pezzi decorativi. Tutte le foto personali le avrebbe tenute. Il resto degli oggetti domestici poteva essere venduto o regalato.

Scrisse l'elenco per Tony, sentendosi come se si fosse tolta un grosso peso dalle spalle. *A volte, aggrapparsi alle cose non fa che appesantirle*, pensò eccitata.

Chiamò Tony e gli illustrò la lista degli articoli che voleva. «Come vanno i ragazzi? Vogliono portare con sé molte cose? Dobbiamo affittare un magazzino?»

«Ehi! Una domanda alla volta. I ragazzi stanno facendo le loro liste. Michael, tipico maschietto, non vuole prendere molto dalla sua stanza. Solo alcuni libri e trofei. Meaghan, invece, è un'accumulatrice compulsiva. Continuerò a incoraggiarla ad accorciare la sua lista, ma al momento vuole tutto.»

«Per me va bene» disse Sheena.

«Non dovremo affittare un deposito. Mamma e papà hanno detto che avrebbero conservato le nostre cose nel loro garage finché non saremo pronti. Puoi rilassarti, Sheena. Ho tutto sotto controllo.»

«Grazie, tesoro» disse Sheena, sorpresa da come Tony si fosse fatto avanti per svolgere il lavoro che di solito spettava a lei. Non poteva fare a meno di irritarsi per la sua mancanza di controllo sulla situazione, ma non avrebbe fatto nulla per mettere a repentaglio i termini del testamento dello zio Gavin lasciando la proprietà. Il testamento stabiliva che lei e le sue sorelle sarebbero rimaste lì per tutto l'anno.

«Siamo tutti molto eccitati» continuò Tony. «Sarò lì la prossima settimana per finire di lavorare ai bagni degli ospiti insieme a Brian. Non potrò fermarmi a lungo, ma sarà una buona scusa per vederti.»

«Non vedo l'ora» disse Sheena. Parlarono ancora per un paio di minuti, poi Sheena riattaccò. All'inizio era stata contenta di partecipare alla sfida e di stare lontana dalla sua famiglia per un po'. All'epoca la trattavano come una domestica, pretendendo che facesse varie cose per loro, come se pensassero di averne diritto. Con tutti i cambiamenti nella loro vita, era pronta ad ammettere che a volte le mancava essere necessaria. Non che lo avrebbe confessato a nessun membro della sua famiglia. Soprattutto alle sue sorelle.

A metà della settimana successiva, Sheena e Darcy erano impazienti di conoscere il nuovo uomo nella vita di Regan. Regan aveva raccontato tutto della famiglia di Mo e di come l'avevano accolta. Ma ogni volta che Sheena o Darcy avevano chiesto dettagli su di lui, Regan si era chiusa a riccio. «Vedrete» era l'unico commento che si era permessa di fare.

In quel momento era tutte e tre fuori dal ristorante di Gracie ad aspettarlo.

Una vecchia Nissan 300 ZX bianca entrò nel parcheggio.

Regan salutò e aspettò che Mo scendesse dall'auto.

Con gli occhiali da sole da aviatore dalla montatura dorata, una camicia a bottoni viola e pantaloni color kaki, il giovane magro e dalla pelle scura che uscì dall'auto fece un ampio sorriso a Regan e la abbracciò.

Sheena e Darcy si scambiarono un'espressione shoccata.

«È gay?» chiese Darcy a bassa voce. «Non mi stupisce che Regan non volesse parlarne troppo.»

«È carino!» sussurrò Sheena mentre Regan e Mo si avvicinavano.

«Eccolo! Il mio uomo!» disse Regan con un luccichio negli occhi.

Mo rise. «Salve, sono Mosè Greene. Regan è una donna fantastica e ha anche talento.»

«Abbiamo sentito dire che sei molto bravo nel tuo lavoro» disse Darcy, sorridendo. «Ciao, io sono Darcy.»

Sheena gli strinse la mano tesa. «Io sono Sheena. Siamo liete che tu voglia aiutarci.»

«Entriamo a fare colazione e poi facciamo fare un giro a Mo» suggerì Regan.

Sheena condusse gli altri nel ristorante, felice di iniziare a lavorare con Mo. Il suo stile audace era esattamente ciò di cui avevano bisogno.

CAPITOLO 12
REGAN

Regan sorrise a Mo mentre seguivano Sheena all'interno del ristorante. Non aveva volutamente detto niente su di lui, per vedere come le sorelle avrebbero reagito a lui e al suo stile colorato. Ora era contenta di averlo fatto, perché era evidente che lo approvavano.

Si accomodarono a un tavolo per quattro, nel loro angolo preferito, dove potevano osservare gli altri clienti presenti nel ristorante e avere comunque una certa privacy.

«Il cibo qui è davvero buono» disse Regan. «Prendi tutto quello che vuoi.»

Dopo aver fatto tutti le ordinazioni a Maggie, Regan si rivolse alle sorelle. «Mo ha grande occhio nel mettere insieme le cose. È lui che ci ha trovato i divani estraibili. Spero che possa aiutarci con la scelta dei copriletti e dei tendaggi o di altri trattamenti per le finestre.»

«Mi piace la visione delle stanze di Regan» disse Mo. «Ho in mente qualcosa di leggero e arioso, ma allo stesso tempo pratico. Vi va bene?»

«Oh sì» disse Sheena.

«Stiamo pubblicizzando l'hotel come un "tesoro tranquillo", qualcosa che vada bene per le famiglie e altri tipi di clienti. Non vogliamo fingere di essere qualcosa che non siamo» disse Darcy.

«Quello che vedi oggi è solo l'inizio di quello che speriamo di fare di questa proprietà» intervenne Sheena. «Ma sì, vogliamo mantenerla semplice e di buon gusto.»

Mo e Regan si scambiarono uno sguardo soddisfatto.

«È più o meno quello di cui abbiamo già parlato» gli disse Regan.

Lui annuì e si rivolse alle sorelle. «Com'è lavorare insieme? Io sono figlio unico e non riesco a immaginare di lavorare con nessuno dei miei cugini.» Rise. «Di sicuro mi comanderebbero a bacchetta.»

Regan e Darcy si scambiarono un'occhiata ma rimasero in silenzio.

«Mi sono piaciuti molto i cugini di Mo. Sono stati tutti amichevoli nei miei confronti, il che ha reso il mio incontro con loro molto piacevole.» Regan sorrise a Mo e si voltò verso le sorelle. «E la figlioccia di Mo, Mercy, è una bambolina. E il cibo che hanno preparato? Squisito. Dovresti fare una recensione, Darcy.»

Darcy si fece triste. «Non sono sicura di fare ancora recensioni. Non ho più avuto notizie da Nick.»

Regan si affrettò a spiegare a Mo il potenziale lavoro di Darcy.

«Se inizi a scrivere recensioni di ristoranti, ho una serie di posticini poco conosciuti da farti visitare» disse Mo.

Quando arrivò il cibo la conversazione si interruppe e tutti si tuffarono sui loro pasti.

Regan fu felice di vedere l'espressione di gioia di Mo quando addentò l'omelette. Le lanciò un'occhiata e le fece l'occhiolino. «Deliziosa.»

Le piaceva il fatto che in così poco tempo fossero diventate buone amiche. All'inizio della settimana, Regan si era incontrata di nuovo con Mo per discutere dei mobili da esterno. E più tardi, quando era arrivata la pausa per la cena, lo aveva raggiunto per mangiare in un piccolo caffè in fondo alla strada del negozio. Parlando con lui di colori, trame e altre caratteristiche del design, si era sentita intelligente come lui pensava che fosse.

Non appena tutti ebbero finito di mangiare, Regan saltò in piedi. «Andiamo. Non vedo l'ora di mostrare a Mo quello che ho fatto con le stanze.»

Uscirono dal ristorante e si fermarono davanti all'ingresso. Regan descrisse la planimetria e spiegò che le suite dell'edificio più piccolo sarebbero state decorate in un secondo momento.

Mentre attraversavano il prato dirigendosi verso l'Edificio Airone, Regan prese Mo per il gomito e lo condusse verso la piscina. «Penso che i mobili che abbiamo scelto staranno bene qui.»

Mo annuì. «I colori neutri funzionano bene. E i mobili sono di alta qualità, quindi dovrebbero durare.»

Sheena e Darcy si unirono a loro.

«Un giorno vorrei costruire una capanna con un tetto di paglia di palma accanto alla piscina. Niente di troppo grande o rumoroso, solo un posto carino dove le persone possano bere qualcosa e magari fare un piccolo spuntino preparato da Gracie» disse Sheena.

Regan si voltò verso di lei con un'espressione sorpresa. «Quando ne avremmo parlato?»

Sheena fece un sorriso un po' imbarazzato. «Alla fine della nostra sfida. Ma posso sognare, no?»

La breve irritazione di Regan scomparve. Ognuna di loro aveva delle idee su come avrebbe voluto vedere completato l'hotel, ma avrebbero dovuto lavorare insieme per renderlo migliore di quello che era attualmente.

S'incamminarono verso l'Edificio Airone. «Non abbiamo ancora allestito una stanza completa, ovviamente» disse Regan a Mo. «Ma dopo che ci avrai aiutato a scegliere biancheria e tendaggi, saremo in grado di fotografare una stanza per la pubblicità e poi, si spera, di aprire.»

«Mi sembra una buona idea. Ora vediamo con cosa abbiamo a che fare.»

Facendo un respiro profondo e preoccupato, Regan guidò gli altri all'interno andando verso una delle camere che volevano fotografare.

Quando Mo entrò nella stanza, Regan studiò il suo volto. All'inizio rimase inespressivo, poi comparve un ampio sorriso. «Tesoro, adoro il lavoro che hai fatto con i mobili.»

Mo si avvicinò al comò e passò le dita sulla superficie. «Alcuni mobilieri hanno iniziato a produrre questo stile *shabby-chic*, ma il tuo è ancora più bello grazie alle pennellate autentiche.»

Studiò la testata del letto fissata alla parete. «Bella. Quando arrivano i materassi e le molle?»

Regan si rivolse a Sheena.

«Ieri ho ricevuto l'avviso che, sebbene la consegna sia stata ritardata, tutto dovrebbe arrivare entro due settimane» rispose Sheena.

«Ok, allora è meglio ordinare subito i copriletto. Possono richiedere un po' di tempo» disse Mo. «Tra i campioni di tessuto della nostra selezione meno costosa, Regan e io abbiamo scelto qualcosa che pensiamo possa piacervi.»

Regan si mise al suo fianco e tirò fuori un pezzo di stoffa dalla valigetta che Mo aveva portato.

Lo tenne contro la testiera del letto. «Che ne pensate?»

Sheena e Darcy si guardarono e poi si avvicinarono per toccare il materiale.

«Mi piace» disse Darcy. «Ma non sarà troppo blu?» Il tessuto era blu scuro con onde di blu più chiaro e di bianco.

«No, non credo» disse Sheena. «Mi piace in contrasto con i mobili di colore più chiaro. Lo rende interessante.»

«Il disegno rappresenta l'acqua» disse Regan. «Ma sono d'accordo con te. Abbiamo bisogno di un tocco di colore. Stavo pensando a...»

«Tramonti» disse Mo contemporaneamente a Regan.

Risero insieme.

«Abbiamo rappresentato la sabbia e il mare, quindi Mo e io abbiamo deciso di attenerci al tema della spiaggia aggiungendo cuscini decorativi nei colori rosso e arancione dei tramonti.»

Sheena batté le mani. «Mi piace!»

Mo le rivolse uno sguardo soddisfatto. «Per le finestre, suggerisco di mantenere un colore molto neutro, qualcosa della stessa palette di colori della moquette, ma più scuro. In questo modo, anche se i colori delle pareti cambieranno, avrete un aspetto equilibrato della stanza.»

«Buona idea» disse Darcy. «Molto pratica. Che cosa vuoi mettere sulle porte scorrevoli in vetro?»

«Vuoi dirglielo tu?» Mo guardò Regan.

«Certo.» Regan tirò fuori un fascio di fogli dalla valigetta che Mo aveva sistemato sopra la scrivania. «Vorremmo che sulle porte scorrevoli ci fosse un drappo che si estenda da un lato all'altro dell'intera finestra, un drappo pesante che blocchi il sole e resista all'umidità, al calore e alla luce del sole. Riteniamo che siano adatte a questo tipo di location. E come ha detto Mo, saranno di un colore più intenso ma intonato con la moquette.»

Sheena fece un'espressione preoccupata. «Costano molto? E quanto tempo ci vorrà per realizzarli?» Per come stavano andando le cose e per quanti ritardi potevano esserci nel mettere insieme tutto, temeva che non sarebbero stati in grado di aprire il giorno del Labor Day come avevano programmato.

Mo scambiò uno sguardo con Regan e si schiarì la voce. «Quando vedrete il prezzo, saprete che non sono economici. Ma abbiamo pensato che ne valesse la pena per il presente e per il futuro. E cercherò di tenerli d'occhio per assicurarmi che consegnino gli articoli in tempo.»

«Perfetto. Fate un preventivo per le stanze, aggiungete almeno cinquemila dollari e poi vedremo se possiamo farcela» disse Sheena con un'espressione cupa.

Mo si inginocchiò e passò le dita sulla moquette. «È un bene che la moquette abbia un motivo intrecciato. Insieme al color sabbia più intenso contribuirà a migliorarne l'aspetto quando gli ospiti lo useranno. Una delle cose che consigliamo ai nostri clienti è di scegliere materiali resistenti. Ad alcuni ospiti non importa se rovinano una stanza.»

Gli sguardi inorriditi delle sorelle corrispondevano ai sentimenti indignati di Regan. Dopo aver fatto tutto quel lavoro per abbellire il posto, pregava che i loro ospiti mostrassero un po' di rispetto. Aveva sentito molte storie di stanze distrutte. «Abbiamo comprato la moquette in sconto, ma è buona. Una delle proprietà Disney ne aveva ordinata troppa.»

Mo annuì e si alzò. «Allora dev'essere buona.»

«Mostriamo a Mo una stanza nell'edificio delle suite» disse Regan. «Quando sarà il momento, voglio che ci aiuti.»

«Tu e Regan avete fatto un ottimo lavoro insieme» disse Darcy.

«Sì» disse Sheena. Gli tese la mano. «Grazie, Mo. Benvenuto nella squadra delle Sorelle Sullivan!»

Mentre stringeva la mano a Sheena, l'espressione di piacere che attraversò il volto di Mo riempì il cuore di Regan di tenerezza.

CAPITOLO 13
DARCY

Darcy lasciò la riunione con Mo giù di morale. Regan aveva trovato un nuovo, grande amico e si trovava nel suo elemento aiutando a decorare le stanze. Sheena era entusiasta che la sua famiglia si trasferisse in Florida, mentre lei era alle prese con un'incertezza che le lacerava le viscere.

Entrò in ufficio e si lasciò cadere sulla sedia della scrivania chiedendosi se dovesse provare a chiamare Nick Howard un'altra volta. Perché non aveva avuto sue notizie, in nome di Dio? Graham aveva detto di avergli parlato. Perché suo zio non l'aveva chiamata?

Aprì il computer per controllare le email e, alla vista del nome di Nick Howard, emise un piccolo grido di gioia. Cliccò sull'email e lesse: «*Dee, scusa se non mi sono fatto sentire. Leggi la recensione del ristorante. Voglio che torni al ristorante per farne un'altra. Devi menzionare lo chef, il luogo e una descrizione del posto, insieme alla descrizione del cibo. Incontriamoci la prossima settimana per discuterne. NH.*»

Darcy fece un sospiro di sollievo. L'aveva chiamata Dee, il nome che le aveva dato come recensore di ristoranti per il giornale.

Lei si affrettò a rispondere alla sua email: «*Grazie per avermi risposto. Farò la recensione e te la invierò via email entro un giorno o due. Dee Summers.*»

Scrivere il nome Dee Summers le fece venire un'inaspettata umidità agli occhi. Se fosse riuscita a cominciare questa attività, sarebbe stato l'inizio del suo sogno di diventare una persona nuova, forse addirittura una scrittrice un giorno.

Alzò il telefono per chiamare Graham Howard e lo riabbassò. I recensori di ristoranti visitano i ristoranti *in incognito*. Graham la conosceva come Darcy Sullivan.

Quando Darcy raggiunse Sheena e Regan per il pranzo da Gracie, sprizzava entusiasmo da tutti i pori. «Ho sentito Nick e domani tornerò al Terrace per pranzo. Qualcuna vuole unirsi a me?»

«Io» disse Regan.

«Va bene, ma non farmi scoprire. Farò una recensione... in incognito.»

Sheena rise e mise una mano sul braccio di Darcy. «Sembri una spia.»

Darcy si raddrizzò, incapace di smettere di sentirsi indignata. «In un certo senso, sono una spia. È un lavoro importante.»

«Sono felice che tu lo stia facendo. Vedo quanto sei felice» disse Regan, la pacificatrice.

Darcy si rilassò, eccitata alla prospettiva del nuovo lavoro. «È un passo nella giusta direzione per me.»

«Sì» disse Sheena. «È un buon modo per iniziare una nuova carriera.»

A volte Darcy apprezzava la presenza delle sorelle. Questa era una di quelle volte.

La mattina dopo, poco prima di mezzogiorno, Darcy si diresse a St. Petersburg con Regan.

«A prescindere da ciò che accadrà con l'hotel, ho deciso di rimanere in Florida» dichiarò Regan. «Adoro questo stile di vita che mi permette di andare in spiaggia, fare il bagno in piscina e godermi l'aria aperta in ogni periodo dell'anno.»

«È bello» disse Darcy, «ma anch'io voglio viaggiare.»

«I genitori di Austin hanno un'agenzia di viaggi. Forse potresti organizzare qualcosa con loro» disse Regan.

«Sì, gliene ho già parlato.»

«È un bravo ragazzo» disse Regan. «Vorrei che fosse il mio tipo.»

«Sì, lo so. Non è come i ragazzi con cui mi piace uscire di solito» disse Darcy.

Darcy andò al Vinoy per mostrare a Regan l'hotel e poi trovò un parcheggio vicino al Terrace.

«Il ristorante sembra carino» disse Regan, mentre si avvicinavano al patio.

«Lo è» disse Darcy, osservandolo con più attenzione per poterlo descrivere nella sua relazione.

Nonostante il caldo e l'afa, scelsero di stare all'aperto nel patio. Come in precedenza, solo pochi tavoli erano occupati.

Non appena Darcy e Regan presero posto, si avvicinò un giovane. «Buon pomeriggio. Benvenuti al Terrace.» Porse a entrambe un menu.

«Posso portarvi qualcosa oltre all'acqua?» chiese, salutandole amabilmente.

Darcy sbatté le palpebre sorpresa dal cambio nel servizio. «Grazie. Vorrei una Diet Coke con una spruzzata di limone. Regan?»

«Per me l'acqua va bene. Con uno spicchio di lime, per favore» rispose Regan.

«Arrivo subito» mormorò il cameriere prima di affrettarsi a prendere gli ordini.

«Pensavo avessi detto che il servizio era terribile» sussurrò Regan.

Darcy scrollò le spalle. «Una volta lo era. Mi chiedo come abbia fatto Graham a sistemare tutto così in fretta.»

Il cameriere riapparve con le loro bevande. «Siete pronte

per ordinare? Lo chef ha fatto un buon lavoro con la pasta speciale. E il panino cubano è uno dei miei preferiti. È proprio sulla parte anteriore del menu.»

«Io proverò l'insalata asiatica» disse Darcy, impaziente di vedere se la qualità del cibo era sempre quella.

«Io prendo le cozze con le patatine» disse Regan, ridendo quando Darcy alzò gli occhi al cielo.

«Che c'è?» chiese Regan, dopo che il cameriere se ne fu andato. «Non posso concedermi un lusso ogni tanto?»

«No, no, non è questo. Devo controllare diversi piatti, e questo è uno di quelli che molte persone non ordinerebbero. Ma tu goditelo.»

Regan la studiò. «Fai davvero sul serio con questa storia, vero? Pensavo che fosse solo un divertimento, ma vedo che per te è molto di più.»

«Un giorno, entrando in una libreria, potreste vedere un romanzo grande e grosso con il mio nome sopra» disse Darcy. «È il mio sogno.»

«Io non potrei mai scrivere un romanzo» disse Regan, «ma spero che a te succeda.»

Chiacchierarono ancora per qualche minuto, poi apparve il cameriere con il cibo.

«Bel servizio» disse Darcy, facendogli un sorriso.

«Sì, beh, non c'è molta gente» disse il cameriere. «Speriamo che la situazione cambi quando si diffonderà la voce che il servizio è migliorato.»

Regan mangiò qualche boccone delle sue cozze e poi inforcò alcune patatine fritte. «Mmm, buono.»

Darcy sgranocchiò allegramente un pezzo del pollo croccante che guarniva la sua insalata. «Anche il mio.» Era la terza volta che mangiava al ristorante, il cibo era preparato bene come sempre e meritava una bella recensione.

Stavano finendo di mangiare quando apparve Graham.

Sorrise a Darcy. «Sei tornata? Com'è andata?»

«Molto bene» disse Darcy. «Graham, questa è mia sorella Regan.»

Darcy lo vide muovere gli occhi compiaciuto mentre studiava la sorella. Per una volta, a Darcy non importava che Regan le rubasse l'attenzione, come faceva di solito. Questo era un pranzo di lavoro, niente di più.

«Lavori al Salty Key Inn con Darcy?» Graham chiese a Regan.

«Sì, mia sorella Sheena, Darcy e io speriamo di aprire l'hotel a breve. Dovrai venire a dare un'occhiata.»

«È lì che si trova il ristorante di Gracie, giusto?» chiese Graham rivolgendosi a Darcy.

Darcy annuì. «Ottimo cibo, come qui.»

«E il servizio qui?»

«Molto migliorato. Anzi, davvero ottimo.»

Sui lineamenti robusti di Graham apparve un sorriso. I suoi occhi verdi scintillarono. «Mi è costato la mia ragazza, ma comincio ad avere clienti che tornano. Quindi, grazie, Darcy.»

Una coppia arrivò nel patio e prese posto in un tavolo vicino.

Graham sollevò il suo berretto da baseball in segno di saluto e disse: «È meglio che torni al lavoro. Spero di rivedervi.»

«È il cuoco?» chiese Regan.

Darcy annuì. «È anche il proprietario. Carino, eh?»

«Molto carino» disse Regan, osservandolo mentre si allontanava.

«Aspetta qui» disse Darcy. «Vado dentro a dare un'occhiata in giro.»

Mentre entrava, sentì del trambusto in cucina. «Maledizione, Joe, hai lasciato che la carne si cuocesse troppo.»

Riconobbe la voce di Graham e pensò a un paio di chef irascibili che aveva visto in televisione. *Forse tutti i bravi chef sono un po' così*, pensò.

Solo due dei tavoli interni erano occupati.

Dopo aver controllato l'arredamento e la pulizia del bagno delle donne, Darcy tornò al suo tavolo, soddisfatta di quanto aveva visto. Il locale era pulito, carino e attraente. Non vedeva l'ora di scriverci un articolo.

Fuori, il cameriere si avvicinò al loro tavolo e consegnò il conto a Darcy. «Com'è andata?»

«Tutto delizioso» disse Darcy con entusiasmo. «Da quanto tempo lavori qui?»

«Solo una settimana. In realtà sono un amico di Graham e mi sono diplomato alla scuola alberghiera di Cornell. Graham mi ha chiesto di dare una mano a formare il nuovo personale. Sta facendo dei colloqui, se siete interessate.»

Darcy rise. «No, grazie. Ho già un lavoro.»

Lui le porse un biglietto da visita. «Sto avviando una mia attività di consulenza. Chiamami se cambi idea.»

«Grazie.» Darcy infilò il biglietto nella borsa senza leggerlo.

Pagarono il conto e se ne andarono.

«Cosa ne pensi?» le chiese Regan mentre tornavamo alla macchina. «Il cibo era delizioso e il servizio eccellente.»

«L'ho pensato anch'io.»

Mentre tornavano in albergo, a Darcy venne una nuova idea. Si rivolse a Regan. «Mi piace l'idea che un diplomato della scuola alberghiera faccia da consulente a Graham. Prima di aprire l'hotel, potremmo parlare con uno come lui.»

«Un buon piano. Vediamo cosa ne pensa Sheena.»

Darcy e Regan risero insieme. Volevano bene a Sheena, ma a volte si stancavano del suo ruolo di sorella maggiore.

L'espressione di Regan si fece seria. «Non sapevo che

entrambe ci fossimo sentite abbandonate da Sheena quando ci lasciò per sposarsi. E, fino ad ora, non avevo capito che, rimanendo incinta in giovane età, Sheena era molto delusa di aver perso l'esperienza universitaria che aveva sempre desiderato. È buffo che si possa essere sorelle senza conoscersi.»

«Questa esperienza qui in Florida è stata positiva per tutte noi» concordò Darcy. «Pensi che lo zio Gavin sapesse che avevamo bisogno di qualcosa come la sua sfida per unirci?»

«Forse» disse Regan. «Se, come ha detto Sheena, lui e la mamma comunicavano regolarmente, allora la mamma probabilmente gli ha detto qualcosa del genere. Voleva che fossimo tutte unite.»

Tornata in albergo, Darcy si mise al computer per scrivere la sua nuova recensione sul Terrace, utilizzando tutte le parole che aveva in testa e che non usava quasi mai. Finì, diede una rapida occhiata a quello che aveva scritto, e inviò tutto a Nick Howard, desiderosa di dimostrare quanto fosse veloce.

Sheena entrò in ufficio e si sedette. «Com'è andato il pranzo?»

«Molto meglio. Il cibo era ottimo come al solito e il servizio eccellente.» Allo sguardo sorpreso di Sheena, Darcy rise. «Un diplomato della scuola alberghiera di Cornell sta aiutando Graham ad assumere e formare il nuovo personale di servizio. In effetti, Darcy e io stavamo pensando di assumerlo per dare un'occhiata all'hotel prima dell'apertura. Che ne pensi?» Passò a Sheena il suo biglietto da visita.

«Kenneth Cochran? Risposte per l'industria dell'ospitalità? Mi piace molto. Possiamo parlarne più tardi. Adesso ho bisogno di parlare con te e Regan. Ho fatto un po' di ricerche su Internet e ho trovato qualcosa che voglio farvi vedere.»

Regan si unì a loro e insieme scelsero i mobili che sarebbero andati bene per il patio della camera degli ospiti fino a quando non si sarebbero potute permettere qualcosa di più costoso.

«Be', questo è quanto. Finché non arriveranno i mobili, le tende e gli arredi della stanza degli ospiti, siamo praticamente a posto» disse Regan.

«No» disse Darcy. «Dobbiamo tutte lavorare alla nostra campagna pubblicitaria. Dobbiamo stampare dei biglietti con il nostro logo e le informazioni sulle offerte speciali che stiamo proponendo. Possiamo iniziare con un mailing e poi distribuirli al ristorante e in altri post.»

«E dobbiamo ottenere un numero di telefono per le prenotazioni» ricordò Sheena. «Darcy, non ci hai ancora insegnato a usare il sistema di front-office che hai installato. Sally Neal lavorerà come governante, ma Regan, tu dovrai occuparti di preparare le camere degli ospiti. E dovremo tutte aiutare a pulire le stanze finché non assumeremo del personale, compreso un capo cameriere.»

Darcy e Regan si scambiarono uno sguardo rassegnato. C'era ancora molto lavoro da fare prima di poter aprire, e a quanto pareva Sheena sarebbe stata al comando.

CAPITOLO 14
DARCY

Darcy stava lavorando in ufficio quando ricevette una telefonata da Austin Blakely. Al suono della sua voce, non poté trattenere il brivido che la percorse. Si erano scambiati messaggi sul logo, ma Darcy pensava che forse era solo una scusa per tenersi in contatto. Attendeva ogni messaggio con impazienza.

«Ehi, Austin! Come va?»

«Volevo solo farti sapere che ho fatto l'insegna dell'hotel. È grande e pesa circa ottanta chili. Avrete bisogno di qualcuno con un camion per ritirarla. Non credo che ci stia nel furgone dell'hotel e di sicuro non ci sta nella mia macchina.»

«Il marito di Sheena, Tony, verrà in Florida con il suo camion questo weekend. Va bene se viene a prenderla la prossima settimana?»

«Certo, ma vorrei essere presente quando la installerete. Ci vorrà un po' di lavoro per affondare i pali nel cemento e prepararli per l'installazione dell'insegna per poi montarla.»

Darcy era felice al pensiero di rivederlo. «Magari faremo una festa per celebrare questa occasione. Lasciami parlare con le mie sorelle e ci metteremo in contatto con te. Quando sarai in città?»

«A dire il vero, verrò questo fine settimana» disse Austin. Nella sua voce c'era un'inconfondibile tristezza.

«Oh, cielo. Tua nonna è peggiorata?»

«Temo di sì.»

«Oh, Austin, mi dispiace tanto. So quanto le vuoi bene.»

«Immagino che ci fosse da aspettarselo, ma fa comunque male.»

Darcy lo sentì inspirare profondamente e poi dire: «Ti chiamerò quando sarò in città e potremo decidere dove collocare il cartello. Forse puoi andare avanti e far preparare i pali ai tuoi operai. Ti manderò le dimensioni per email.»

«Buona idea. Mi dispiace molto per tua nonna, Austin. Posso fare qualcosa per te? Per lei?»

«Grazie, ma a questo punto non c'è molto da fare se non starle vicino. Ci sentiamo più tardi.»

Darcy chiuse la telefonata e rimase un attimo seduta, pensando ad Austin. La sua devozione per la nonna le fece capire che lei avrebbe dovuto essere più presente quando sua madre stava morendo di cancro. Era stata Sheena a stare con lei ogni giorno quando la mamma stava per morire.

Distogliendosi da quei pensieri, Darcy si mise al lavoro sul sito web dell'hotel. Se l'insegna realizzata da Austin fosse stata simile alle altre splendide insegne che aveva realizzato, avrebbe voluto inserirla nella homepage del sito.

Stava ancora lavorando al sito web quando sentì una notifica sul telefono che la avvisava di avere un messaggio. Quando vide che era di Nick, le batté più forte il cuore.

Dee, ho ricevuto la tua ultima recensione del ristorante. Parliamo di come scrivi. Verrò in albergo domani. Fammi sapere quando sei libera. N.H.

Deglutì a fatica. A giudicare dal messaggio brusco di Nick, la recensione non doveva essergli piaciuta. Delusa, sbatté le palpebre per scacciare le lacrime e fece diversi respiri profondi. *Al diavolo il lavoro per quell'uomo! Avrebbe trovato un altro giornale che l'avrebbe assunta, avrebbe lavorato sodo e sarebbe stata migliore di quanto quel tizio avesse mai pensato che potesse essere.*

Per quanto si sforzasse, Darcy non riuscì a concentrarsi sul lavoro. Attraversò il prato e arrivò all'edificio delle suite. Nella sua stanza si spogliò e indossò il costume da bagno. Una bella passeggiata lungo la spiaggia era quello che le ci voleva.

Aveva appena finito di mettere la crema abbronzante quando apparve Regan.

«Che cosa stai facendo?» chiese Regan. «Vai a nuotare?»

«No, vado a fare una passeggiata sulla spiaggia e, se non mi sento meglio, vado alla porta accanto al Keyhole a bere un drink o due o tre.»

«Ehi! Che cos'è successo? Perché parli così?»

Darcy sospirò. «Sai la recensione che ho appena inviato a Nick? Vuole incontrarmi domani.» Le si annodò lo stomaco. «Scommetto che non gli è piaciuta.»

Accigliata, Regan scosse la testa. «L'ha detto lui?»

«Non esattamente. Vuole parlarmi di come scrivo. Oh Dio! Probabilmente mi sono resa ridicola.»

«Darcy, se vuoi entrare nel mondo dei giornali, devi farti venire una pelle più coriacea. Io non so scrivere, ma tu sì. Guarda le cose che hai inventato per la nostra campagna pubblicitaria. Verrò in spiaggia con te. Poi decideremo di andare a bere qualcosa al Keyhole.»

Sheena bussò ed entrò nella suite con indosso un costume da bagno e un cappellino. «Vi va di fare una pausa e di fare una passeggiata sulla spiaggia?» Guardò Darcy. «Immagino che tu ci abbia già pensato.»

«Darcy è arrabbiata per la recensione del suo ultimo ristorante» disse Regan. «Datemi un minuto per cambiarmi. Qui ci vuole una riunione di sorelle sulla spiaggia.»

Quando Regan se andò a cambiarsi, Sheena studiò Darcy. «Che succede?»

Darcy scrollò le spalle, odiando ammettere a Sheena che, a quanto pare, non aveva molto successo nello scrivere recensioni. «Non credo che a Nick sia piaciuta la mia recensione. Vuole parlarmene.»

Sheena le mise una mano sulla spalla e le rivolse uno sguardo fermo. «Darcy, sei brava a scrivere. Credi in te stessa.»

Lacrime inaspettate riempirono gli occhi di Darcy. Troppo emozionata per esprimere i suoi pensieri, si limitò ad annuire.

Darcy seguì le sorelle attraverso Gulf Boulevard fino alla spiaggia. Si sentiva una fallita. Sapevano che era arrabbiata, ma non credeva che si rendessero conto di quanto fosse insicura di sé. Aveva sempre cercato di nascondere i suoi sentimenti scherzando o facendo battute. Detestava la sensazione di essere quella poco interessante, quella poco carina rispetto alle sue sorelle. Voleva dimostrare al mondo di essere una persona a sé stante, degna di lode per essere quella che aveva sempre voluto essere.

Si avviarono lungo la passerella che conduceva in spiaggia. Togliendosi i sandali, Darcy affondò i piedi nella sabbia, ancora calda per il sole del tardo pomeriggio. La folla sulla spiaggia si stava disperdendo, senza dubbio per tornare alle proprie case o alle stanze d'albergo per fare una doccia e andare a cena. Darcy emise un sospiro di soddisfazione. Era il momento della giornata che preferiva in spiaggia.

Si avvicinò alla riva e immerse la punta del piede nel bordo spumoso delle onde che si infrangevano sulla costa. La temperatura dell'acqua, in quel giorno di giugno, era piacevole: né troppo fredda, né troppo calda. Rispetto alle acque gelide della costa del New England, era praticamente perfetta.

Un piovanello passò di fretta, seguito rapidamente da molti altri. Darcy aveva imparato ad amare l'avifauna della riva. Anche le grida rauche dei gabbiani e delle sterne che volteggiavano in aria sopra di lei erano musica per le sue orecchie.

Osservò un trio di pellicani che volava in formazione, come gli acrobati del volo che erano. Era sempre stata affascinata dai loro lunghi becchi e dalla grande sacca che usavano per catturare le prede. Aveva letto che la sacca serviva anche a drenare l'acqua da quello che avevano raccolto prima di inghiottirlo.

Sheena si avvicinò a Darcy e le diede un rapido abbraccio. «Ti senti meglio?»

Darcy si voltò verso di lei e le rivolse un debole sorriso. «Un po'.»

«Dai. Andiamo a fare una passeggiata. Nessuno può battere una delle sorelle Sullivan.»

Mentre passeggiavano fianco a fianco lungo la riva, Darcy guardò le sue sorelle. La fiducia in sé stessa di Regan era cresciuta così tanto negli ultimi mesi che sembrava una persona completamente diversa. E Sheena era diventata molto più rilassata lontano dalla famiglia e dalle responsabilità che le scaricavano continuamente addosso. Lo zio Gavin aveva pensato che avessero bisogno di lezioni di vita. Forse, tutte e tre ne avevano già imparata qualcuna.

Al rientro sul lungomare con le sorelle, Darcy si sentiva molto meglio. Camminare sulla sabbia, bagnarsi i piedi nell'acqua e sentire i suoni della natura era qualcosa che la guariva come nient'altro riusciva a fare.

«Andiamo a bere qualcosa al Key Hole?» chiese, pronta per una bibita fresca e qualche stuzzichino.

«Mi sembra una buona idea» disse Regan. «E tu che ne dici, Sheena?»

Sheena fece una pausa e poi sorrise. «Perché no? Holly è ancora in debito con Darcy per tutto il suo lavoro al computer. Giusto?»

«Giusto.» Darcy guardò Regan e ridacchiò. Sheena era incaricata di gestire le finanze del loro progetto e contava ogni centesimo.

Si misero tutte i sandali, indossarono il loro copricostume e si diressero al bar. Holly Harwood, la proprietaria del bar, e Gavin avevano avuto una lunga relazione, per lo più platonica. Lui aveva comprato il bar per Holly per assicurarle una fonte di reddito e qualcosa che la tenesse occupata. Aveva anche affidato al figlio di lei, Brian, un ruolo di responsabilità nell'aiutare Darcy e le sue sorelle con il progetto ogni volta che chiedevano aiuto. Quando entrarono nel bar, Darcy notò che Regan si guardò intorno prima di sedersi di fronte a lei al tavolo.

Sheena salutò Holly dietro il bancone e si accomodò accanto a Regan.

Una giovane e graziosa cameriera si avvicinò al tavolo. «Che cosa posso portarvi, signore?»

Darcy attese che le sorelle ordinassero e poi disse: «Per me un margarita texano e per favore portateci il menu.»

«Credo che questa sarà la mia ultima uscita spontanea per un po'» disse Sheena. «Tony e i bambini saranno qui prima che me ne accorga.»

Darcy aggrottò la fronte costernata. «Perché dici così? I tuoi figli sono abbastanza grandi per stare per conto loro. Dovresti sentirti a tuo agio nel fare le cose da sola. Pensavo che fosse uno dei motivi per cui volevi stare qui.»

«Sono d'accordo» disse Regan. «Non ti permetteremo di tornare a fare la "Supermamma" troppo in fretta. Michael e Meaghan sono davvero cresciuti durante le loro vacanze primaverili qui, quando hanno dovuto fare molte cose da soli.»

L'espressione di Sheena si illuminò. «Avete ragione. È quello che ero pronta a fare. Le vecchie abitudini sono dure a morire. Come avete fatto a diventare così intelligenti?»

«Non abbiamo imparato da te» disse Darcy, mentre arrivavano i loro drink e tutte e tre risero.

Darcy aveva appena bevuto un sorso del suo margarita quando Brian Harwood entrò dalla porta.

Alto, abbronzato e palestrato, si diresse verso di loro. I suoi caldi occhi castani, i capelli castano chiaro striati dal sole e un sorriso delizioso completavano un pacchetto che era già quasi perfetto. «Buonasera, signore. Vi prendete una pausa?»

«Una pausa molto necessaria» disse Sheena. «Ti va di unirti a noi?»

«No, grazie.» Lui continuò a concentrarsi su Sheena, cosa di cui Darcy fu felice. Aveva fatto una mossa imbarazzante con Brian per dimostrare che era ancora attraente dopo essere stata scaricata da Sean, e ne era ancora pentita. Notò che Regan stava facendo del suo meglio per ignorarlo, ma Darcy capì che era molto consapevole della sua presenza.

Più tardi, dopo aver mangiato una serie di antipasti e aver bevuto a volontà, lasciarono il bar e si diressero verso il Salty Key Inn.

Entrando nella tenuta, che ora apparteneva a loro tre, Darcy provò un nuovo senso di ritorno a casa.

Il pomeriggio successivo, Darcy era seduta fuori dal ristorante di Gracie in attesa dell'arrivo di Nick Howard. Il cuore le batteva nervosamente e vacillava per il terrore. Sapeva quanto potessero essere brutali alcuni giornalisti. Forse Nick veniva a schernirla per la sua mancanza di capacità. Non sembrava quel tipo di persona, ma non si poteva mai sapere quando si aveva a che fare con qualcuno che si muoveva in incognito per riportare notizie, anche se si trattava solo della recensione di un ristorante.

Quando finalmente vide la figura di Babbo Natale che si dirigeva verso di lei, agitò la mano. Aveva la gola troppo secca per salutare.

«Ciao, Dee!» la chiamò Nick.

Darcy cominciò a rilassarsi. Le piaceva che lui le avesse dato uno pseudonimo con cui scrivere le recensioni.

«Ciao, Nick. Ti va di entrare da Gracie per mangiare un boccone?»

Lui scosse la testa. «Meglio di no. Dobbiamo parlare.»

A Darcy si rivoltò lo stomaco. «Ok, possiamo andare nel mio ufficio.»

Lo condusse oltre l'ingresso del ristorante, l'area recintata con i bidoni della spazzatura e una porta laterale che conduceva al corridoio del piano inferiore e all'ufficio oltre il ristorante.

Facendo un respiro profondo, Darcy accompagnò Nick nel suo ufficio e chiuse la porta dietro di loro.

Con le mani fredde, gli indicò una sedia e si sedette dietro la scrivania, contenta della piccola distanza che li separava.

«Volevi parlarmi di come scrivo?»

Nick annuì e la studiò per un attimo. «Sei seriamente intenzionata a lavorare per il giornale e, soprattutto, a scrivere un romanzo?»

Darcy si irrigidì. «Sì. Perché?»

«Perché sono disposto ad aiutarti se ascolterai, se ascolterai davvero, quello che ho da dire e se seguirai i miei consigli.»

«Okaaay» disse lei, chiedendosi esattamente cosa intendesse Nick.

«Hai un buon istinto, un occhio acuto per le cose e un orecchio naturale per le parole. Ma se vuoi lavorare per me e avere successo nel mondo dell'editoria, devi avere abbastanza a cuore il risultato finale da renderlo il migliore possibile.»

Nick estrasse un foglio dal taccuino che portava con sé e glielo porse.

Darcy fissò la stampa della recensione che gli aveva inviato. C'era inchiostro rosso dappertutto. «Che cos'è?»

«È» disse Nick con un sorriso soddisfatto, «una copia corretta di quello che mi hai mandato. Ora guardala bene.»

Darcy perse le staffe. «È una stronzata!»

«Precisamente» disse Nick. «Non voglio che tu mi dia mai più una copia come questa senza averla prima corretta una, due, forse tre volte o più per farla bene.»

Mortificata, Darcy arrossì e studiò le parole scritte male, le virgole mancanti e le frasi monche. La mente le si affollò di pensieri. *È questo che subiscono gli scrittori professionisti? Questa pignoleria? Questa umiliazione?*

«Se pensi che io sia severo, vedrai quando proverai a entrare nel mondo dell'editoria. Io almeno ti aiuterò mostrandoti cosa puoi fare per migliorare. Agenti e revisori non saranno così gentili. Probabilmente non risponderebbero nemmeno a una cosa scritta così male.» Sebbene le sue parole fossero dure, l'espressione di Nick era piena di comprensione. «La tua recensione aveva colto nel segno. Ora, scrivila bene, perché, Dee, ti affiderò la mia rubrica settimanale tra due settimane. La vuoi?»

Darcy sentì il suo spirito abbattuto balzare sull'attenti. «Davvero? Dici sul serio? Pensi che possa farcela, anche con questo?» Gli sventolò davanti il foglio di carta.

Lui annuì. «Sì. Ma ti darò un corso accelerato di scrittura e di editing. Hai tutte le carte in regola per farcela, Darcy. Le tue descrizioni, il modo in cui usi i sensi, ti viene naturale. Vediamo cos'altro c'è dentro di te.»

Darcy sentì un cipiglio formarsi sul suo viso. «Perché stai facendo tutto questo per me, Nick?»

Lui emise un lungo sospiro e fissò fuori dalla finestra.

Quando si voltò verso di lei, i suoi lineamenti erano tristi. «Ho appena scoperto che "Big C" mi è tornato a fare visita. E questa volta non va affatto bene.»

Darcy sbiancò. «Oh mio Dio! Stai parlando del cancro?»

Nick annuì. «Mi batterò, naturalmente, ma non potrò svolgere i miei soliti compiti. Voglio lavorare con te anche per affidarti la mia rubrica sul giornale. In cambio del mio insegnamento, tu continuerai la rubrica che è importante per me.»

Darcy si appoggiò allo schienale, scioccata da quanto le era stato detto. Un tempo aveva considerato Nick una specie di Babbo Natale. Se l'idea fosse andata avanti, sarebbe stato uno dei regali più grandi che le avessero mai fatto. Ma non voleva il dolore che ne sarebbe derivato.

CAPITOLO 15
SHEENA

Sheena era seduta nella cucina della sua suite a sgranocchiare un'insalata di tonno e a fare la lista dei generi alimentari che doveva comprare per la sua famiglia. Dopo averli lasciati a Boston mentre lei e le sue sorelle lavoravano insieme per affrontare la sfida che Gavin aveva lanciato alle sorelle Sullivan, Sheena aveva trovato un senso di libertà che non si era mai concessa. Le piaceva essere moglie e madre, ma si era persa in quei ruoli. Ora si godeva il piacere di essere Sheena Sullivan Morelli, che per caso era anche una moglie e una madre, oltre che una delle proprietarie di un hotel.

Con la sua assenza, Michael, diciassette anni, e Meaghan, quasi quindici, stavano imparando a fare più cose da soli e a essere più grati per tutto ciò che avevano. Le si intenerì il cuore. Anche se la sua vita stava per cambiare con il loro arrivo, non vedeva l'ora di vederli. Michael avrebbe frequentato l'ultimo anno di scuola superiore in Florida e poi sarebbe andato al college. Meaghan sperava di trovare amici migliori e più simpatici nella sua nuova scuola.

Le squillò il cellulare. *Meaghan.*

«Ciao, tesoro» disse Sheena. «Che succede?»

«Mamma, ho deciso di non andare al ballo di fine anno scolastico. Ora Lauren e le sue amiche mi danno della snob.»

«E come ti fa stare la cosa?» chiese Sheena a bassa voce, sentendosi male dentro per il fatto che Meaghan fosse stata presa di mira, ancora una volta.

«So che se ci andrò, mi prenderanno in giro. E, comunque,

partirò per la Florida e non dovrò più sopportarle.»

«Mi sembra che tu abbia preso una buona decisione.» Sheena non riuscì a nascondere il suo sollievo. Lauren e le sue due amiche facevano le bulle con molte delle ragazze della classe di Meaghan e, anche se faceva male, Sheena sperava che Meaghan capisse quanto fosse sbagliato.

«Mamma? Non vedo l'ora di vedervi tutti all'hotel. Gracie mi ha detto che contava sul mio aiuto al ristorante.»

Sheena fu soddisfatta dalla nota di orgoglio nella voce della figlia. Meaghan non aveva gradito l'idea di fare la cameriera quando era stata costretta a venire in Florida dopo essere stata sospesa da scuola per un suo atto di bullismo. Ma lavorando con Gracie, Clyde e gli altri, Meaghan era sembrata fiorire, soprattutto quando aveva imparato a gestire i bisogni speciali di Clyde e ad accettare molto di più gli altri.

«Be', anch'io sto contando i minuti che mancano al tuo arrivo. Mancano solo pochi giorni. Come sta nonna Rosa?»

«È impegnata ma molto felice di trasferirsi in Florida. La vendita della casa è stata uno spasso. Abbiamo venduto quasi tutto qui, anche dalla parte della nonna. Il furgone per il trasloco arriva domani. Poi, alloggeremo tutti in un hotel del centro. Anche per questo non volevo andare al ballo.»

«Sembra che tutto stia andando come programmato. Ci vediamo presto, piccolina.»

«Ciao, mamma. Ti voglio bene» disse Meaghan prima di terminare la chiamata.

Sheena rimase seduta per un po', pensando alle difficoltà di essere un'adolescente. Attraverso tutti i social media, venivano dette e fatte cose orribili agli altri. La comunicazione era stata trasformata da una cosa buona a qualcosa di doloroso per molte persone.

Le squillò di nuovo il cellulare. *Tony.*

«Ciao, tesoro» disse. «Ho appena parlato con Meaghan.

Sembra che le cose stiano andando come previsto.»

«Più o meno. Io e Michael ritarderemo di un paio di giorni. Dopo l'arrivo dei traslocatori, resterò per assicurarmi che l'impresa di pulizie si occupi di tutto. Mamma e papà sono impazienti di partire per la Florida, così ho detto che lo avrei fatto io. Aspetta, Michael vuole chiederti una cosa.»

«Mamma? Randy Jessup vuole venirmi a trovare in Florida per l'estate. Può? Ha detto che lavorerà anche lui.»

«Randall Jessup? Non sapevo che tu e lui foste così amici.»

«Mentre tu non c'eri, abbiamo giocato a baseball insieme e io e lui siamo diventati veri amici. È un bravo ragazzo.»

«E la sua famiglia? Hanno una casa estiva a Nantucket. Penso che voglia rimanere lì.»

Michael sbuffò. «Con suo padre, la sua matrigna e i loro due figli monelli? Non è probabile. E sua madre ha un nuovo fidanzato che odia Randy. È disperato, mamma. Dobbiamo aiutarlo.»

«Dovresti dividere la stanza con lui e, Mike, dovrebbe lavorare come chiunque altro. Lascia che ne parli con tuo padre e ti faremo sapere.»

«Oggi. Ok?»

«Ci proverò» disse Sheena. «Tutto il resto è a posto? Sei pronto a ritirare l'Explorer dal servizio di trasporto auto quando arrivi qui?»

«Sì. Prima di spedirla, papà gli ha anche montato delle gomme nuove.»

«Bene. Non vedo l'ora di vederti!»

«Anch'io, mamma. Ecco papà.»

«Che ne pensi di far vivere Randy con noi quest'estate?» Sheena chiese a Tony, ancora sorpresa dalla richiesta. «Sono scioccata che abbia preso in considerazione l'idea. I nostri alloggi non sono il massimo. E si rende conto che qui l'estate è calda e umida, e che comunque dovrà lavorare all'aperto?»

«Sì, gliel'ho detto, ma a quanto pare la situazione non è buona per Randy a casa. E quando ho parlato con i suoi genitori e gli ho spiegato la situazione, compreso il fatto che Randy avrebbe dovuto lavorare come tutti noi, nessuno dei due ha obiettato o è sembrato preoccuparsi più di tanto. È piuttosto triste, in realtà, perché è un bravo ragazzo.»

A Sheena sfuggì un lungo sospiro. «Al primo segno di problemi, dovrà andarsene. Abbiamo in programma di aprire l'hotel il fine settimana del Labor Day e quest'estate saremo troppo occupati per occuparci di problemi. D'accordo?»

«D'accordo.» Ci fu una pausa e poi Sheena sentì Tony ridacchiare. «Mike ci sta dando il benservito. Sa che sei un tenerone, ma farò sedere Randy e gli parlerò delle nostre regole. Te lo prometto.»

«Va bene. Non riesco a immaginare come si senta il ragazzo ad essere indesiderato. Fammi sapere come te la cavi con lui e con gli ultimi accordi. Grazie, tesoro. È stato bello che i ragazzi si siano fatti avanti per aiutarti mentre io ero qui.»

«Sì, sono stati mesi strani. Non mi è piaciuto molto, ma presto saremo tutti insieme. Devo andare» disse Tony.

Sheena ignorò il tono di voce di Tony. «Non vedo l'ora di vederti! Ti amo.»

«Ti amo anch'io» disse Tony.

Venire in Florida con le sue sorelle aveva cambiato il modo in cui funzionava la sua famiglia. Per quanto per lei fosse una liberazione, era stato difficile per loro andare avanti senza di lei. Ma aveva fatto bene a tutti i membri della famiglia. Si chiese come l'aggiunta di un'altra persona al gruppo avrebbe cambiato questa dinamica.

Digitando il numero della suocera, Sheena decise di chiederle spiegazioni.

Rosa rispose alla chiamata. «Ciao, Sheena!» cinguettò

allegramente.

«Come te la cavi con tutto quello che devi fare per il trasloco?»

Rosa rise. «Come ci si può aspettare. Avresti dovuto vedere tutta la roba di cui ci siamo liberati. Dopo quarant'anni di vita in questo posto, avevamo un sacco di cose da gestire. Michael e il suo amico Randy sono stati bravissimi a muovere pacchi in qua e in là.»

«Davvero? Hai conosciuto Randy?»

«Sì. Sembra un bravo ragazzo. Perché?»

«Vivrà con noi per l'estate.»

«Ahhh, Tony ne ha parlato. Penso che farà bene a Randy. La sua gente avrà anche i soldi, ma sembra essere avara di amore.»

Al pensiero che un ragazzo potesse vivere una situazione del genere, Sheena fu travolta da un impeto di tenerezza. I suoi figli avevano sempre saputo di essere amati.

Parlarono dei dettagli della vendita della casa e poi Rosa disse: «Sono così eccitata all'idea di ricominciare da capo. Paul ha accettato di prendere tutti mobili nuovi, ma devo trovare qualcuno che mi aiuti a decorare la nuova casa.»

«Conosco la persona perfetta. Regan ha fatto un lavoro favoloso con le camere degli ospiti dell'hotel e ha fatto amicizia con un arredatore che lavora nel settore alberghiero. Loro due sarebbero fantastici.»

Rosa emise un piccolo grido di gioia che colse Sheena alla sprovvista. «Oh, sarebbe meraviglioso! Regan saprà a che tipo di cose sono abituata e cosa potrebbe piacermi. Per favore, fai sapere a Regan che mi piacerebbe assumerla.»

Ridacchiando piano, Sheena disse. «Lo farò.» La vita, come spesso pensava, era piena di colpi di scena.

CAPITOLO 16
REGAN

Con il battito accelerato dall'eccitazione, Regan sollevò il cellulare per chiamare Mo.

Mentre aspettava che rispondesse, spostò il peso da un piede all'altro, una specie di tip tap nervoso.

«Ciao, tesoro! Che c'è?» disse Mo.

«Ho notizie entusiasmanti da condividere con te» disse Regan.

«Anch'io» disse Mo. «Ti va di vederci da Sammy per pranzo? Offro io. Posso essere lì in dieci minuti.»

«Ottimo! Io arriverò solo qualche minuto più tardi. Ci vediamo allora!»

Regan corse da Sheena, nella suite alla porta accanto. «Mi serve il furgone. Devo incontrare Mo per pranzo e dargli la buona notizia dell'incarico di decorare la casa di Rosa.»

«Bene. Le chiavi sono sul bancone dove le teniamo sempre. Divertiti!»

Regan prese le chiavi e si affrettò verso il furgone. Non appena Austin avesse trovato un logo più dettagliato, lo avrebbero fatto dipingere sulle portiere. In quel momento, il semplice furgone argentato sembrava un carro dorato che l'avrebbe portata a cominciare una vita completamente nuova. Sempre se Mo avesse accettato di lavorare con lei alla casa di Rosa.

Si fermò nel parcheggio del ristorante Sammy, sollevata di trovare un posto libero. Vicino alla spiaggia di St. Pete, il bar e il grill, noti per i loro eccellenti frutti di mare, facevano affari d'oro sia a pranzo che a cena.

Scesa dal furgone, vide l'auto bianca di Mo posteggiata ai margini del parcheggio e si affrettò a entrare nel ristorante.

Regan si fermò e cercò Mo. Il Sammy si atteneva a un arredamento balneare tradizionale, con reti da pesca, dollari di sabbia e altri accenti balneari. L'atmosfera, tuttavia, era più sofisticata rispetto alla maggior parte degli altri locali. Le tovaglie di lino turchese che coprivano i tavoli erano messe in risalto dai bicchieri d'acqua rosa presenti in ogni posto. Al centro del tavolo, un singolo rametto di bouganville rosa acceso era inserito in un vaso di boccioli bianchi.

Quando vide Mo, Regan sorrise, salutò e si affrettò verso il suo tavolo.

Vedendola, Mo si alzò in piedi, aspettando che lei si avvicinasse. Indossava una camicia hawaiana giallo pallido con grandi fiori tropicali rosa e rossi stampati sopra.

«Stai divinamente» disse lei, accettando un bacio sulla guancia da parte di Mo.

«Anche tu.» Le diede un'occhiata attenta all'abbigliamento. «La camicia blu scuro con i jeans bianchi ti sta bene.»

Compiaciuta, Regan gli diede un rapido abbraccio. «Mi fai sempre sentire così bene.» Si accomodò sulla sedia che le stava tenendo pronta. «Aspetta che ti dica le novità.»

Lui si sedette di fronte a lei. «Prima di iniziare, voglio che tu sappia che ho lasciato il mio lavoro al negozio. Sto facendo qualcosa di completamente nuovo.»

«Cosa? Vuoi lasciare l'attività di decorazione?» Le si agitò lo stomaco all'idea di perdere l'opportunità di lavorare insieme.

«Ecco.» Le porse un biglietto da visita grigio chiaro. Sul davanti si leggeva la scritta *Interiors di Mosè Greene*, in grassetto e in marrone. In basso comparivano l'indirizzo e il numero di telefono. Sul retro del biglietto si leggeva: *Arredamento di classe per persone intelligenti.*

«Allora? Che ne pensi?» L'espressione di Mo era incerta.

«Mi piace moltissimo!» disse sorridendo. «Hai un grande talento. Quando è successo?»

«Lo scorso fine settimana. Erano mesi che lavoravo a un accordo. Blackie Gatto, un consulente finanziario, mi ha aiutato a organizzare l'affare, insieme al suo socio, un avvocato.»

«Blackie Gatto? Ci sta aiutando» disse Regan. «Sheena lavora con lui e pensa che sia un grande. Ha lavorato con mio zio per anni.»

Mo annuì. «È molto bravo. Si è assicurato che io faccia un buon affare. Sto lavorando con Lowell's Furniture per poter offrire sconti ai miei clienti. Lowell è il negozio di mobili più bello che ci sia, e Blackie li ha aiutati a capire che poteva essere una situazione vantaggiosa per entrambi.»

«Dov'è il tuo ufficio?» gli chiese Regan.

Lui fece un sorriso imbarazzato. «Per il momento è il mio appartamento. Una delle due camere da letto contiene tutti i campioni di tessuto, i libri, ecc. Mi ci sono volute settimane per sistemarlo.» Si avvicinò e le afferrò la mano. «Sono felice di averti aiutato con l'hotel. Blackie mi ha detto di non dire niente a nessun altro finché non fosse tutto sistemato. Ma se hai problemi con la consegna di qualcosa, fammelo sapere e me ne occuperò io.»

Sentendosi un po' smarrita, Regan annuì. «Sono felice per te, Mo. Lo sono davvero.»

«Grazie. Basta parlare di me. Quali sono le tue novità?»

«Le mie novità?» Regan sentì le labbra incurvarsi. «Potrei avere il tuo primo cliente. I suoceri di Sheena si stanno trasferendo in Florida e Rosa voleva che la aiutassi a decorare la casa da cima a fondo.»

Mo le rivolse uno sguardo fermo. «Il mio cliente? Perché non lo facciamo insieme, Regan? È una cosa di cui abbiamo parlato per il futuro. Cominciamo adesso.»

«Tu? Io? Insieme? Noi?»

Lui rise. «Dopo averti conosciuto e aver lavorato con te all'hotel, sono stato più che mai sicuro di fare la cosa giusta. Un giorno spero di poterti offrire un vero lavoro con me. Siamo entrati in sintonia fin dall'inizio, non è vero?»

Regan si sentì intenerire e annuì. «Non ho mai avuto un amico come te prima d'ora, qualcuno con cui poter essere totalmente libera. Capisci cosa intendo?»

«Sì. Se credi nella reincarnazione, sono sicuro che ci siamo già conosciuti.»

Regan rise. L'idea le era estranea, ma le piaceva sapere che Mo ricambiava i suoi sentimenti.

CAPITOLO 17
DARCY

Darcy era nel suo ufficio a rileggere il breve articolo che aveva scritto sul Terrace. Dopo l'incontro con Nick, aveva acquistato un'app di correzione testi che le era stata molto utile per scoprire, tra le altre cose, dove andavano e dove non andavano le virgole. Si era sentita allo stesso tempo rattristata ed esaltata all'idea che, dovendo lottare contro il cancro, Nick l'avrebbe guidata in un corso accelerato di scrittura. L'unica cosa che le aveva chiesto in cambio era l'impegno a seguire tutti i suoi suggerimenti e le sue indicazioni. Per tenersi in contatto, avevano deciso di incontrarsi ogni settimana.

Nel frattempo, le cose all'hotel si stavano surriscaldando. La consegna dei copriletti era stata posticipata ancora una volta, ma quando sarebbero arrivati come previsto, avrebbero dato un ulteriore tocco finale alle camere. Presto sarebbe iniziata la formazione di Regan e Sheena sul sistema di gestione della proprietà. Anche se stavano per aprire con solo venti camere, era importante che tutte sapessero come usarlo.

Darcy inviò la recensione a Nick via email e si appoggiò allo schienale della sedia. Sperava che questa volta gli piacesse. L'aveva rimandata indietro tre volte. L'ultima volta che l'aveva ricevuta tutta segnata, era rimasta da sola nel suo ufficio e aveva pianto per la frustrazione. Ma questo, l'aveva avvertita Nick, era solo l'inizio per diventare una scrittrice professionista. Se lo voleva davvero, avrebbe guardato le sue correzioni e i suoi suggerimenti e avrebbe imparato da ogni errore.

Lo squillo stridente del telefono riportò Darcy al presente. Controllò chi era. *Austin*. Sorrise e rispose alla chiamata. «Ciao!»

«Ciao, Darcy. Volevo solo farti sapere che sono dai miei nonni e ho portato con me il file finale con il logo più piccolo per la tua carta intestata, i biglietti da visita e altri materiali promozionali.»

«Ottimo» disse lei.

«Che ti succede?»

«Sto cercando di scrivere un articolo per il giornale, ma non è facile. Ho così tanto da imparare e a volte ho semplicemente paura di fare una cosa del genere.»

«Darcy, non mi sembri il tipo di persona che si arrende facilmente. Credi in te stessa. Sei migliore di quanto pensi.»

A quelle parole, dette in modo così gentile, Darcy fu travolta da un'ondata di calore. Austin era proprio un bravo ragazzo.

«Grazie» gli disse. «Hai ragione. Non posso arrendermi solo perché è difficile.»

«La vita è dura a volte» disse Austin. «Continua così, Darcy.»

«Austin, ti dispiace se vengo lì a prendere il lavoro che hai per noi? Devo parlarti di una cosa personale.»

«Certo, vieni pure. Sarà bello vederti.» Le diede l'indirizzo e poi disse: «A presto. Grazie.»

Mentre fermava l'auto vicino alla modesta casa, Darcy si chiese se avesse fatto un errore ad autoinvitarsi. Ma aveva sentito un profondo bisogno di parlare con Austin di come si era occupato di una nonna che stava morendo. Era sconvolta al pensiero che Nick potesse non sopravvivere al cancro che era iniziato un paio di anni prima e che ora si stava rapidamente diffondendo in tutto il corpo.

Darcy parcheggiò il furgone e scese.

Austin uscì ad accoglierla. «Che succede? Al telefono sembravi sconvolta.»

Vedendolo, sentendo la sua preoccupazione, riemerse tutta l'angoscia per Nick. Si fermò un attimo e si tenne il viso tra le mani, respirando profondamente per non crollare.

Austin si precipitò al suo fianco e le mise un braccio intorno alle spalle. «Che cosa c'è? Stai bene?»

Darcy sollevò la testa. «Starò bene. Avevo solo bisogno di parlare con te. Mi fai sempre sentire meglio. Un mio nuovo amico sta combattendo contro il cancro ed è ovvio che non ce la farà.»

Austin le passò il palmo della mano sulla schiena in carezze confortanti. «Mi dispiace. Non è mai una buona notizia. Vuoi parlarne? Possiamo sederci in veranda. Lì nessuno ci disturberà.»

Condusse Darcy verso una delle due sedie pieghevoli della veranda e poi si sedette sulla sedia accanto alla sua.

«Ok, perché non me ne parli?» disse Austin, stringendole la mano.

Darcy sospirò e annuì. «Ok. Il mio amico è un signore anziano e meraviglioso che mi sta aiutando a scrivere. Sto facendo un lavoro segreto per lui.»

Quando Austin aggrottò la fronte, Darcy gli agitò un dito contro. «Mi fido di te, ma non puoi dirlo a nessun altro. Lo pseudonimo con cui lavoro è Dee Summers e sto iniziando a fare le recensioni dei ristoranti per lui per il *West Coast News*. L'ho conosciuto quando è venuto a fare un articolo sull'hotel. Ora vuole che mi occupi di una rubrica settimanale per lui. Si tratta di scrivere su diverse persone della zona, una sorta di "conosciamoci meglio".»

«Sembra interessante.»

«Sì, ma succede solo perché è malato. Mi sento malissimo per questo, eppure sono contenta dell'opportunità. Capisci?»

Lui le diede una piccola stretta alla mano. «Credo che quello di cui soffri sia quello che si potrebbe definire "sindrome del sopravvissuto". Non preoccuparti. Non è affatto insolito.»

«Ma io voglio che sopravviva. Lo voglio davvero. Anche se questo significa che devo trovare un altro modo per imparare a scrivere, in modo da poter scrivere un romanzo un giorno.»

«Sono sicuro che tu voglia davvero che sopravviva, ma non dipende da noi. La cosa migliore che puoi fare per lui è fare un buon lavoro. D'accordo?»

Darcy annuì lentamente, sentendo che il nodo che aveva allo stomaco cominciava a sciogliersi.

«Non è bello quando succede qualcosa di brutto alle persone a cui vogliamo bene o che ci piacciono» disse Austin, con l'aria del medico professionista che era.

«Come te la cavi con tua nonna? È chiaro che le vuoi bene.»

«Sì, è vero. Le faccio vivere un'esistenza il più possibile normale, aggiornandola sulle mie attività, proprio come facevo prima. E ogni volta che se la sente, facciamo cose che le sono familiari. Anche se sta cedendo la sua rubrica a te, non credo che il tuo amico voglia che tu lo tratti come se non potesse più scrivere. Continuerà ad aiutarti, giusto?»

Darcy annuì.

«Allora lascia che ti dia tutto l'aiuto possibile. Non togliergli questa possibilità. Capito?»

«Non lo conosco bene, ma lo rispetto da morire.»

«Ok, allora hai un piano. Vuoi entrare a conoscere i miei nonni?» Austin sorrise. «Sono molto curiosi di conoscerti. Non capita spesso che una ragazza chieda di poter venire da noi.»

«Oh, ma...»

Lui alzò una mano per fermarla. «Non c'è problema. Non dobbiamo fingere che sia più di un'amicizia.»

Lei annuì, ma si sentì confusa dalla delusione che la pervase.

Quando entrarono in cucina, una donnina dai capelli bianchi li guardò dal suo posto al tavolo della cucina e le rivolse un dolce sorriso.

«Sei una nuova amica di Austin?»

«Sì.» Darcy le si avvicinò e le prese la mano. «Sono Darcy Sullivan. Austin ha fatto molte opere d'arte per me e le mie sorelle per il nostro albergo.»

«Oh, sì» disse il nonno di Austin, che se ne stava ai fornelli a mescolare una pentola di qualcosa. «Tu non sei una delle giovani donne che hanno comprato i kayak e che hanno preso la scultura in legno quando abbiamo fatto la vendita dell'usato?»

«È stata mia sorella, Regan. Ma a tutte noi piacciono molto le sculture in legno di Austin.»

«Che ne dici di pranzare con noi?» disse il nonno. «Non è niente di speciale, solo un po' della zuppa preferita di Margery.»

«Spaghetti al pollo fatti in casa. Sono sempre buoni» disse Margery. «E Bill li fa proprio bene.» Lo guardò con affetto.

Lui ridacchiò. «Qualsiasi cosa per la mia ragazza.»

Darcy e Austin si scambiarono uno sguardo divertito. «La nonna ha un vero nido d'amore intorno» disse lui, e tutti risero.

Austin andò alla credenza e tirò fuori quattro ciotole e un piatto per i cracker.

Mentre il nonno mescolava la zuppa, Austin versò quattro bicchieri di acqua ghiacciata.

Darcy prese posto di fronte a Margery e restò un attimo in silenzio, chiedendosi cosa dire.

«Parlami dell'albergo» disse Margery, con voce flebile.

Darcy si rese conto dello sforzo che Margery stava facendo per essere socievole e le si strinse il cuore. Raccontò brevemente che Gavin aveva lasciato l'albergo a lei e alle sue sorelle e che dovevano trovare il modo di prepararlo per l'apertura.

«C'è molto da imparare» disse Bill, sedendosi al tavolo. «Dopo essere tornato dal Vietnam, ho lavorato in alcuni alberghi finché non ho risparmiato abbastanza per aprire la mia attività.»

«Il nonno possedeva e gestiva un negozio di forniture per ristoranti» spiegò Austin.

«Davvero? Forse puoi aiutarmi a imparare tutto il gergo dei vari articoli usati nei ristoranti» disse Darcy.

Sul volto di Bill comparve un sorriso compiaciuto. «Be', quello posso farlo.»

«Darcy ha un lavoro segreto» disse Austin, facendole l'occhiolino. «Qualcosa che forse non si sente abbastanza a suo agio da condividere con voi.»

Darcy rise. «Ok, ve lo dirò, ma dovrete essere più bravi di Austin a mantenere il segreto.»

Tra le risate che scoppiarono, Darcy disse: «Vado nei ristoranti in incognito e ne scrivo recensioni. È molto divertente.»

«Tutti i consigli di cui hai bisogno te li posso dare» ribadì Bill. Lanciò un'occhiata a Margery, perse il sorriso e si alzò in piedi. «È ora che Margery si riposi.»

Bill prese la moglie per il braccio e uscirono dalla cucina.

Darcy notò la tristezza che attraversò il volto di Austin. Volendo contribuire ad alleviare il suo dolore, allungò la mano e gliela posò sul braccio.

«Grazie» disse Austin, facendo un lungo sospiro. «Lasciami pulire la cucina e poi forse potremmo andare a fare una passeggiata.»

«Ok, va bene. Ti aiuto a sparecchiare.»

Mentre Austin dava una veloce risciacquata ai piatti, Darcy si chiese se quella fosse una casa felice e serena. Crescendo, in casa Sullivan non c'era mai stata un'atmosfera così tranquilla e rilassata.

«Dai, andiamo!» disse Austin, mettendo gli ultimi piatti nella lavastoviglie e pulendosi le mani sui pantaloncini.

All'esterno, s'incamminarono lungo la strada fino ad arrivare a uno stagno che si trovava al centro del quartiere. Mentre Darcy e Austin trovavano posto su una panchina all'ombra, passò una coppia di anatre di razza Muscovy, che gracchiarono rumorosamente, prima di tuffarsi in acqua e allontanarsi.

«Sono animaletti pestiferi, ma divertenti da osservare» commentò Austin. «I miei nonni mi portavano qui per dargli da mangiare.»

«I tuoi nonni sono davvero gentili» disse Darcy. «Sei fortunato ad averli. Io non ho mai avuto un rapporto stretto con i miei nonni. Tutti, tranne uno, sono morti quando ero molto giovane, e quello che è sopravvissuto si è trasferito fuori dallo stato.»

«Peccato» disse Austin. «I miei sono stati fantastici con me.» Appoggiò la schiena contro le doghe della panchina e appoggiò un braccio sullo schienale. «Ho deciso di rimanere a scuola quest'estate. Posso seguire due corsi e poi potrò iniziare il mio tirocinio in autunno.»

«Bene» disse Darcy. «E hai intenzione di aprire uno studio qui?» Lo guardò dritto in quei suoi occhi azzurri, incuriosita dall'intelligenza e dalla gentilezza che vi scorgeva.

«Sì, ho due offerte da prendere in considerazione. Immagino che man mano che la popolazione qui cresce, sempre più persone abbiano bisogno di dentisti.»

Il cellulare di Darcy squillò, una chiamata in arrivo che la fece trasalire.

Controllò chi era, guardò l'ora e ansimò. «Sheena, mi dispiace. Non mi sono resa conto di quanto sia tardi. Torno subito a casa.» Darcy saltò in piedi. «Mi dispiace, ma devo tornare in albergo. Sheena ha bisogno del furgone per andare a prendere la sua famiglia all'aeroporto.»

Austin la seguì tenendo facilmente il suo passo quando lei si affrettò a tornare a casa dei suoi nonni e si fermò accanto al furgone.

«Ecco la chiavetta per il logo» disse Austin, porgendogliela.

«Oh, l'avevo quasi dimenticata» disse Darcy, fissandolo negli occhi mentre la accettava. «Grazie mille per il tuo aiuto. E ti prego di ringraziare ancora i tuoi nonni per il pasto.»

Austin la studiò un attimo e poi, con lo sguardo incollato al suo, la prese tra le braccia. Darcy si appoggiò al suo ampio petto, rendendosi conto di averlo sempre desiderato. Le sue braccia erano forti, confortanti. Sospirò contenta. Era così bello essere abbracciati in quel modo. Si sentiva protetta.

Austin le sollevò il mento e poi abbassò le labbra sulle sue. Le sue labbra erano morbide, ma esigenti. Un fremito sorpreso la percorse mentre il suo corpo si irrigidiva per la tensione sessuale per poi allentarsi in calde ondate quando il suo bacio si prolungò. Cedendo al battito pulsante dentro di lei, Darcy mugolò piano e aprì le labbra alla lingua di lui.

Austin la strinse ancora di più tra le braccia e quando alla fine si allontanò, lei si sentì... vuota.

Lo sguardo meravigliato di Austin corrispondeva a quello che stava provando lei. Si fissarono per qualche istante, poi, con tono quasi triste, Austin disse: «Credo sia meglio che tu vada.»

Nonostante il suo corpo continuasse a pulsare di desiderio,

salì sul furgone, ancora scossa dalla chimica che era esplosa tra loro.

Mentre si allontanava, Darcy alzò la mano per salutare Austin e poi si passò le dita sulle labbra, chiedendosi cosa fosse appena successo a lei, a lui, a loro.

CAPITOLO 18
SHEENA

Sheena si recò all'aeroporto in preda a sentimenti contrastanti. Naturalmente era ansiosa di vedere sua figlia e di salutare i suoceri. Ma temeva che, con il loro arrivo, sarebbe stata costretta a ricadere nel vecchio schema di cercare sempre di soddisfare le loro richieste.

Parcheggiò l'auto nel parcheggio per soste brevi e si recò nell'area del ritiro bagagli ad aspettare.

Qualche istante dopo, alla vista di Meaghan, Rosa e Paul che si dirigevano verso di lei, le si riempì il cuore di gioia. Erano la sua famiglia e li adorava.

«Mamma! Mamma! Siamo arrivati!» gridò Meaghan, correndo in avanti e lasciando indietro i nonni.

Sheena prese Meaghan tra le braccia e la strinse a sé.

Quando Rosa e Paul si avvicinarono, Sheena la lasciò andare e salutò entrambi i suoceri con un abbraccio. «Benvenuti in Florida. Questa volta, per sempre.»

Rosa le sorrise raggiante. «Non riesco a crederci! Chi avrebbe pensato qualche mese fa che io e Paul avremmo abbandonato le nostre radici saremmo venuti a vivere in Florida? Non io.» Sorrise a Paul e si voltò verso Sheena. «Ma siamo entrambi felici di farlo. Paul non vede l'ora di andare sul campo da golf.»

«Dovrà essere di mattina presto, però» si lamentò Paul. «Ho tenuto d'occhio il meteo estivo.» Anche se parlava in modo burbero, dall'eccitazione sul suo volto Sheena capì quanto fosse contento del trasferimento.

«Sbrighiamoci a prendere i bagagli. Voglio arrivare all'hotel e fare il bagno» disse Meaghan.

Si avvicinarono al nastro trasportatore e si misero ad attendere con il resto della folla. Sheena si rivolse a Rosa. «Sei sicura di non voler rimanere in albergo? Potremmo prepararvi qualcosa provvisoriamente.»

Rosa scosse la testa. «Grazie. Alloggiamo in un motel proprio vicino all'ingresso del nostro quartiere, così quando arriverà il furgone dei traslochi potremo fare avanti e indietro dalla casa al motel. La maggior parte delle nostre cose sono piccoli oggetti domestici, ma ci vorrà comunque un po' di tempo per disimballare tutto. Per quanto riguarda i mobili, ho detto a Regan di cosa abbiamo bisogno e lei ha una serie di cose da farci vedere. Anche se lei e Mo Greene stanno lavorando insieme per arredare la casa, ci vorranno almeno un paio di giorni prima di poterci trasferire.»

Sheena sorrise. «Penso che vi aspetti una sorpresa. Regan e Mo formano un'ottima squadra.»

Raccolsero i bagagli e poi Sheena li condusse al furgone.

«Oh» si stupì Rosa. «Avete un grande logo dipinto sul furgone. È bellissimo!»

«Sì, lo penso anch'io. Darcy e Austin hanno lavorato al design del furgone. Lui ne ha proposto un altro da utilizzare su tutta la cancelleria, i biglietti da visita e altro materiale. Tony sta andando a prendere la grande insegna di legno intagliato che Austin ha fatto per l'hotel. Quando tornerà, organizzeremo una piccola cerimonia per montarla.»

«Quando aprite ufficialmente?» chiese Paul, mettendo le valigie nel vano posteriore del furgone.

«Pensiamo di aprire durante il Labor Day, il primo lunedì di settembre. Stiamo aspettando la consegna dei copriletti per le camere degli ospiti, ma sono stati ordinati in ritardo. E le tende per quelle stanze non saranno pronte prima di qualche settimana. Ma stiamo lentamente facendo progressi. I mobili sono già arrivati e il wi-fi è stato appena aggiornato per l'ufficio della reception. Dopo aver sistemato le camere degli ospiti, potremo aggiungere gli ultimi ritocchi. Stiamo ancora cercando di decidere cosa fare per rendere più bella la piscina.»

Dopo che tutti si furono allacciati le cinture, Sheena si fece strada nel traffico in uscita dall'aeroporto.

«Mamma, posso davvero stare nella suite con Darcy e Regan?» chiese Meaghan seduta accanto a lei.

«Sì, fin tanto che le cose funzionano.» Si rivolse a Rosa e Paul. «Randy e Michael condivideranno la seconda camera da letto nella suite dove abitiamo io e Tony. Se tutto va bene, dopo la fine dell'anno ci sistemeremo in una nuova casa.» Sheena mantenne un tono di voce ottimista, ma l'acquisto di una casa era ancora molto incerto. La vendita dell'azienda di Tony non era ancora stata completata e, finché non fosse stata conclusa, lei e Tony non avrebbero potuto andare avanti.

«Meaghan, tesoro, puoi venire a stare da noi quando vuoi» disse Rosa dal sedile posteriore del furgone.

Nello specchietto retrovisore, Sheena rivolse a Rosa un sorriso pieno di gratitudine. «Mi sembrerà strano non avervi più accanto a noi. Sono felice che abbiate deciso di venire in Florida e soprattutto che abbiate scelto di vivere in un quartiere non troppo lontano dall'hotel.»

Dopo aver vissuto per anni in una bifamiliare con i suoceri, avevano creato un legame speciale. Tuttavia, Sheena e Tony non volevano tornare a vivere troppo vicino ai genitori di lui. Con Michael che di lì a un anno sarebbe andato al college e Meaghan che lo avrebbe seguito qualche anno più tardi, lei e Tony intendevano godersi non solo la libertà, ma anche una privacy che non avevano mai avuto.

Dopo aver accompagnato i suoceri al loro motel, Sheena si

rivolse a Meaghan sul sedile del passeggero e le diede una stretta alla mano. «È bello vederti, tesoro. Credo che vivere qui ti farà bene.»

Meaghan scrollò le spalle. «Lo spero. Non voglio più vedere Lauren e le sue amiche.»

«Oh?»

«Sì, al ballo hanno detto a tutti che ero troppo grassa per entrare in qualsiasi vestito.» Gli occhi di Meaghan si riempirono di lacrime. «Papà ha detto di ignorarle, ma mi ha fatto molto male.»

Sheena nascose la rabbia che provava. «Ti rendi conto che non sei grassa, vero?»

«Non sono magra.»

«Sei perfetta» disse Sheena con trasporto. «Una ragazza giovane e bella.» Con l'incarnato più scuro di Tony e i bei lineamenti dei Sullivan, i capelli ramati e gli occhi nocciola, Meaghan era incantevole. Sheena sperava che un giorno Meaghan se ne rendesse conto.

Sheena svoltò nel vialetto d'ingresso dell'hotel e guidò fino al parcheggio dietro l'edificio delle suite.

Aiutò Meaghan con la sua valigia. La maggior parte dei suoi vestiti e degli altri effetti personali erano nel furgone del trasloco insieme alle cose di Rosa e Paul.

«Accidenti! Che caldo!» disse Meaghan. «Dopo essermi cambiata, posso andare in piscina?»

«Certo» rispose Sheena. «Potrei raggiungerti. Prima però voglio vedere come stanno arredando la reception Regan e Mo.»

Meaghan aggrottò le sopracciglia, con aria confusa. «Chi è Mo?»

Sheena non poté evitare il sorriso che le si allargò sul viso. Lei e le sue sorelle si erano innamorate del dolce ragazzo che aveva fatto amicizia con Regan. «È l'uomo che ci ha aiutato ad arredare l'hotel. Lui e Regan sono diventati subito buoni amici. Lei spera di lavorare con lui un giorno, dopo la fine dell'anno della sfida di Gavin.»

«Ma chi gestirà l'hotel?» chiese Meaghan.

«Anche se voglio continuare a far parte dell'attività, dovremo assumere un manager, qualcuno che capisca il business meglio di noi tre.»

«Oh» fece Meaghan, rivolgendo a Sheena uno sguardo preoccupato. «Ma non avevi detto che un giorno l'albergo sarebbe potuto diventare mio e di Michael?»

Sheena avvolse un braccio intorno alla figlia. «A un certo punto, la mia quota dell'hotel, un terzo, potrebbe essere data a te e a Michael. In effetti, potresti voler frequentare la scuola alberghiera a Cornell o un programma alberghiero in un'altra università.»

L'angoscia sul volto di Meaghan svanì, subito sostituita da uno sguardo determinato. Sheena non sarebbe stata sorpresa a vedere Meaghan prendere il controllo dell'intero hotel, un giorno. Era proprio quel tipo di ragazza.

Sheen sperava che in Florida Meaghan trovasse amici simpatici che la accettassero per quello che era.

Qualche giorno dopo, Michael chiamò Sheena dall'aeroporto per dirle che lui e Randy erano atterrati a Tampa in orario, che stavano andando a prendere l'Explorer a Clearwater e che presto sarebbero arrivati in albergo. Alla notizia si sentì sollevata. Michael avrebbe voluto guidare lui stesso l'auto da Boston alla Florida, ma sia lei che Tony avevano deciso che il modo migliore di gestire la situazione era quello di far spedire l'auto e di affidare a Michael il compito di portarla in albergo.

Aspettando il suo arrivo, Sheena ne approfittò per

controllare il giardino. Il primo compito di Michael e Randy sarebbe stato quello di lavorare a quel progetto. Sarebbe stato un lavoro impegnativo, ma lei e le sue sorelle avrebbero potuto risparmiare un bel po' di soldi facendo lavorare i ragazzi sotto la supervisione di Brian Harwood o di uno dei suoi uomini.

Brian era diventato una parte importante della loro vita: aveva aiutato lei e le sue sorelle all'hotel, aveva assunto Tony ed era venuto in loro soccorso ogni volta che qualcosa era andato storto. Non sapeva che cosa avrebbero fatto senza di lui. Ma dopo che Regan aveva rifiutato le sue avances e Darcy si era resa ridicola cercando di attirare la sua attenzione, Brian aveva mantenuto le distanze, dichiarando di non voler più avere nulla a che fare con le sorelle Sullivan. Era lei, la vegliarda sposata, quella con cui preferiva fare affari.

Quando sentì il suono del clacson di un'auto, si voltò e vide Michael parcheggiare lungo il marciapiede e scendere dall'auto. Si sentì riempire d'orgoglio alla sua vista. Alto e atletico, Michael assomigliava molto a suo padre, con lineamenti forti, capelli scuri e occhi castani in cui brillavano intelligenza e senso dell'umorismo.

Si precipitò ad abbracciarlo. «Ciao, straniero!»

Lui la abbracciò, dandole qualche pacca sulla schiena con un ritmo regolare che lei trovò tenero. Quando si separarono, Sheena si trovò di fronte a Randy.

Randall Jessup III era il figlio di R.J. Jessup e della sua prima moglie, Sharon. Sheena aveva saputo da diverse fonti che la rottura tra i suoi genitori era stata particolarmente dura per Randy, figlio unico. Provenendo da un ambiente povero, sua madre aveva sempre avuto difficoltà a rapportarsi con la ricca famiglia Jessup. Dopo il divorzio, era passata dall'essere una moglie tranquilla e sottomessa a una persona, be'... selvaggia. Si era trasferita con un fidanzato a Somerville e, sebbene non fosse rimasta con lui, era restata a Somerville per permettere a Randy di continuarvi gli studi.

Randy era più basso di Michael ma ben fatto, con un corpo muscoloso e tarchiato. I capelli biondi gli ricadevano sugli occhi, rendendo difficile vedere il loro colore azzurro. Era un bel ragazzo, ma le spalle ingobbite e il modo in cui distoglieva rapidamente lo sguardo erano indizio della sua insicurezza.

Sheena ne provò compassione. Fece un passo avanti e gli diede una rapida stretta. «Allora, quest'estate sarai sotto il mio controllo?» gli disse scherzando.

Lui sorrise e scrollò le spalle. «Immagino di sì.»

Lei gli pose una mano sulla spalla. «Non preoccuparti. Finché rispetterai le regole della nostra famiglia, dovrebbe essere facile.»

«Mamma!» protestò Michael. «Dai l'impressione che siamo all'asilo. Io e Randy avremo diciotto anni tra sei mesi. Non devi trattarci come bambini.»

«Non mi aspetto di doverlo fare» disse Sheena con calma, ma con una nota di avvertimento nella voce.

Michael fece una smorfia. «Andiamo, Randy. Portiamo dentro le nostre cose e poi possiamo andare in piscina o in spiaggia.»

Sheena rimase in silenzio e li aiutò a portare le loro cose nella suite. Quella sera avrebbe stabilito le regole. Se a Randy non piacevano, poteva andarsene. E se Michael le avesse creato problemi, avrebbe dovuto parlarne con Tony. Le piaceva avere i suoi figli intorno, ma doveva potersi concentrare sui suoi compiti senza preoccuparsi di loro. L'hotel stava entrando in una fase cruciale.

CAPITOLO 19
REGAN

Regan fece un passo indietro e diede un'occhiata critica al piccolo ufficio della reception. Voleva che avesse un aspetto elegante ma informale, in linea con lo stile dell'hotel.

«Che ne pensi?» chiese Mo.

Regan studiò la moquette verde mare, abbastanza scura da nascondere le impronte e abbastanza chiara da non mostrare la sabbia che probabilmente le persone avrebbero trascinato all'interno. Le pareti erano di un grigio-verde tenue che appariva rilassante nel caldo del giorno e compensava bene la moquette. Il bancone in rovere chiaro e le stampe floreali tropicali incorniciate in rosso, arancione e giallo aggiungevano un tocco accogliente alla stanza. Le due sedie in Naugahyde, di colore marrone chiaro, potevano ospitare all'occorrenza i costumi da bagno bagnati e si abbinavano al piano d'appoggio.

«Penso che ce l'abbiamo fatta» disse Regan, dandogli un cinque. Il piccolo ufficio era il primo punto di riferimento per gli ospiti dell'hotel ed era importante che avesse un aspetto gradevole.

«Ora Darcy può finire di configurare il sistema di front-office» disse Regan. «Sheena organizzerà il resto dell'ufficio. È brava in queste cose.»

«È una bella squadra» disse Mo, poi controllò l'orologio. «È meglio che vada. Devo incontrare un'amica della nonna. Sta cercando un nuovo divano.»

«Siamo pronti per incontrare i suoceri di Sheena domani?»

Lui annuì. «Mi sono tenuto tutto il giorno. Ci vediamo.»

Regan lo accompagnò alla porta e uscì con lui. «Grazie ancora.» Gli diede un rapido bacio sulla guancia e alzò lo sguardo in tempo per vedere Brian Harwood dirigersi verso di loro.

«Carino» mormorò Mo, mentre Brian si avvicinava.

«Ciao, Regan» disse Brian. «Sono venuto a controllare il magazzino. Sheena voleva aggiungere degli scaffali.»

Regan fece un respiro profondo e si disse di ignorare l'agitazione che aveva dentro. Doveva comunque essere educata. «Brian, voglio presentarti Mosè Greene. Ha aperto una sua attività di decorazione d'interni e mi sta aiutando ad arredare l'hotel.»

Brian gli strinse la mano. «Piacere di conoscerti. Non stai aiutando anche i suoceri di Sheena?»

«In realtà, lo stiamo facendo sia io che Regan» disse Mo, sorridendole. «Ha molto talento.»

Brian fece un cenno di assenso. «Bene.» Li lasciò ed entrò.

Mo studiò Regan. «Accidenti! Voi due passate dalle fiamme al ghiaccio nel giro di un minuto. Come mai?»

«Ogni donna che gli sta intorno gli cade ai piedi, e a lui la cosa piace da matti. Persino mia nipote, Meaghan, rimane senza fiato ogni volta che gli sta vicino. Per me non sarebbe altro che un problema.»

«Posso capire perché. Stai attenta, tesoro.»

Regan osservò Mo attraversare il prato diretto al parcheggio, grata per la sua preoccupazione. Mo non aveva avuto problemi a capire come Brian potesse farle del male.

Quando non poté più evitare di entrare, Regan tornò alla reception.

Era arrabbiata con se stessa per la sua reazione con Brian. Maledetto! Non era così bello, così meraviglioso, no? E perché era sembrato così poco impressionato dai complimenti che le aveva fatto Mo per il suo lavoro?

Sentì battere nel ripostiglio e non poté fare a meno di dare un'occhiata.

Brian aveva un paio di chiodi che gli uscivano dalla bocca e martellava una tavola per fissarla dove doveva stare. Quando si accorse di lei, le voltò le spalle e prese su un altro scaffale.

«Voglio solo assicurarmi che tu stia facendo un buon lavoro» annunciò Regan. Era ben consapevole di quanto si stesse comportando in modo infantile, ma non riusciva a trattenersi. Brian la mandava in tilt.

Dopo aver finito di inchiodare una tavola, Brian si girò verso di lei, con un sorriso da vero mascalzone sul volto. «Faccio un buon lavoro in tutto ciò che faccio.» Fece un passo verso di lei.

Regan aveva intenzione di farsi indietro. Davvero. Ma quando la prese tra le braccia, gli si appoggiò contro.

«Regan?» disse lui, con voce roca. «Quando lascerai perdere quella tua stupida idea e smetterai di opporti a quello che ci sta succedendo?»

Con il cuore che batteva all'impazzata, lei alzò il viso. Il suo sguardo bruno la toccò nel profondo, pretendendo troppo da lei. Ma quando lui posò le labbra sulle sue, lei non poté nascondere il sospiro di felicità che le sfuggì.

Quando finalmente si staccarono, lui le sorrise. «Visto? Non è stato poi così male, vero?»

Lei scosse la testa, troppo stordita dall'effetto del suo bacio per dire anche solo una parola.

«Voltiamo pagina, che ne dici?» La studiò, in attesa di una risposta.

«Va bene» disse Regan. «Vedremo cosa succede, ma non posso promettere di essere più che amici.»

Brian rise. «È un inizio. Sarò paziente, anche se ti avverto che la mia pazienza non durerà per sempre.»

«C'è nessuno?» La voce di Sheena fece allontanare Regan di scatto. Si affacciò in corridoio per salutarla.

«Gli scaffali in più saranno carini. Cosa ne pensi della stanza?» Più ansiosa di quanto volesse, Regan attese una risposta dalla sorella.

Sheena le rivolse uno sguardo interrogativo.

«Allora? Che ne pensi?» chiese Regan.

«La stanza è perfetta, pratica ma molto attraente.»

Regan guardò Brian per vedere se aveva sentito il complimento di Sheena, ma lui era impegnato a sollevare un altro scaffale.

«Appena hai finito qui, mi fai sapere?» Sheena disse a Brian. «Voglio sistemare le cose prima che Darcy ci sottoponga alla nostra sessione di addestramento.»

Brian uscì dal ripostiglio. «Certo. Cos'hai saputo da Tony?»

«Sta arrivando. Sta venendo con il suo camion e sta portando tutti i suoi attrezzi.»

«Bene» disse Brian. «C'è del lavoro che lo aspetta. Dobbiamo sederci tutti insieme e discutere i progetti definitivi per la ricostruzione della casa. Voglio il suo contributo per l'impianto idraulico ed elettrico.»

«Mi sembra una buona idea.» Sheena si rivolse a Regan. «Dai, ti offro una tazza di caffè da Gracie. I ragazzi sono tutti qui e sento già il bisogno di una scossa di caffeina.»

Regan rise e seguì la sorella fuori dalla reception. Ma con la mente rimase al bacio di Brian. Non poteva negare l'attrazione che provava per lui, ma sapeva che per una relazione duratura ci voleva ben altro. E non era ancora sicura di lui. O di sé stessa.

CAPITOLO 20
DARCY

Darcy si sforzò di controllare la sua impazienza mentre ripassava ancora una volta il protocollo necessario per registrare un ospite all'hotel. Né Sheena né Regan erano abituate al sistema di front-office che lei e Chip Carson avevano messo a punto, e cercare di insegnarglielo era un lavoro ingrato.

Alzò lo sguardo da dietro il banco di registrazione quando Chip entrò nell'edificio. Biondo e robusto, era il tipo di ragazzo da cui era sempre stata attratta.

«Come va?» chiese Chip.

«Forse tu puoi spiegare le cose meglio di me» disse Darcy diplomaticamente. «Sembra che la situazione sia confusa. Mentre parlate, io prenderò appunti e poi scriverò una "scheda riassuntiva" che possiamo usare in futuro.»

Darcy rimase a guardare mentre Chip ripassava la procedura, descrivendo nel dettaglio ogni fase. Scrivendo furiosamente, annotò tutto. Si era trovata a essere sempre meno interessata ai computer e all'informatica ora che aveva iniziato a lavorare alle recensioni dei ristoranti. Nick le aveva inviato una recensione di un ristorante che aveva fatto di recente e le aveva chiesto di modificarla un po'. Lei aveva riordinato alcune frasi, aggiunto qualche parola e, con le mani ghiacciate, l'aveva spedita. Le era tornata indietro con una piccola correzione e una faccia felice che non rendeva giustizia al sorriso che aveva avuto lei stessa.

«Ci sono domande?» chiese Chip, riportando Darcy al

presente.

«Io credo di aver capito» disse Sheena.

«Anch'io» disse Regan, rivolgendo a Darcy un sorriso malizioso. «Però è meglio che scriva quella scheda.»

Darcy rise e sollevò il block notes. «Ce l'ho qui. Man mano che gli altri edifici e le altre stanze si collegheranno, seguiremo la stessa procedura.»

Sheena controllò l'orologio. «Devo andare. Ho una famiglia affamata da nutrire e voglio assicurarmi che tutti siano d'accordo con le regole della famiglia.»

«Buona fortuna» disse Regan. Lei e Darcy si scambiarono uno sguardo dubbioso. Durante le vacanze di primavera, Michael era stato una sfida per tutte loro, con i suoi sbalzi d'umore e la sua pigrizia. E ora che aveva un amico con sé, sospettavano che ci sarebbero stati ancora più problemi.

«Ti va di uscire questa sera?» Chip chiese a Darcy. «Si sta facendo tardi e ho bisogno di divertirmi un po'.»

Darcy lo guardò stringendo gli occhi. «E la tua ragazza, Mel? Vi siete lasciati per sempre o è solo un piccolo litigio tra voi due come l'ultima volta? Non voglio altre scene del genere, né voglio che tu te ne vada abbandonandomi e facendomi sentire una stupida.»

«*Ex* ragazza» la corresse Chip. «Questa volta è sul serio. Lo giuro.»

Darcy si rivolse a Regan che era lì accanto. «Vuoi venire con noi?»

Regan scosse la testa. «Io e Mo stiamo lavorando alla casa di Rosa e Paul. Li vedo di nuovo stasera.»

«Ok, allora a dopo, Darcy» disse Chip. «Passo a prenderti alle sette.»

Dopo che se ne fu andato, Regan rivolse a Darcy uno sguardo interrogativo. «Pensavo che mi avessi detto che non eri interessata a lui.»

«Non lo sono. O almeno non credo di esserlo. In realtà, non sono interessata a fare sul serio con nessuno in questo momento.» Darcy non aveva intenzione di raccontare alle sorelle i momenti speciali che aveva condiviso con Austin. Aveva deciso che erano stati un caso fortuito. Inoltre, aveva già detto alle sorelle che, appena finito l'anno, sarebbe partita per viaggiare e iniziare il romanzo che aveva sempre voluto scrivere.

Anche se non era interessata a Chip come fidanzato, Darcy cercò di farsi bella. L'ultima volta che era uscita con lui, un'amica della sua ex ragazza si era presa gioco del suo aspetto.

Si mise un prendisole di cotone blu tinta unita. Senza maniche, con scollo a V e con l'orlo sopra il ginocchio, era audace senza essere scontato. Si mise al collo una catenina d'argento con un ciondolo a forma di fiore e infilò delle anelle d'argento ai lobi delle orecchie. Si studiò davanti allo specchio. Avrebbe voluto non avere i capelli rossi, ma gli altri le avevano detto che quei riccioli ribelli e le forme sexy si abbinavano alla sua personalità.

Quando Chip si presentò alla porta della sua suite, Darcy era pronta per una serata di divertimento.

«Stai benissimo. Sei pronta ad andare?» Chip la condusse alla sua jeep e aspettò che salisse, prima di girare dietro l'auto e mettersi al posto di guida.

«Va bene se andiamo al Pink Dolphin? Ho sentito che hanno una nuova band» le chiese.

Darcy scrollò le spalle. «Per me va bene.»

Si diressero verso il bar dove una volta Chip l'aveva portata per quella che si era trasformata in una serata deprimente.

Chip allungò il braccio e le prese la mano. «Era un po' che

volevo una seconda possibilità. Tu mi piaci, Darcy.»

«È un bene, perché lavoreremo insieme all'hotel per un bel po'.»

Lui si accigliò. «Non è quello che intendevo.»

Lei ridacchiò. «Lo so.»

Lui le lasciò la mano per aggirare una buca con la jeep.

Darcy guardò il paesaggio fuori dal finestrino, lasciando che il vento le scompigliasse i capelli. Il caldo e l'umidità dell'aria tropicale avevano dato ai suoi ricci una forza aggiuntiva che non riusciva a contrastare. Alla fine aveva deciso di lasciarli andare.

Arrivarono al Pink Dolphin e trovarono il parcheggio pieno. Chip proseguì e riuscì a trovare un posto lungo la strada.

«Immagino che quella band sia così brava come dicono tutti» disse Chip. Scese dall'auto e aspettò che lei lo raggiungesse. «Ho detto al mio vecchio compagno di stanza che lo avremmo incontrato qui. Spero non ti dispiaccia.»

«No, purché non abbia con sé quel verme di Kevin. Continuo a pensare che sia stato lui a drogare Regan.»

Uno sguardo preoccupato attraversò il volto di Chip. «Non l'ho più visto da allora. Non riesco a pensare a nessun altro che farebbe una cosa del genere. Non tra quelli che frequento.»

Mentre si avvicinavano al bar, Darcy sentì crescere l'eccitazione dentro di sé. Sarebbe stato bello stare in mezzo a persone della sua età intente a divertirsi. A volte le sembrava che le sue responsabilità all'hotel fossero come una pesante catena intorno al collo.

Si fecero strada tra la folla radunata intorno al bar principale. Mentre Darcy aspettava che Chip cercasse il suo amico, si guardò bene intorno. Il suo sguardo si fermò sorpreso quando vide Austin con un braccio sulle spalle di una ragazza dai lunghi capelli biondi. Scioccata, fu scossa dalla delusione. Voltò rapidamente le spalle, non volendo affrontarlo.

Chip le si avvicinò e la prese per il gomito. «Andiamo! Bill e Jenna hanno preso un tavolo fuori.»

All'esterno dell'edificio c'erano tre diverse passerelle. Chip la condusse a quella centrale, di lato.

Bill Schmidt la salutò con un gesto disinvolto. «Ciao, Darcy. Lei è Jenna Lynch.» Si girò verso la ragazza dai capelli scuri accanto a lui. «Jenna, Darcy Sullivan.»

Quando Darcy si accomodò su una sedia accanto a lei, lei e Jenna si scambiarono un sorriso.

Chip fece cenno a una cameriera di avvicinarsi al tavolo e si voltò verso Darcy. «Margarita, giusto?»

Lei annuì.

«Da quanto tempo conosci Chip?» le chiese Jenna.

«Solo da qualche mese. Sta aiutando me e le mie sorelle con i sistemi informatici del nostro hotel.»

«Ah sì, ho sentito parlare di voi. Una di voi non è stato drogata alla festa di Bill?»

«Mia sorella Regan. Pensiamo che sia stato quel verme di Kevin.»

«Tua sorella sta bene? Ed è proprio vero? Possedete un hotel?»

«Al momento è l'hotel a possedere noi» disse Darcy. «Ma se riusciamo a ristrutturarlo, ad aprirlo e a vincere un paio di altre sfide, sarà nostro.»

A quel punto arrivarono i loro drink.

Darcy bevve un sorso e guardò la folla. Come prima, diverse coppie stavano ballando sulla sabbia. Cercò tra loro di scorgere Austin, ma non vide né lui né nessun altro che conosceva.

Si voltò di nuovo verso Jenna. «Parlami di te. Di cosa ti

occupi?»

«Io e un'amica abbiamo una boutique insieme» disse Jenna. «Dovresti venire a trovarmi qualche volta.»

Darcy osservò la gonna a fiori e il top coordinato che Jenna indossava. Le stavano benissimo. «Mi piacerebbe. Porterò anche le mie sorelle. Siamo state così impegnate a lavorare all'hotel che è da molto tempo che non andiamo a comprare dei bei vestiti.»

«Bene. Mi prenderò cura di voi» disse Jenna, alzando il bicchiere in segno di saluto.

Darcy si rese improvvisamente conto che ci sarebbe stata una vita per lei dopo aver vinto la sfida, una vita che non comprendeva lavorare in ufficio, accogliere gli ospiti, verniciare mobili e altre faccende. Sentendosi più libera di quanto non si fosse sentita da tempo, Darcy disse subito di sì a un altro margarita.

Più tardi, quando la band si scatenò in una bella canzone da ballo, Darcy prese Chip per la mano strattonandolo. «Dai! Vuoi ballare?»

Lui saltò in piedi.

Sulla sabbia, Darcy si tolse i sandali e iniziò a ballare. Sentendo la musica scorrere nelle vene, Darcy chiuse gli occhi e si lasciò andare. I suoi passi seguivano il ritmo della musica mentre volteggiava e si contorceva. Era così bello essere così liberi che rise ad alta voce. Quando aprì gli occhi, si accorse che una folla si era messa in cerchio intorno a lei e a Chip. Rise ancora più forte quando qualcuno iniziò a battere le mani a ritmo di musica, imitato da altri. Di solito non avrebbe gradito quel tipo di attenzione, ma non conosceva quelle persone e, per una volta, non le importava cosa pensassero di lei.

Quando la musica finì, Chip la prese tra le braccia e si abbracciarono, respirando forte e ridendo insieme. Guardando oltre le sue spalle, lo sguardo di Darcy si posò su

Austin. Si fece subito seria. La ragazza dai lunghi capelli biondi era ancora al suo fianco.

Darcy fece per andare da lui, ma Austin si voltò e si allontanò.

Per il resto della serata, Darcy si disse di godersi la compagnia, il posto, la musica, ma non riuscì a dimenticare l'espressione sgomenta sul volto di Austin.

«Pronta ad andare?» chiese Chip.

Darcy annuì. «Sarà un'altra giornata intensa all'hotel.» Non disse che aveva un incontro con Nick Howard di prima mattina.

Mentre la accompagnava all'hotel, Chip si rivolse a lei con un sorriso. «La band era brava, eh? E, Darcy, sei una grande ballerina.» Uno sguardo malizioso sostituì il suo sorriso. «Hai tutte le mosse giuste.»

Darcy sorrise, ma rimase in silenzio. Fissò le palme che costeggiavano gran parte della strada. Per quanto Chip le piacesse, non voleva avere una relazione sentimentale con lui.

All'hotel, Chip condusse la Jeep in un parcheggio dietro l'edificio delle suite e spense il motore. Le prese la mano. «Mi sono divertito molto. Ti va di entrare insieme?»

Darcy cercò parole gentili. «Chip, non sono interessata a nulla di più serio che uscire e divertirmi.»

Un'espressione carica di dolore e delusione attraversò il volto di Chip.

«Mi dispiace.» Darcy si protese in avanti e gli diede un bacio sulla guancia. «Grazie per la bella serata.»

Scese dall'auto, lo salutò con un cenno della mano ed entrò.

Regan le diede il ben tornata in salotto. «Com'è andata?»

«Bene, ma non sono interessata a Chip al di là dell'amicizia.» Ricordando Austin che se ne andava con un'altra ragazza, combatté l'emozione.

Regan aggrottò le sopracciglia. «Stai bene?»

«Sono solo stanca, credo» mentì Darcy.

Dopo una notte agitata, Darcy si svegliò al suono delle gocce di pioggia che colpivano l'edificio con una ferocia tropicale. Nei pochi mesi trascorsi in Florida, aveva imparato che anche gli acquazzoni avevano un modo per far sentire la loro presenza con una forza che schiaffeggiava le superfici con uno schiocco sonoro.

Pensando all'appuntamento con Chip, Darcy era contenta di essere stata sincera con lui. Non voleva uscire con qualcuno come aveva fatto dopo che Sean Roberts l'aveva scaricata perché veniva dalla parte sbagliata di Boston. Quelle brevi relazioni erano state un atto di vendetta, un modo per cercare di dimostrare che non era la perdente che lui e la sua famiglia pensavano che fosse. Ora che era uscita da quello stato pietoso, Darcy voleva la qualità, non la quantità.

Il suo pensiero andò naturalmente ad Austin. Era stata così sorpresa e poi ferita nel vederlo con un'altra ragazza. Ma poi, perché avrebbe dovuto pensare che non sarebbe uscito con nessun'altra? Era un ragazzo fantastico e tra loro non c'era una vera relazione, a parte un paio di baci meravigliosi. Sospirando al pensiero di come la vita poteva diventare complicata, Darcy si alzò per affrontare la giornata. Doveva incontrare Nick da Gracie per una colazione anticipata e non voleva arrivare in ritardo.

Dopo essersi vestita per la colazione di lavoro, Darcy si affrettò a raggiungere il ristorante. Austin le aveva suggerito di non parlare di cancro nelle conversazioni con Nick, ma la parola con la C le pesava molto nella mente. E quando vide Nick scendere dall'auto e dirigersi verso l'ingresso del ristorante, le sembrò così fragile che non riuscì a pensare ad altro. Nel giro di poche settimane, il suo aspetto robusto era appassito. Ora aveva le spalle leggermente incurvate e il passo più lento.

Darcy si precipitò a salutarlo. «Ciao, Nick! È bello vederti!»

Lui sorrise e la salutò con un cenno del capo. «Ciao, Dee!»

Contenta dello pseudonimo che le aveva dato per lavorare, lo condusse all'interno e al suo tavolo d'angolo preferito. Il ristorante stava appena iniziando ad animarsi. Darcy incrociò lo sguardo di Lynn e si appoggiò allo schienale soddisfatta quando poco dopo le portò le tazze di caffè e i menu.

«Le colazioni di Gracie sono buone quanto i suoi pranzi» ricordò a Nick, cercando ancora di nascondere lo sgomento per il suo aspetto.

Lui annuì e guardò Lynn. «Non c'è nemmeno bisogno di pensarci. Proverò quei pancake all'ananas.»

«Sono buoni» lo rassicurò Darcy prima di ordinare il solito: un uovo in camicia su un muffin inglese con formaggio.

«Ho ricevuto il breve articolo su cui hai lavorato per me» disse Nick senza preamboli. «Mi piace quello che hai fatto. Hai un vero talento per la narrazione. Oltre alle recensioni dei ristoranti, vorrei che cominciassi a fare tutta una serie di articoli, più o meno storie, su persone comuni che conosci o che incontri. Pensi di poterlo fare?»

Darcy annuì con entusiasmo. «Ci puoi scommettere. Ho comprato un paio di applicazioni di editing per il mio computer. Sto migliorando con le virgole rinnegate.»

Nick rise. «L'editing è un progetto senza fine. Non importa quante volte si guarda qualcosa, ci sono sempre degli errori. Ma se posso insegnarti qualcosa sulla scrittura e sul processo di editing, sono felice di farlo. Non abbiamo mai avuto figli nostri, e detesto pensare di lasciare questa terra senza aver insegnato a qualcuno un po' di quello che ho imparato lungo la strada.» Scosse la testa. «Al giorno d'oggi un sacco di giornali contengono errori di battitura, parole sbagliate e pessima grammatica. Ricordo quando il *Wall Street Journal* era noto per la sua eccellente redazione. All'epoca tutti i giornali si sforzavano di essere così.»

«So che ho ancora molto da imparare» disse Darcy con una sincerità squillante nella voce, «ma sono disposta ad ascoltare qualsiasi cosa tu dica.»

Nick le fece un cenno di approvazione. «L'ascolto è il segno distintivo di un buon scrittore. Ci sono storie ovunque, se solo ci si sintonizza su di esse. Per questo voglio che ti concentri sulla gestione della mia rubrica. *In città si dice che...* può andare in molte direzioni. Se inizi con pezzi sulle persone, hai qualcosa di interessante.»

Arrivarono i loro piatti. Ma anche mentre mangiava, Darcy ascoltò tutto ciò che Nick diceva tra un boccone e l'altro, ben consapevole del regalo che le stava facendo.

Verso la fine del pasto, si accorse che Nick era stanco. Si tamponò la bocca con un tovagliolo. «Nick, grazie mille per avermi incontrato. Ti manderò un articolo appena possibile. Adesso devo vedermi con Regan.»

Nick le rivolse uno sguardo riconoscente e si alzò in piedi. «Mandami quello che puoi quando puoi. Ti chiamerò per fissare un altro incontro.»

Darcy si alzò e si avvicinò. «Grazie ancora.» Gli diede un rapido abbraccio e così facendo si rese conto che l'ampia e robusta figura di Babbo Natale di non molto tempo prima era ormai un lontano ricordo. Sotto i vestiti, Nick stava diventando pelle e ossa.

Darcy lo accompagnò alla macchina e rimase a guardarlo allontanarsi. Non era sicura del tipo di cancro che stava combattendo, ma era ovvio, nel breve tempo in cui lo aveva conosciuto, che stava perdendo la battaglia.

Triste, si diresse al laboratorio per vedere come se la cavava Regan con un inventario degli strumenti e delle attrezzature presenti.

Quando fu vicina, sentì delle voci e si fermò, chiedendosi con chi stesse parlando sua sorella. Quando capì che la voce maschile apparteneva a Rocky, si avvicinò con cautela all'ingresso. Rocky Gatto la spaventava con il suo aspetto da pirata e il modo in cui i suoi occhi scuri sembravano vederle dentro, dove lei cercava di nascondere le sue insicurezze.

«Ciao, Darcy» disse Regan con un sorriso allegro. «Rocky mi sta aiutando a sistemare le cose qui. La maggior parte di questi strumenti sono necessari. Alcuni potrebbero non esserlo, ma ne terremo comunque la maggior parte.»

Darcy annuì, divertita dai cambiamenti di Regan. In quel momento, assomigliava più a Sheena che alla sorellina che conosceva.

Rocky rimase in attesa, osservandola con attenzione.

Darcy si costrinse a sorridergli. «Ciao, Rocky.»

«Ciao.» I suoi occhi scuri la scrutarono dalla testa ai piedi e poi tornarono sul suo viso. La sua approvazione la sorprese. Di solito Rocky la respingeva con uno sguardo di scherno.

Darcy cercò qualcosa da dire. «Gracie ha detto che sei un ingegnere.»

«Sì, ho fatto quel lavoro su diverse imbarcazioni, compresi i rimorchiatori, ma diciamo che so un sacco di cose e non aggiungo altro...» disse burbero.

Darcy non riusciva a smettere di chiedersi quale storia ci fosse dietro quell'uomo e continuò. «Hai accennato a incontri a Ybor City. Di che cosa si tratta?»

Rocky la studiò e poi parlò. «A Ybor City sono state fondate diverse società di mutuo soccorso all'inizio del XIX secolo. Alcune continuano ancora oggi. Io appartengo a una di esse come modo per rimanere legato alle mie origini cubane.»

«Interessante» disse Darcy. «È solo una cosa sociale?»

Un lampo di dolore balenò negli occhi di Rocky e

scomparve rapidamente. Non rispose, si limitò a scuotere la testa.

Darcy avrebbe voluto fargli altre domande, ma capiva i cartelli con su scritto "state alla larga" quando li vedeva. Si ripromise che un giorno sarebbe andata a Ybor City e avrebbe dato un occhio di persona. Allora, forse, avrebbe avuto un'idea più precisa di cosa ci facesse Rocky.

«Ciao, grazie» disse Darcy, pronta ad andarsene.

Rocky la fermò. «Ti ho visto parlare con Nick Howard. Lo conosco da tempo. È un tuo amico?»

Darcy annuì, senza riuscire a nascondere il bruciore delle lacrime. «Sì, sto facendo del lavoro per lui.»

Lo sguardo di Rocky si posò su di lei e poi, come se avesse preso una decisione, annuì. «Un giorno ti porterò con me a Ybor City.»

Darcy sbatté le palpebre sorpresa. Per due volte Rocky le aveva teso la mano. Di cosa si trattava?

CAPITOLO 21
SHEENA

Mentre si affrettava a raggiungere la sua suite dopo la sessione di allenamento, Sheena non vedeva l'ora che arrivasse Tony. Con due ragazzi adolescenti e Meaghan sotto la sua ala protettrice, si sentiva un po' vulnerabile. Due diciassettenni che si credevano adulti non erano i soggetti più facili da gestire e Meaghan, che stava per compiere quindici anni, era be'... un'adolescente.

Sheena gli mise i piatti della cena davanti: spaghetti e polpette per i ragazzi, insalata per Meaghan.

Si sedette al tavolo insieme a loro e si versò dell'insalata nel piatto. «Voi ragazzi lavorerete sotto Brian o uno dei suoi uomini. Ho saputo che sta portando avanti l'idea di ripulire la zona del lungomare e di sistemare il molo.»

«Sì, e io gestirò l'attività di noleggio di articoli sportivi sia per il nostro hotel che per il bar accanto» disse Michael con orgoglio.

Sheena studiò Randy. «A te va bene? Nessuno della nostra famiglia passerà le giornate a poltrire. Non con la quantità di lavoro che c'è da fare.»

Randy annuì. «Non volevo passare l'estate con nessuno dei miei genitori. In ogni caso non mi volevano.» Il modo prosaico con cui lo affermava era indizio che non si trattava di una novità.

Sheena provò compassione. Come facevano certi genitori a fare una cosa del genere ai loro figli? Con un sorriso incoraggiante, gli disse: «Finché sarai qui, farai parte della nostra famiglia.»

Lui si limitò a scrollare le spalle.

«Mamma, stasera andiamo a una festa in spiaggia» disse Michael. «Ci hanno invitato i ragazzi che ho conosciuto durante le vacanze di primavera.»

«Quale parte della spiaggia? E di quali ragazzi stai parlando? Li conosci bene?»

«Mamma!» protestò Michael. «Sono bravi ragazzi e la festa è proprio in fondo alla spiaggia. Non preoccuparti così tanto.»

«Va bene» disse lei, «purché torniate a casa entro mezzanotte e non ci siano alcol o droghe.»

Dopo che tutti ebbero finito di mangiare, i ragazzi si alzarono e andarono nella camera da letto che condividevano.

Meaghan fece un sospiro. «E io che cosa farò? Non ho ancora fatto nuove amicizie.»

«Ti ho cercato dei programmi giovanili al liceo. Ci sono delle belle attività pomeridiane.»

«Mamma, è una cosa da sfigati!»

«Possiamo parlarne più tardi. Nel frattempo, che ne dici di farti un'abbuffata di film con me?»

Un sorriso diabolico illuminò il volto di Meaghan. «Posso scegliere io?»

«Basta che non sia roba vietata ai minori» scherzò Sheena. Rise quando Meaghan fece una smorfia e disse: «Che schifo!»

Meaghan si era appena addormentata sul divano accanto a Sheena quando bussarono alla porta. Pensando che Tony avesse miracolosamente fatto più in fretta del previsto, Sheena si affrettò ad aprire con un sorriso stampato in faccia.

«Ciao!»

Era un poliziotto.

Sheena indietreggiò barcollando, con il cuore che le batteva così forte che pensava di poter svenire. «Agente? È tutto a posto?» riuscì a dire squittendo.

Fu allora che notò Michael e Randy seduti sull'erba accanto al marciapiede.

«Questi due ragazzi sono suoi?» chiese l'agente.

«Sì... no...» iniziò Sheena, poi si schiarì la gola e disse: «Sì.» Il suo sguardo si spostò sui ragazzi. Michael sembrava che stesse male e Randy era passato dallo stare seduto a starsene disteso a faccia in giù sull'erba.

«Oh mio Dio!» disse Sheena. «Che cos'è successo?»

«Direi troppi alcolici e probabilmente qualche droga. Abbiamo interrotto una festa sulla spiaggia che era sfuggita di mano. Era ovvio che questi due non avrebbero mai potuto guidare da soli, così mi sono offerto di riportarli a casa. Ho fatto confessare a Michael che era minorenne. Ho pensato che lei avrebbe potuto gestire la punizione meglio dei tribunali. La prossima volta, però, né loro né lei avrete questa opportunità.» Lo sguardo del poliziotto la trafisse.

Sheena soppresse un brivido. «Non si preoccupi» disse con una rabbia appena controllata. «Non ci saranno seconde possibilità da parte mia. Mi dispiace che sia successo, agente, e apprezzo il suo aiuto.»

Lui annuì. «E io apprezzo la sua preoccupazione. Alcuni genitori se la ridono. Sono contento che lei non sia uno di quelli.» Lanciò un'occhiata ai ragazzi. «Ha bisogno di aiuto per portarli dentro?»

Sheena scosse la testa. «No, grazie. Per il momento possono restare dove sono. Un paio di secchiate d'acqua fredda dovrebbero attirare la loro attenzione.»

«Ecco le chiavi della macchina. È ancora in spiaggia, ma mi sono assicurato che fosse chiusa a chiave.» Le fece un cenno di saluto e tornò alla sua auto di pattuglia.

Tremando, Sheena lo guardò fare manovra nel parcheggio

e andarsene. Iniziò ad avvicinarsi a Michael e si accorse che le traballavano le gambe. La rabbia le rafforzò.

Michael la fissò con occhi vitrei. «Scusa, mamma.»

«Pensi di riuscire a entrare da solo?» Sheena lo aiutò ad alzarsi. «Vai subito in camera da letto.»

Regan arrivò con il furgone. «Che succede?» chiese scendendo dal veicolo. Lanciò un'occhiata a Randy, stravaccato sull'erba.

«Un paio di ragazzi ubriachi e probabilmente drogati» disse Sheena con tono cupo. «Aiutami a portare dentro Randy.»

I due riuscirono a mettere Randy in piedi e lo trascinarono, per metà, e per metà lo portarono in camera da letto.

Michael aveva perso i sensi su uno dei letti completamente vestito.

Borbottando tra sé e sé, Randy permise loro di aiutarlo a salire sull'altro letto.

Allontanandosi e fissando i due ragazzi, Sheena emise un lungo sospiro.

Regan la studiò. «A quanto pare, domani sarà una giornata davvero brutta per questi due.»

«In più di un modo» confermò cupa Sheena.

La mattina dopo, Sheena aspettò che Meaghan fosse uscita per andare al lavoro da Gracie e che lei avesse bevuto una seconda tazza di caffè prima di andare nella stanza dei ragazzi.

«È ora di alzarsi, ragazzi!» annunciò a gran voce.

Michael si mosse. «Vai via. Non mi sento tanto bene.»

«Alzati subito. Hai capito?» disse Sheena, strattonandolo per il braccio finché non fu mezzo giù dal letto. «Vai a farti una doccia e raggiungimi in cucina. E assicurati che Randy sia con te. Capito?»

Michael spalancò gli occhi. «Qual è il problema? Perché sei così arrabbiata?»

Sheena trattenne un urlo di frustrazione. «Mi fai davvero una domanda così stupida? Dopo la bravata che hai fatto ieri sera, tu fai quello che ti dico.» Gli lanciò uno sguardo tanto feroce da stendere un leone. «Capito?»

Per sua fortuna, Michael si alzò in piedi e si diresse verso il bagno.

Sheena esitò e poi si avvicinò a Randy. «È ora di alzarsi» disse a voce alta, scuotendogli la spalla.

Lui alzò lo sguardo su di lei. «Stammi lontana, cazzo.»

Sheen strinse le labbra e lo punzecchiò di nuovo sulla spalla. «Randy, ascoltami. Voglio che ti alzi subito da questo letto. Tu, Michael e io abbiamo molte cose di cui parlare.»

«Non esiste, cazzo» ringhiò Randy.

«Sì invece» disse Sheena. «E puoi smetterla con le parolacce. E se non collabori con me adesso, puoi iniziare a fare le valigie.»

Lui la fissò con occhi spenti. «Eh?»

Lei lo fulminò con lo sguardo cercando di controllare la rabbia. «Dico sul serio, Randy.»

Lui si alzò a sedere. «Dio, lo sapevo. Stare qui non avrebbe mai funzionato. Non accetterò queste stronzate da nessuno.»

«È meglio che inizi a fare le valigie perché hai ragione. Non accetterò queste stronzate da te. Vestiti e raggiungimi in cucina.»

«Dov'è Michael?» borbottò lui.

«A fare la doccia e a vestirsi per la giornata di lavoro.»

«Cooooosa?»

Sheena girò sui tacchi e se ne andò. Trovarsi un poliziotto alla porta della sua suite d'albergo l'aveva spaventata a morte. Non voleva che accadesse di nuovo.

Un po' più tardi, i due ragazzi entrarono in cucina con l'aria stravolta.

Sheena fece loro cenno di sedersi al tavolo della cucina. «È ora di parlare. Randy, resti o te ne vai?»

«Resto» mormorò lui, senza guardarla.

«Allora è meglio che cambi atteggiamento. Ci sono cose che non tolleriamo in questa casa. Avete idea di quanto sia stato umiliante che un poliziotto vi abbia accompagnato alla porta? Se non fosse stato per la sua gentilezza, avreste potuto benissimo essere in prigione. E se avessi provato a guidare l'auto in quelle condizioni, Michael? Voi due potreste essere morti.»

Michael sembrava scosso, Randy incerto.

«Hai perso il privilegio di usare l'auto per le prossime due settimane, Michael, e siete entrambi in punizione» disse Sheena. «Per fortuna lavorate proprio nella proprietà e non avete bisogno dell'auto per continuare il vostro lavoro. Capite entrambi la gravità della situazione?» Sheena guardò prima Michael poi Randy.

«Sì» mormorò Michael.

«E tu, Randy?» disse Sheena, pronta a buttarlo fuori di casa se fosse stato necessario.

Lui le rivolse uno sguardo di sfida. «Posso andarmene anche adesso, sapete?»

Sheena annuì. «Ok, se è questo che vuoi, vai a fare le valigie e chiameremo i tuoi genitori. Mi piacerebbe che tu restassi e facessi parte della nostra famiglia, ma abbiamo delle regole oltre a occasioni di divertirsi. E come avevate programmato tu e Michael, stare qui ti dà la possibilità di giocare nella squadra di baseball estiva. La scelta è tua, Randy. Fai in modo che sia una buona scelta.»

«Oooh, mamma...» protestò Michael.

Sheena spostò lo sguardo su di lui. «Se Randy farà parte della nostra famiglia, dovrà essere trattato come tale.

Credetemi, nessun allenatore permetterà un comportamento scorretto da parte di nessuno di voi due e, se necessario, non esiterò a far sapere all'allenatore del vostro problema. Chiaro?»

Michael annuì e si rivolse a Randy. «Che cos'hai intenzione di fare?»

Randy mosse i piedi e poi alzò lo sguardo verso Sheena. «Va bene se resto?»

«A patto che tu segua le regole. Con i tuoi genitori puoi farla franca se ti comporti male, ma io non sono come loro.»

Randy annuì. «Lo so.»

Quando Sheena lasciò la stanza per andare in camera sua, sentì Randy dire: «Tua madre è una dura, ma è forte.»

Sheena sorrise. *Buon per Randy.*

CAPITOLO 22
REGAN

Un paio di giorni dopo, Regan se ne stava accanto a Mo fuori dalla casa di Rosa e Paul, stringendosi nervosamente le mani. In tutta la casa avevano sistemato i mobili, appeso i quadri ed esposto pezzi decorativi in quella che lei considerava una miscela perfetta di colori e forme.

Mo le diede una pacca sulla schiena. «Non preoccuparti, tesoro. Gli piacerà molto.»

«Lo spero. È la prima volta che faccio un lavoro con te e voglio che sia perfetto.»

Lui le strinse la mano. «Capisco, ma non lasciare che vedano quanto sei incerta. Hai una bravura naturale in questo lavoro, Regan.»

Paul, Rosa e Sheena imboccarono insieme il vialetto d'ingresso e li raggiunsero.

«Vediamo cos'avete fatto voi due» disse Rosa. «Non vedo l'ora di trasferirmi. Cinque giorni in un motel mi bastano.»

Con un colpo di spugna, Regan aprì la porta d'ingresso della casa. «Prego, entrate nella vostra nuova bellissima casa.»

Regan e Mo seguirono gli altri all'interno e ascoltarono i commenti.

«Adorabile» esclamò Rosa. Batté le mani e si rivolse a Paul con un sorriso. «Non posso credere che sia nostra!» Lo abbracciò forte e poi si rivolse a Regan e Mo. «Non avrei potuto sognare niente di meglio.»

Regan fece un sospiro di sollievo. Anche se i rossi e gli

arancioni richiesti da Rosa non sarebbero stati la sua scelta cromatica, lei e Mo avevano lavorato sodo per trovare combinazioni di colori che fossero piacevoli, contemporanee e allo stesso tempo un po' all'antica, come avevano richiesto Rosa e Paul.

Sheena la abbracciò. «È perfetta per loro» sussurrò. «Non vedo l'ora che tu e Mo possiate arredare una casa per me.»

Regan sorrise, compiaciuta e preoccupata allo stesso tempo. Una cosa era lavorare per una famiglia comprensiva e riconoscente. Un'altra cosa sarebbe stata lavorare per degli estranei, come Mo voleva che facesse in futuro.

Dopo che ebbero visitato la casa, Mo disse a Rosa: «Se siete soddisfatti dei risultati, domani ci riuniremo per una revisione finale di tutto. A che ora vorreste che ci vedessimo?»

«Domani pomeriggio» disse Rosa. «Così avrò il tempo di sistemare le ultime cose. E tenete pronti diversi biglietti da visita. Sono sicura che potrò distribuirne qualcuno.»

Regan si commosse davanti alla generosità di Rosa. Rosa non era sua suocera, ma per lei era come una famiglia.

Mo le fece un cenno e uscirono insieme dalla casa. «Grazie mille. Abbiamo fatto un buon lavoro insieme. Ti sei sicuramente guadagnata una percentuale del mio compenso.»

Regan scosse la testa. «No, consideralo il compenso per avermi insegnato il mestiere.»

«Te la sei guadagnata, Regan. Me ne occuperò io» le disse, facendole un ampio sorriso. «Nel frattempo, con Chip divertiti stasera. Io e Juan andiamo a Tampa.» Agitò le sopracciglia. «Cena e ballo.»

Regan rise. Aveva conosciuto Juan Cardoza e pensava che fosse carino come Mo.

In attesa che Chip Carson la venisse a prendere per uscire,

Regan camminava avanti e indietro sul tappeto della sua camera da letto. Era stata attratta da Chip fin dal loro primo incontro, durante il quale lui l'aveva ignorata. Mentre Brian Harwood si ostinava a volere una relazione, Chip si era sempre comportato come se non gliene potesse importare di meno. Questo la incuriosiva, perché di solito i ragazzi ci provavano con lei. Non sapeva se essere lusingata dal suo comportamento o preoccupata.

Regan si voltò al suono di un colpo alla porta della sua camera da letto. All'ultimo momento Darcy aveva accettato di andare con loro per fare coppia con un amico di Chip che si trovava inaspettatamente in città. Vedendola ora, vestita con il suo prendisole verde preferito, i capelli un'aureola di riccioli rossi, Regan provò un'ondata di affetto per la sorella.

«Sei pronta?» chiese Darcy. «Dovrebbero essere qui a momenti.»

Regan le fece una giravolta. «Che ne pensi?»

Darcy le rivolse un'occhiataccia «Mi stai prendendo in giro? Devi chiederlo? Sei bellissima, come sempre.»

Anche se Regan sorrise, le tornò il nervosismo al pensiero di fare conversazione con Chip. Lui parlava di computer e lei trovava molti di quei discorsi complicati. La sua scarsa cultura aveva già allontanato i ragazzi in passato, rovinando diversi appuntamenti.

A quel punto suonò il campanello della porta. Regan deglutì a fatica e seguì Darcy nella suite per vedere chi era.

Darcy aprì la porta e fece un passo indietro.

Chip, il ritratto del tipico surfista con il suo corpo muscoloso e i capelli abbronzati, le salutò con un sorriso. «Accidenti! Siete uno schianto!» Il suo sguardo si posò su Regan. «Un vero schianto.»

«Immagino che tu sia Drew Chaplin» disse Darcy, tendendo la mano.

«Oh, sì!» disse Chip, distogliendo lo sguardo da Regan. «Drew, questa è Darcy e questa è Regan.»

«Ciao.» Drew sorrise e strinse la mano a Darcy prima di rivolgersi a Regan.

Alto e magro, gli occhi nocciola di Drew emanavano intelligenza dietro gli occhiali con montatura nera. I suoi capelli biondo fragola, i lineamenti regolari e il sorriso smagliante erano piacevoli. Regan lanciò uno sguardo da lui a Darcy. Vedendo il sorriso di Darcy, la tensione che aveva attanagliato Regan si allentò. Sarebbe stata una serata divertente.

«Abbiamo pensato di andare a Clearwater, in un posto che dovrebbe essere davvero speciale.»

«Tamales?» chiese Darcy.

«È sicuramente un posto figo, ma per voi due facciamo un salto di livello.» La voce di Chip era piena di orgoglio. «Gills è un bel posto per mangiare pesce a cena.»

Tese il braccio e Regan lo prese.

Gills era un ristorante il cui arredamento era dedicato ai pesci. Alla porta d'ingresso gli ospiti erano accolti da un grande acquario, mentre in una sala sul retro, dove venivano fatti accomodare, un altro acquario era appoggiato contro una parete nera. Un'illuminazione strategica metteva in evidenza le meduse, i cui corpi trasparenti si muovevano nell'oscurità in modo ritmico, come se fossero orchestrati dalla musica soft che risuonava nella stanza.

Sbalordita, Regan rimase a fissarne la bellezza, impressionata da come una cosa così semplice, così naturale, potesse fare un'impressione così forte.

«Bello, eh?» disse Chip.

Regan annuì. Le sarebbe piaciuto che potesse vederlo Mo.

Furono fatti accomodare a un piccolo tavolo bianco nell'angolo della sala. I bicchieri d'acqua furono riempiti da un efficiente assistente, poi si avvicinò un cameriere con i menu.

«Buonasera» disse, mentre li distribuiva. «Posso portarvi qualcosa da bere?»

«Il vino bianco va bene a tutti?» chiese Chip. Ai loro cenni, ordinò una bottiglia di pinot grigio e poi tutti si misero a studiare il menu. Regan sorrise dell'interesse che Darcy mostrava per tutti i dettagli dell'arredamento e del servizio. I ragazzi non si rendevano conto che ben presto sul *West Coast News* sarebbe stata pubblicata una recensione del ristorante.

Regan studiò Chip, che in quel momento stava parlando di baseball con Drew. Fuori dall'ufficio, sembrava più rilassato, più mondano. Chip notò che lei lo guardava e le fece un sorriso.

«Sai già cosa ordinare?» chiese, riprendendo in mano il menu.

«Non ancora. C'è così tanto da scegliere.»

Lui rise. «Ordina quello che vuoi. Lavoro per un cliente molto ricco.»

Regan si unì alle risate degli altri.

«Sì, ma noi siamo le clienti più simpatiche. Vero?» scherzò Darcy.

Posando lo sguardo su Regan, Chip annuì.

Più tardi, mentre Regan mordeva il dentice ripieno di granchio che aveva ordinato, ascoltò Chip raccontare di come una volta aveva fatto uno scherzo a uno dei suoi professori universitari. Invece di essere divertito dalla vignetta che aveva disegnato, il tipo si era infuriato e lo aveva cacciato dal corso.

«Così la mia carriera artistica è finita e ho deciso che avrei fatto meglio a dedicarmi ai computer» concluse Chip.

«Hai fatto bene» disse Regan. «Avevamo davvero bisogno

del tuo aiuto.» A un discreto colpo di tosse di Darcy, si affrettò ad aggiungere: «Naturalmente, anche Darcy è in grado di fare molta parte del lavoro.»

Chip sorrise. «Sì, è brava.» Alzò il bicchiere di vino bianco. «Brindiamo alle sorelle Sullivan!»

Ridendo, Regan sollevò il suo bicchiere di vino e lo fece tintinnare contro quello di Darcy.

Squillò il cellulare di Drew. Lui lo guardò e lo prese su. «Ehi, Austin! Come stai? Sì, sono tornato in città per qualche giorno. Non è che possiamo vederci?»

Regan e Darcy si scambiarono uno sguardo. «Austin è in città per aiutare a installare l'insegna dell'hotel?»

«Non lo so» disse Darcy. «Sheena non ne ha parlato.»

«Va bene» disse Drew al cellulare. «Ci vediamo domani con te e Jasmine allora. A presto.» Chiuse la chiamata e rivolse a tutti uno sguardo dispiaciuto. «Scusate. Era un mio amico.»

«Nessun problema» disse Regan. «Per caso era Austin Blakely?»

Drew sembrò sorpreso e annuì. «Sì, come fai a conoscerlo?»

Regan spiegò come pensavano di utilizzare le sculture in legno di Austin. «È un ragazzo davvero simpatico» concluse, rendendosi improvvisamente conto del cipiglio sul volto di Darcy.

Mentre finivano di mangiare continuarono a conversare del più e del meno.

Quando il cameriere chiese se qualcuno voleva il dessert, tutti, tranne Darcy, scossero la testa.

«Se non vi dispiace, vorrei dare un'occhiata al menu dei dolci» disse Darcy.

«Ne vuoi ordinare uno?» scherzò Chip.

«Sì» disse Darcy. «Voglio assaggiare più cose possibili.

Finora il cibo è stato delizioso.»

Regan sapeva esattamente perché Darcy voleva provare un dessert, ma tenne la bocca chiusa. Dee Summers stava facendo il suo lavoro.

CAPITOLO 23
DARCY

Darcy assaggiò la *crème brulee* e fece un sospiro soddisfatto, felice di avere una scusa per cercare di non pensare alla conversazione che Drew aveva avuto con Austin. Aveva detto che si sarebbe visto con Austin *e Jasmine*. Senza dubbio Jasmine era la bionda attraente che Darcy aveva visto insieme ad Austin al Pink Dolphin. Diede un ultimo morso al dessert e si pulì la bocca con il tovagliolo, rimproverandosi di aver trasformato un paio di dolci momenti con Austin in qualcosa che apparentemente non era altrettanto magico per lui.

«Pronta ad andare?» le chiese Regan. I ragazzi erano già in piedi.

Darcy posò il menu e si alzò. «Mi dispiace. Lo stavo studiando e non mi sono accorta che eravate pronti ad andarvene.»

Mentre usciva dal ristorante accanto a Drew, Darcy si disse che Austin aveva una sua vita di cui lei non faceva parte. Ora, anche se le faceva male, decise di provare a dimenticarlo e di godersi Drew, che sembrava davvero un bravo ragazzo.

«C'è un bar carino in fondo alla strada. Andiamoci a prendere un drink» disse Drew. «È bello essere qui e lontano dal lavoro.»

Si avviarono tutti e quattro camminando sul marciapiede.

«Allora, tu lavori con i computer» disse Drew, per fare conversazione. «Hai degli hobby?»

«Sono una scrittrice» disse Darcy e poi trattenne il fiato. Sembrava così reale, così professionale. Eppure, data la sua mancanza di esperienza, era come mentire?

«Davvero? Sembra interessante. Cosa scrivi?»

Darcy sentì le guance diventare bollenti. «In realtà, voglio scrivere un romanzo. Al momento, sto solo lavorando ad alcuni brevi articoli per un giornale.»

Drew annuì. «Sembra interessante. Non è il mio genere. Io sono come Chip, appassionato di computer, numeri e cose del genere.»

«È più facile lavorare con i numeri» ammise Darcy. «Ma quando il mio anno all'hotel sarà finito, voglio viaggiare e avere il tempo di scrivere il mio libro.»

«Non hai intenzione di rimanere in Florida?»

Darcy scosse la testa. «Non credo. Dipende dal lavoro che l'hotel continuerà a richiedere da me.»

«Il settore alberghiero non ti entusiasma?»

«Non saprei» disse Darcy ridacchiando. «Non abbiamo ancora aperto.»

Drew smise di camminare e la guardò. «Sai una cosa, Darcy? Tu mi piaci. Dici le cose come stanno.»

Lei gli sorrise.

Il resto della serata fu divertente: si bevve, si ballò e si fece buona conversazione. La sua prima impressione sulla simpatia di Drew si rivelò corretta. Era un ragazzo carino che non si prendeva troppo sul serio. Le piaceva molto.

Mentre Regan e Chip ballavano, Drew offrì la mano a Darcy. «Facciamo due passi sul molo e prendiamo un po' d'aria fresca.»

Darcy gli prese la mano e scese dallo sgabello del bar. «Mi sembra una buona idea. Fa caldo qui dentro.»

Quando uscirono, l'aria calda e umida la accarezzò. Darcy inspirò gli odori dell'insenatura: l'acqua salata, il carburante dei motori dei motoscafi legati al molo o seduti negli ormeggi vicini e qua e là il fumo delle sigarette.

«Bella serata» commentò Drew, conducendola sul molo commerciale gestito dal bar. Il bagliore delle luci delle passerelle che costeggiavano il molo ogni pochi metri riluceva sulle doghe di legno usurate e si rifletteva nell'acqua sottostante.

Darcy si fermò e abbassò lo sguardo sulle ombre che aveva visto muoversi. «Ottima zona per pescare» commentò.

«Ti piace pescare?» le chiese Drew.

«Non lo so. Non ho mai provato» disse.

Lui la strinse a sé. «Ci sono molte cose che vorrei insegnarti» mormorò, e poi abbassò le labbra sulle sue.

Darcy aggiustò i pensieri, cancellando dalla mente il corpo massiccio e solido di Austin e accettando al suo posto la figura alta e snella di Drew.

Quando si separarono, Drew sorrise. «Bello.»

«Sì» concordò Darcy.

Felici del contatto che avevano stabilito, rientrarono insieme.

Quando arrivarono al bar e si ricongiunsero a Regan e Chip, Regan la guardò e lanciò a Darcy uno sguardo interrogativo.

«Siamo usciti a prendere un po' d'aria» spiegò Darcy.

«Vuoi ballare?» le chiese Drew.

«Certo.» Darcy lo seguì fino alla pista da ballo allestita al centro del bar. Non avevano ancora raggiunto la pista quando il DJ mise una canzone diversa, un lento.

«Ancora meglio» disse Drew, attirando Darcy tra le sue braccia.

Si muovevano bene insieme, pensò Darcy, cercando di scacciare dalla mente le immagini di Austin mentre si godeva l'abbraccio di Drew.

###

Quella sera, dopo aver salutato i rispettivi ragazzi, Darcy e Regan si sedettero sul divano, parlando a bassa voce.

«Drew sembrava un bravo ragazzo» commentò Regan.

«Sì» disse Darcy, sforzandosi di avere un tono positivo nella voce. «Lo è davvero.»

Regan la guardò stringendo gli occhi. «Cosa non mi stai dicendo?»

«Niente» disse Darcy, mentendo spudoratamente. «Che mi dici di te e Chip? Sembrava che vi steste divertendo.»

«È vero.» Regan fece un gran sorriso. «Oh, Darcy, è fantastico come pensavo che fosse. E non mi ha preso in giro nemmeno una volta perché non capivo quello che stava cercando di spiegare. Sai che non capisco gran che di computer. E poi, mentre ballavamo, mi ha sussurrato parole dolcissime. Chi l'avrebbe mai detto che fosse così romantico?»

«Chip? Romantico? Le meraviglie non finiscono mai.» Darcy si avvicinò, prese la mano della sorella e la strinse. «Sono felice per te. Lo sono davvero.»

«È meglio che vada a letto» disse Regan, alzandosi in piedi. «Domani dovrò di nuovo alzarmi presto.»

«Ci vediamo domattina» disse Darcy, senza sforzarsi di alzarsi. Sapeva che sarebbe passato molto tempo prima che le venisse sonno. Aveva troppe cose da sistemare in testa.

La mattina successiva, dopo aver controllato l'attività del sito web, Darcy fece alcuni aggiornamenti e poi prese appunti sulla serata da Gills. Decise di scrivere una recensione pratica del ristorante da sottoporre alla critica di Nick.

La Florida era piena di buoni ristoranti, molti dei quali molto informali. Gills si distingueva per l'arredamento, il servizio e il menu di alto livello. Il suo pensiero andò a Drew. Lavorava per un'azienda di Atlanta, in Georgia, e aveva una buona posizione nel reparto informatico. Tuttavia, sia lui che Chip avevano speso un sacco di soldi per la serata. Avrebbe dovuto scrivere la recensione in modo che la gente capisse che, sebbene Gills fosse relativamente costoso, era un posto speciale.

Sheena entrò in ufficio e si sedette di fronte a lei.

«Com'è andato l'appuntamento? Regan è eccitatissima.»

«Drew è un ragazzo molto simpatico e ci siamo trovati bene. Vive e lavora ad Atlanta, però, quindi non so se ne verrà fuori qualcosa. E tu come stai? Tony arriva oggi. Giusto?»

Il sorriso di Sheena illuminò i suoi occhi nocciola. «Sì. Ha sistemato gli affari al nord e finalmente sta arrivando. Anche per questo avevo bisogno di parlarti. Meaghan verrà a vivere con te e Regan. Quindi, dovremo trovare una sistemazione per dormire quando tu e Regan siete fuori. Comunque, è molto meglio così che avere i ragazzi a dividere gli alloggi con voi, perché devo tenerli d'occhio.»

«Ma le suite possono essere collegate, giusto?» disse Darcy. «Dovresti poter rimanere nella tua suite ed essere raggiungibile da tua figlia. E lei compirà presto quindici anni, giusto?»

Sheena alzò una mano in segno di protesta. «So che pensi che la stia trattando come una bambina, ma voglio che si senta al sicuro e protetta.»

«Va bene, troveremo una soluzione» disse Darcy. «Come se la cavano i ragazzi con il coprifuoco?»

Sheena emise un lungo sospiro. «Non è facile essere la mamma grande e cattiva. Ma è molto importante per me far valere le mie ragioni, e il punto è che avrebbero potuto trovarsi in grossi guai se il poliziotto non li avesse aiutati.»

«Michael non ne è felice, ne sono certa. E Randy?»

«Penso che sia totalmente sorpreso dalla mia reazione. Ho la netta sensazione che sua madre sia così impegnata ad andare da un party all'altro che non le importi di quello che fa lui. Il che è piuttosto triste, secondo me.»

Darcy annuì in segno di assenso. «Immagino sia una buona cosa che tu sia autoritaria per natura, eh?» disse prendendola in giro.

Sheena rise. «Immagino che sia una buona cosa avere te su cui esercitarmi, eh?»

Sentendosi più unita a Sheena di quanto non lo fosse da anni, Darcy sorrise. «Vuoi dare un'occhiata alle nuove foto sul sito web?»

Sheena accostò la sua sedia a quella di Darcy, e sfogliarono le foto online, discutendo varie idee di marketing. Avevano già iniziato a promuovere sconti speciali per le prenotazioni effettuate durante il periodo di ristrutturazione.

Il cellulare di Darcy squillò. *Drew.*

«Ehilà» disse Drew. «Mi chiedevo se volessi unirti a me per un'uscita a quattro con il mio amico Austin e una sua amica. Dovrebbe essere un'altra serata divertente.»

Cercando di nascondere la fitta di dolore che sentì, Darcy riuscì a dire: «No, grazie, ho degli impegni. Ma grazie per aver pensato a me.» Non avrebbe mai potuto incontrare Austin in quelle circostanze.

«Be', magari un'altra volta» disse Drew. «Mi sono davvero divertito con te ieri sera.»

«Sì, anch'io» disse Darcy. «È stato... bello.»

Darcy chiuse la chiamata. Quando si voltò trovò lo sguardo fisso di Sheena su di lei.

«Di che cosa si trattava?» chiese Sheena. «Che programmi hai per stasera?»

«Non lo so ancora» rispose Darcy, decisa a non entrare in una discussione del genere con la sorella maggiore, a volte autoritaria, a volte ficcanaso.

CAPITOLO 24
SHEENA

Eccitata, Sheena chiuse la telefonata con Tony. Tra pochi minuti sarebbe arrivato in albergo. Dio! Le era mancato, ne sentiva il bisogno!

Andò in bagno, si passò una spazzola tra i capelli e uscì ad aspettare il marito.

Quando il suo furgone argentato entrò nel parcheggio, le batté più forte il cuore. C'era qualcosa di vero nel vecchio detto: "La lontananza rafforza l'amore". Da dietro il parabrezza, il sorriso di Tony era elettrizzante. Saltò fuori dal camion, si precipitò da lei e la prese tra le braccia.

Ridendo, Sheena lo strinse a sé. Le piaceva sentire il suo corpo forte e solido accanto al suo. Era così bello averlo di nuovo con sé. Sollevò il viso.

Le labbra di Tony incontrarono le sue in un bacio famelico che le fece capire quanto gli era mancata.

Quando si separarono, Sheena gli accarezzò la guancia. «Sono felice di averti a casa.»

«Anch'io.» Si voltò a guardare l'edificio delle suite. «Immagino che sia tutto per ora. Ci vorrà un po' prima di completare la vendita dell'azienda.»

«Problemi?» chiese Sheena.

«Sì, con il finanziamento. Sono sicuro che tutto si risolverà, ma ci vorrà del tempo.»

L'eccitazione di Sheena si affievolì. Sperava che Tony avesse ragione. A volte era troppo ottimista sulle cose, e loro contavano sulla vendita dell'attività per trasferirsi in una casa.

Tony le sollevò il mento. «Ehi, non essere così preoccupata. Andrà tutto bene e almeno siamo di nuovo insieme come una famiglia. Ora vieni a vedere l'insegna che ho preso al laboratorio di Austin. Gli ho parlato al telefono. È qui in città, quindi l'ho invitato a venire alla nostra cerimonia quando la installeremo.»

«Bello» disse Sheena. «Faremo una piccola festa da Gracie. Ne parlerò con lei.»

Tony si guardò intorno. «Dove sono i ragazzi?»

«A lavorare» disse Sheena.

Tony sorrise. «Ehi, forse potremmo...»

Lei lo interruppe. «Mi dispiace. Le cose sono molto diverse con Randy e i ragazzi qui. Ricorda, i ragazzi sono nella seconda camera da letto della nostra suite e Meaghan va e viene dalla nostra suite a quella delle mie sorelle. Non c'è privacy.»

«Vedremo» disse Tony, dandole una pacca affettuosa sul sedere. «Ora portiamo dentro la mia attrezzatura.»

Avevano appena portato i bagagli di Tony e alcuni altri oggetti all'interno della suite quando apparvero Michael e Randy.

Tony alzò lo sguardo sorpreso. «Pensavo che steste lavorando.»

«Oh, papà, fa così caldo che abbiamo dovuto fare una pausa» disse Michael. «Vero, Randy?»

Randy, con le guance arrossate, fece un cenno di assenso.

«Avete parlato con Brian di questa vostra pausa?» chiese Tony.

«No, i suoi uomini sono abituati a lavorare all'aperto. Noi no» disse Michael.

Tony lo fulminò con lo sguardo. «È meglio che torni subito al lavoro. Col tempo ti abituerai al caldo.»

Michael affrontò il padre accigliato. «Che cos'è questa?

Una specie di prigione?»

«Potrei essere in spiaggia a Nantucket» disse Randy, voltandosi verso Sheena e lanciandole un'occhiata che le fece capire che stava mettendo alla prova la conversazione che avevano avuto in precedenza.

«Spero che tu rimanga... come membro della nostra famiglia» disse Sheena a bassa voce. «Prima che tu arrivassi qui, Tony ha parlato con i tuoi genitori della possibilità che lavorassi per noi e che giocassi a baseball. Tutto questo fa parte dello stare qui. Ma se vuoi chiamare uno dei tuoi genitori, certamente rispetteremo la tua decisione di andartene. Ti accompagneremo anche all'aeroporto. A differenza di quanto dice Michael, questa non è una prigione.»

Sheena osservò una serie di emozioni comparire sul volto di Randy: dalla sfida, al dubbio, alla risoluzione.

«No, resto. Ma come dice Michael, là fuori fa caldo» disse Randy a bassa voce.

«È vero» disse Sheena. «È per questo che Brian vi fa fare il lavoro esterno al mattino e che le squadre giocano a baseball la sera e non il pomeriggio».

«Vi siete iscritti entrambi al programma speciale di baseball estivo della scuola superiore?» chiese Tony.

Michael e Randy annuirono.

«Ok, allora è deciso» disse Sheena. «Come promesso, voi ragazzi lavorerete part-time per Brian, facendo tutto ciò che vi chiederà. In questo modo avrete ancora tempo per rilassarvi e giocare a baseball. Ma significa anche che non ci saranno rallentamenti nel lavoro per Brian. Avete capito?»

Michael e Randy si guardarono e poi fecero di sì con la testa.

«Prendete un paio di bottiglie d'acqua quando uscite» disse Tony.

Una volta che i ragazzi se ne furono andati, Tony si voltò

verso di lei. «Hai dovuto sopportare questo atteggiamento?»

«Sì, questa è un'età difficile per i ragazzi. Vogliono la libertà, ma non è ancora il momento. E noi siamo una famiglia severa.» Sheena alzò un dito. «Ma, ascoltami bene: a Randy piace l'idea di famiglia e di struttura. Lo ha dimostrato poco fa.»

Tony le rivolse uno sguardo pensieroso. «Alla sua età, credo che preferirei essere a Nantucket.»

«Con una famiglia che non ti vuole?»

«No, non così, così no.» Scosse la testa. «Peccato. Be', vediamo cosa possiamo fare per lui. Quando verranno a pranzo, gli chiederò di aiutarmi a spostare l'insegna.»

Più tardi, dopo che Tony si fu praticamente sistemato, Sheena andò in reception. Regan e Darcy erano già lì e stavano esaminando le diverse opzioni di pacchetti che Darcy aveva recentemente caricato sul sito web.

Regan le lanciò un'occhiata e le fece un gran sorriso. «I mobili da esterno che abbiamo ordinato saranno consegnati la prossima settimana.»

«Si sa qualcosa delle tende per le finestre o dei copriletti?» chiese Sheena.

Regan scosse la testa. «Ancora nessuna notizia. È così frustrante!»

«Come procede il progetto di pulizia vicino al molo?» chiese Darcy. «Voglio fare di quell'area una bella zona il prima possibile e pubblicare una foto online.»

«Tony e io abbiamo appena fatto un piccolo discorso di incoraggiamento a Michael e Randy. So che è un lavoro duro, ma va fatto. E Tony parlerà con Brian per tenerli occupati. Alla loro età, Tony faceva l'apprendista idraulico.»

«È bello riaverlo con noi, eh?» disse Regan.

Sheena rise. «Molto bello. Ho bisogno del suo sostegno. Non so cosa sia più difficile: i ragazzi o le ragazze adolescenti.»

CAPITOLO 25
DARCY

«Muoviti a venire!» disse Sheena al cellulare con Darcy. «Tony è pronto a montare l'insegna dell'hotel.»

Darcy chiuse il computer e uscì dall'ufficio. Sheena le aveva detto che dopo aver installato l'insegna avrebbero festeggiato da Gracie. Lei era pronta. Era stata una lunga giornata di rielaborazione della campagna pubblicitaria che avevano messo in piedi. Tra le altre cose, era stato necessario progettare e ordinare nuovi opuscoli. E poi aveva fatto una prima bozza della recensione del ristorante Gills. Sapeva che avrebbe dovuto correggerla prima di osare inviarla a Nick.

Mentre si precipitava all'ingresso dell'hotel, fu sorpresa dalla folla radunata intorno all'insegna. Solo quando si avvicinò si rese conto che una delle persone presenti era Austin Blakely. Si fermò bruscamente.

«Vieni, Darcy» la chiamò Regan. «Ti stiamo aspettando.»

Darcy si diresse a malincuore verso la folla e si mise dietro a Rocky, sperando che Austin non l'avesse notata.

«Ci siamo!» annunciò Tony. Teneva un'estremità del cartello; Austin l'altra.

Brian era lì in attesa con in mano un martello per piantare grossi bulloni nei quattro fori dell'insegna e nei due pali in legno trattato a pressione che erano stati affondati nel cemento alcuni giorni prima.

«Splendido!» disse Regan. In piedi davanti all'insegna, si lasciò andare a una piccola esultanza.

Sheena si mise al suo fianco. «Bel lavoro, Austin.»

«Molto professionale» disse Gracie. «Ai miei clienti piacerà.»

«Bella. Bella» ripeté Clyde eccitato. Di tutte le persone del gruppo di Gavin, Clyde, con le sue disabilità, la toccava di più.

Non volendo farsi notare, Darcy non disse nulla.

«Ok, ragazzi, stringiamo quei dadi esagonali» disse Tony, facendosi da parte mentre Michael e Randy terminavano l'installazione. Loro due, Brian, Tony e Austin si misero in disparte e si rallegrarono dell'applauso della folla mentre Regan scattava le foto.

«Ok, gente, è ora di festeggiare! Il ristorante di Gracie è aperto per la nostra festa privata» disse Sheena.

La gente di Gavin si avviò davanti a tutti. Mentre Regan restava a parlare con Austin, Darcy decise di correre verso l'edificio delle suite.

«Ehi, Darcy!» la chiamò Regan. «Vieni a salutare Austin.»

Soffocando il desiderio di strozzare la sorella, Darcy sospirò e si voltò verso di loro. «Ciao, Austin!»

Il sorriso di Austin sembrò amichevole quando il suo sguardo si posò su di lei. «Ciao, ho sentito che ti sei divertita molto con Drew.»

«Sì, è stato... bello.»

«Mi dispiace che tu non abbia potuto unirti a noi stasera» disse Austin. Controllò l'orologio. «In effetti, devo andare.»

«Ciao» disse Darcy, cercando di respingere una strana sensazione allo stomaco. Rivedendolo, ricordò ogni emozionante secondo dei loro abbracci, il modo in cui l'aveva abbracciata e accettata come desiderava. Si voltò e si diresse di corsa verso l'edificio.

«Aspetta!» gridò Regan.

Ma Darcy non aspettò nessuno. Aveva bisogno di stare da sola per rimettersi in sesto. Non voleva che nessun altro sapesse che ancora una volta si era innamorata di un uomo che aveva capito che lei non essere alla sua altezza. Sean sembrava pensare che lei andasse bene, finché all'improvviso non era andata più bene. Ora Austin sembrava fare la stessa cosa.

La mattina dopo, Darcy si sedette in ufficio per esaminare la recensione del ristorante che aveva scritto. Non era male. Tuttavia, la rilesse ancora una volta per controllare la punteggiatura e per vedere se poteva scegliere parole migliori. Finalmente soddisfatta, la inviò a Nick per email.

Era nel bel mezzo del lavoro di pubbliche relazioni per l'hotel quando ricevette un'email da lui. «*Ottimo lavoro, Dee*» le aveva scritto. «*Andrà sul giornale della prossima settimana.*»

Darcy batté le mani. «Ce l'ho fatta!»

«Che cosa?» disse Sheena, entrando in ufficio.

«La mia recensione per Gills sarà sul giornale la prossima settimana. Il mio primo vero articolo di giornale fatto da sola.» Sorrise. «Dovrei dire il primo articolo di Dee Summers. Nick vuole che faccia alcune interviste a persone del posto. Pensavo di chiedere a Holly Harwood se posso scrivere un articolo su di lei.»

«Potrebbe essere una buona pubblicità per il Key Hole» disse Sheena.

«Lo penso anch'io.» Darcy si alzò. «Aspetta, torno subito. Adesso glielo chiedo.»

Il suono della risata di Sheena seguì Darcy mentre correva fuori dalla porta.

Darcy era seduta nel suo ufficio, sbalordita. Holly le aveva detto: «Non tutti vogliono che la loro storia venga raccontata, Darcy. Scegli con saggezza. Ci sono molti eroi ed eroine silenziosi in giro. Cercali.»

I suoi pensieri volarono alla gente di Gavin. Dopo aver salvato Meaghan, Sam aveva chiarito di non volere pubblicità. Avrebbe dovuto sondare gli altri con delicatezza per vedere se avrebbero accettato di essere intervistati.

Con aria mesta, tornò a lavorare ai progetti per l'hotel. Era impegnata in una nuova campagna promozionale, qualcosa per le feste di Natale, quando sentì bussare alla porta e Rocky entrò in ufficio.

«Salve! Posso aiutarti?» gli chiese, stupita dalla sua visita.

«Hai detto che volevi vedere Ybor City. Parto tra dieci minuti. Stai pronta.» Si girò e uscì dalla stanza.

Per la sorpresa lei scoppiò a ridere. Prese la borsa, vi infilò un quaderno e una penna e chiamò Sheena per dirle che usciva.

Dopo averla salutata, Rocky salì sul suo furgone e guardò avanti senza parlare. Quando lei cercò di parlargli dei vari programmi pubblicitari che stava organizzando per l'hotel, lui annuì di tanto in tanto ma non disse nulla. Tutto in lui tradiva tensione mentre facevano l'imbarazzante tragitto di trentacinque minuti che li avrebbe portati a Ybor City.

Stava guardando fuori dal finestrino del lato passeggero quando Rocky annunciò. «Siamo arrivati. Da' un'occhiata in giro.» Si fermò lungo il marciapiede davanti a un edificio in mattoni rossi con un balcone in ferro battuto. «Ci rivediamo qui tra un'ora.»

«Ok, grazie.» Darcy scese dal furgone e lo guardò allontanarsi giù per la strada. Alle sue spalle sentì un rumore, si voltò, e vide un'auto gialla bordata di rosso diretta verso di lei. Percorse la strada fino a un piccolo parco e si sedette su una panchina. Sorrise divertita quando passò un gallo in cerca di cibo. Con le sue strade strette, alcune delle quali ancora fatte di edifici in mattoni rossi, e gli affascinanti balconi, Ybor

City era diversa da qualsiasi cosa avesse mai visto. Si addentrò nel quartiere commerciale, attirata dall'odore della torrefazione del caffè. La strada era fiancheggiata da ristoranti e da negozietti che offrivano sigari e articoli da regalo di tipo turistico. Prese un paio di opuscoli che raccontavano la storia della città e decise di trovare un posto dove leggerli. In un piccolo bar all'aperto ordinò un caffè e sfogliò gli opuscoli. Ora che era un membro della stampa, per così dire, voleva imparare tutto quello che poteva sul posto.

Ybor City, lesse, era stata fondata nel 1886 da Vicente Martinez-Ybor quando aveva trasferito la sua fabbrica di sigari da Key West a Tampa. Per oltre un secolo, Ybor City fu conosciuta come il quartiere latino di Tampa.

Darcy bevve un sorso del caffè forte e caldo e lesse di alcuni dei circoli sociali che si erano formati. Rocky gliene aveva parlato. Dopo aver letto dell'industria dei sigari e del modo in cui Ybor City aveva prosperato, era andata in rovina e poi era rinata diventando quello che alcuni chiamavano il "Greenwich Village di Tampa", rimase affascinata dai vari gruppi etnici che avevano sempre fatto parte della città.

Posò la tazza di caffè pensierosa. Le sue sorelle la ritenevano impetuosa. Se voleva intervistare le persone per gli articoli, doveva imparare a parlare con loro, a farli parlare. Holly le aveva detto di cercare eroi ed eroine. Diede un'occhiata al numero di turisti che ridevano e parlavano mentre passeggiavano sul marciapiede. In fondo alla strada, un negoziante si attardava all'ingresso del suo negozio, agitando i sigari in mano per attirare l'attenzione dei passanti.

Darcy pagò il caffè e si alzò in piedi, chiedendosi da dove cominciare, quando una voce la chiamò. «Darcy! Qui!»

Alzò lo sguardo e trovò Rocky che la chiamava agitando la mano dal suo furgone. Si affrettò ad attraversare la strada per parlargli.

«Sali» le disse lui.

Lei girò intorno al camion e salì sul sedile del passeggero. «Dove andiamo?»

A Rocky sfuggì un profondo sospiro. «Dopo averne parlato con un paio di amici, ho deciso di farti vedere perché vengo così spesso a Ybor City.»

Rocky si allontanò dalla zona commerciale per raggiungere una strada tranquilla ai margini della città. Si accostò a una piccola casa in mattoni rossi che, sebbene di vecchia concezione, sembrava ben curata.

Rocky spense il motore. «Mi sono impegnato a tenere d'occhio la situazione qui. Entra pure.»

La curiosità era sempre stata una forza trainante per Darcy. Aprì la portiera del camion e scese.

Rocky aspettò che lei lo raggiungesse e salirono insieme sul marciapiede di fronte.

Lui suonò il campanello e fece un passo indietro.

Una donna bassa e dai capelli bianchi aprì la porta. «Di nuovo qui, Rocky?»

«Sì, voglio che la nipote di Gavin, Darcy Sullivan, conosca Duncan.»

«Oh!» La donna si portò una mano al petto. «Non abbiamo avuto il tempo di prepararlo per le visite. Ma entrate.»

«Darcy, voglio presentarti Elena Garcia, un angelo in incognito.»

Il sorriso della donna le illuminò il volto, anche se scosse la testa in segno di diniego. «Nessun angelo.»

Rocky aprì la porta a Darcy e lei entrò in un corridoio. L'odore familiare del suo spray detergente preferito le arrivò al naso. Sulla sinistra si trovava un piccolo soggiorno. La stanza sul lato opposto del corridoio era allestita con un letto d'ospedale.

Darcy lanciò a Rocky un'occhiata nervosa.

«Questa qui» disse lui, indicando la stanza a destra.

Lei entrò nella stanza e trattenne il fiato. Seduta su una sedia, di fronte a lei c'era una persona diversa da tutte quelle che aveva mai visto.

Rocky si avvicinò alle sue spalle e le mise un braccio sul gomito per sostenerla. «Questo è il figlio di Gavin, Duncan» disse a bassa voce, con una tenerezza insolita.

Il giovane che aveva di fronte non aveva braccia e la guardava con aria assente. Dalla bocca aperta gli colava della saliva. Una leggera coperta lo avvolgeva, ma Darcy notò che al posto delle gambe normali spuntavano delle corte appendici.

«Mio Dio!» sussurrò, poi si coprì la bocca. Quando Duncan sembrò non notare il grido sommesso che le era sfuggito, buttò fuori il fiato che aveva trattenuto.

«Ha trent'anni ed è un vero miracolo medico per essere vissuto così a lungo. Gavin ha sempre insistito affinché Duncan fosse mantenuto a suo agio in un ambiente simile a quello domestico finché vivrà. Per questo ha comprato questa casa e ha assunto brave persone che si prendessero cura di lui. Promisi a Gavin di fargli visita regolarmente.»

Mentre parlavano, lo sguardo di Duncan sembrò concentrarsi su di lei prima di scivolare via. Il corpo di Darcy reagì con un tremito involontario.

Facendo un respiro profondo, Darcy si fece avanti. Inginocchiandosi sul pavimento di fronte a lui, disse: «Ciao, Duncan. Sono tua cugina, Darcy.»

Anche se lo sguardo bruno di Duncan si posò momentaneamente su di lei, non mostrò nessun'altra reazione.

Lei si alzò nonostante le tremassero le gambe e si mise di fronte a Rocky, senza riuscire a trattenere le lacrime. «È sempre stato così?»

Rocky annuì. «Anche se sua madre lo abbandonò, Gavin

non lo ha mai fatto.»

Elena li raggiunse. «Perché non venite a sedervi in salotto?»

Darcy annuì intontita.

Rocky le prese di nuovo il gomito e Darcy gli permise di condurla via. Non sentiva quasi le gambe. Lo shock di aver incontrato Duncan e di aver capito che faceva parte della famiglia che non aveva mai saputo di lui continuava a farle tremare lo stomaco. Trovò posto su una sedia e fece un paio di respiri affannosi.

«Torno subito» disse Elena mentre Rocky prendeva posto sul piccolo divano.

Elena tornò portando un vassoio di bevande, che posò sul tavolino di fronte al divano. «Ho pensato che avresti voluto bere qualcosa. La mia limonata piace a tutti.»

Darcy accettò con gratitudine un bicchiere di bevanda ghiacciata da Elena e aspettò che tutti avessero un bicchiere in mano prima di berne un sorso.

Il liquido era fresco e le diede una sensazione piacevole quando le scivolò in gola. Non si era resa conto di quanto fosse diventata secca. Guardando attraverso il corridoio verso la stanza che ospitava Duncan, si sentì riempire gli occhi di lacrime. La vita era così maledettamente ingiusta! La testa che sosteneva quel suo viso inespressivo era sormontata da capelli ramati del colore di Sheena. Cosa avrebbe potuto fare della sua vita un figlio di Gavin se gli fosse stata data una possibilità normale?

Darcy studiò Elena. Sebbene il suo viso fosse segnato dall'età e dalle preoccupazioni, occhi scuri e brillanti la studiavano con un'espressione comprensiva. Si chiese che tipo di donna vivesse con un uomo come Duncan, vigilandolo.

«Da quanto tempo Duncan sta con te?» Le chiese Darcy.

«Da circa ventidue anni» rispose la donna. «Mia madre si

è occupata di lui prima di me.» Sospirò. «Il mio fidanzato è morto in Vietnam e io non mi sono mai sposata. Gavin si è assicurato che mia madre avesse i mezzi per sostenersi e poi si è assicurato che io avessi un modo per mantenermi.»

«Hai qualcuno che ti aiuta?» chiese Darcy. Non riusciva a immaginare Elena che sollevava Duncan.

Lei sorrise. «Mio nipote, Rafe. Di giorno lavora al General Hospital, ma la sera mi aiuta. A volte viene anche mia sorella. Si può dire che Duncan faccia parte della nostra famiglia.»

Darcy scambiò un'occhiata con Rocky e poi si rivolse a Elena. «Rocky aveva ragione. Sei un angelo.» Ancora una volta le lacrime le punsero gli occhi, ma lei le scacciò sbattendo le palpebre.

Rocky si alzò. «È meglio che andiamo. Ci vediamo la settimana prossima, Elena. Devo portare qualcosa di più del solito?»

Elena si alzò in piedi. «No, dolce ragazzo, ma grazie per averlo chiesto.»

All'espressione "dolce ragazzo", Darcy sbatté le palpebre per la sorpresa. Non aveva mai considerato Rocky "dolce". Ora lo guardava con occhi diversi.

«Grazie, Elena» disse Darcy, poi si chinò impulsivamente e le baciò la guancia rugosa e abbronzata.

Nel corridoio, Darcy si fermò e guardò ancora una volta Duncan. «Ciao, Duncan» lo chiamò come se lui potesse reagire. Tuttavia, era un membro della sua famiglia e decise che sarebbe stato trattato come tale.

Dopo essersi sistemati nel furgone ed essersi rimessi in viaggio per tornare all'hotel, Rocky si voltò verso di lei. «Sono contento che tu lo sappia. Non ero sicuro di come avresti reagito, ma sei andata benissimo.» Le sue labbra si incurvarono per un attimo e poi tornarono alla loro solita posizione cupa.

Darcy ebbe la sensazione che con il suo sorriso le avesse fatto un regalo meraviglioso. Guardò fuori dal finestrino, osservando il paesaggio scorrere, chiedendosi cosa avrebbero pensato le sue sorelle di Duncan. Anche se Gavin non era stato il benvenuto nella casa di suo padre, lei era orgogliosa di essere una sua parente.

CAPITOLO 26

SHEENA

Sheena diede gli ultimi ritocchi alle lasagne che Tony amava tanto. Ne aveva preparate due grandi teglie. I ragazzi si erano abituati a lavorare all'aperto la mattina e a fare occasionali progetti speciali nel pomeriggio. All'ora di cena erano entrambi affamati. Quella sera le sue due sorelle e i genitori di Tony si sarebbero uniti a loro intorno al tavolo con le sedie pieghevoli che avevano noleggiato per mettere insieme una sala da pranzo improvvisata nella suite. Non vedeva l'ora che lei e Tony potessero avere una vera casa tutta loro.

Aveva appena pulito le verdure per un'insalata quando Meaghan e i ragazzi tornarono dalla piscina. «Abbiamo ospiti per cena, quindi vestitevi per l'occasione.»

I ragazzi si diressero in camera da letto spintonandosi e spingendosi l'un l'altro.

«Io vado qui di fianco» disse Meaghan. «Mi cambio lì.»

Quando Rosa e Paul arrivano con Tony, Sheena si precipitò ad accoglierli.

«Mi fa piacere che siate venuti» disse Sheena. «Vi siete finalmente sistemati a casa vostra?»

Rosa annuì. «Oggi abbiamo svuotato l'ultima scatola.»

«Non traslocherò mai più» si lamentò Paul. «Dovrete portarmi via da lì in una scatola di legno.»

Rosa si sedette su una sedia. «Chi l'avrebbe mai detto che sarebbe stato così difficile? Paul ha ragione. Mai più.»

Regan, Darcy e Meaghan arrivarono qualche minuto dopo.

«Fantastico» disse Sheena. «Ci siamo tutti.»

«Ho invitato Mo. Spero non ti dispiaccia» disse Regan. «Dopo, lavoreremo su alcune idee per un altro suo cliente.»

«Non è un problema. Abbiamo cibo in abbondanza. Magari puoi occuparti di preparare il pane all'aglio.»

«Certo» rispose Regan. «È facile.»

Sheena si rivolse a Darcy. «Sei terribilmente silenziosa. Va tutto bene?»

«Sì, ma dopo che ci saremo seduti tutti, c'è qualcosa che vi devo dire. Hai del vino?»

Sheena alzò una bottiglia di pinot nero. «Ho comprato un paio di bottiglie di un vino molto buono per festeggiare.»

«Dammi, lo verso io» disse Tony.

Sheena gli porse alcuni bicchieri di plastica per il vino. «Le nostre stoviglie sono ancora imballate. Questo è ciò che abbiamo per ora.»

«Per me va bene» disse Tony. Versò un bicchiere per ciascun adulto e li distribuì.

Si accomodarono tutti sulle sedie pieghevoli. Per Sheena, l'ambiente e il gruppo non potevano essere migliori. Meaghan e i ragazzi stavano giocando con i loro cellulari e gli adulti chiacchieravano tranquillamente tra loro.

«Dove sei andata oggi?» Regan chiese a Darcy. «Ti ho vista salire sul camion con Rocky.»

«È di questo che volevo parlarvi» disse Darcy, posando il bicchiere di vino. «Rocky sapeva che volevo vedere Ybor City, così si è offerto di portarmici. E poi mi ha mostrato il motivo per cui ci va spesso. È per il figlio di Gavin, Duncan.»

«Aveva un figlio?» Un pensiero solleticò la mente di Sheena. Se lei era figlia di Gavin, Duncan sarebbe stato suo fratello.

«Dov'è? Che aspetto ha?» chiese Regan.

«Perché non lo abbiamo mai incontrato?» chiese Sheena.

Darcy fece un profondo respiro. «Perché non è in grado di

badare a sé stesso o di interagire con le persone.»

Sheena fu sorpresa dalle lacrime che spuntarono agli occhi di Darcy. «È sopravvissuto più a lungo di quanto i medici si aspettassero. È gravemente disabile dal punto di vista mentale e gli mancano braccia e gambe normali.» Le lacrime le rigarono le guance. «Non ho mai visto niente di simile.»

In quel momento arrivarono Michael e Meaghan.

«È come Clyde?» chiese Meaghan.

«No» disse Darcy. «Duncan è malformato e non è nemmeno in grado di rispondere.»

Sheena sentì freddo, tanto freddo. «Dove vive? Possiamo vederlo?»

«Dopo la nascita, la madre di Duncan se ne andò. Gavin comprò una casa a Ybor City e chiese a una famiglia di occuparsi di lui. Ora la sua badante è Elena Garcia. Ha assunto l'incarico quando sua madre non ha più potuto farlo. È diventato un affare di famiglia, con il nipote che la aiuta. Gavin si è assicurato che tutti avessero quanto gli serviva e Rocky ha promesso a Gavin di fargli visita regolarmente.» Darcy smise di parlare e sollevò il bicchiere di vino alle labbra con la mano tremante.

«C'è qualcosa che possiamo fare per dare una mano?» chiese Sheena.

Darcy sollevò le spalle e le lasciò cadere. «Puoi parlare con Rocky, ma non so cosa potrebbe essere.»

«Mi piacerebbe vederlo» disse Regan. «Dopo tutto, fa parte della nostra famiglia.»

Un colpo alla porta interruppe la conversazione.

Regan saltò in piedi. «Dev'essere Mo. Ci penso io.»

Sheena si rivolse a Tony mentre erano in piedi. «Non ti hanno ancora presentato Mo. Lui e Regan stanno lavorando insieme ad alcuni progetti di arredamento. Hanno fatto la casa dei tuoi genitori.»

Regan si avvicinò con Mo al seguito. «Tony, questo è Mo. È il miglior designer d'interni di sempre e un mio caro amico.»

Tony tese la mano e, con un gesto del braccio, indicò la suite. «Credo che questo si possa definire il "prima" di ogni progetto.»

Mo rise stringendo la mano di Tony. «Regan mi ha raccontato tutto. Quando sarà il momento di rifare le suite, spero di potervi aiutare.» Si rivolse a Regan con un sorriso. «Ma Regan potrebbe non avere bisogno di me.»

Sheena sorrise per il cameratismo che si era instaurato tra i due. Quella sera, la camicia viola di Mo si intonava alla stampa floreale del nuovo prendisole di Regan.

«Vieni a sederti e a bere un po' di vino con noi» disse Sheena. «La cena sarà pronta tra poco.»

Rosa indicò la sedia vuota accanto a lei. «Siediti vicino a me, Mosè. Voglio farti alcune domande sui mobili da giardino che voglio ordinare.»

Lui sorrise bonariamente e si accomodò sulla sedia accanto a lei.

«È meglio che controlli come va in cucina» disse Sheena.

«Ti aiuto io» disse Darcy, alzandosi in piedi.

«Anch'io» disse Regan, affrettandosi a raggiungerle.

In cucina, Regan chiese: «Che ne pensate del fatto che Gavin abbia un figlio così? Mi chiedo perché nessuno ne abbia mai parlato.»

«Immagino che non sia una cosa che si condivide facilmente» disse Sheena, rendendosi conto di quanto dovesse essere difficile la situazione per Gavin. Si chiese se avesse condiviso quella notizia con sua madre e non poté fare a meno di chiedersi ancora una volta quale fosse stato esattamente il loro rapporto.

«È difficile credere che Rocky andasse a Ybor City per vedere come stava» disse Regan.

«Un tempo avevo paura di lui, ma ora non più» disse Darcy. «Non dopo averlo visto lì in casa con Duncan.»

«Ci assomiglia?» Regan chiese a Darcy.

«Da quello che ho potuto vedere, ha i capelli di Sheena. Tutto qui.»

Sheena mise da parte quell'informazione per pensarci più tardi, quando sarebbe stata sola.

CAPITOLO 27
REGAN

«Be', che ne pensi?» Regan chiese a Mo. «È facile andarci d'accordo come con la tua famiglia?»

Mo rise. «È più facile. Almeno nessuno mi ha chiesto se ho qualche fidanzata come fa mia nonna.» Si fece serio. «Sto pensando di chiedere a Juan di sposarmi. Stiamo insieme da due anni e lo amo davvero.»

«È quello che vuole?»

Mo scrollò le spalle. «Non ne sono certo.»

Regan non poté evitare di aggrottare la fronte. «Perché non aspetti di essere più sicuro che la pensi come te, in termini di impegno? Penso che dovresti essere certo dei suoi sentimenti prima di chiederglielo.»

Mo rimase in silenzio per un momento. «Sì, credo che tu abbia ragione. Mi piace l'idea di mettere su casa con lui. Immagino che dopo aver sistemato le case degli altri, ne voglia una tutta mia. Sei pronta a lavorare a un altro progetto?»

Regan sorrise. «Sì. Mi piace lavorare con te.»

«Anche a me, tesoro!»

Molto tempo dopo essersi messa a letto, Regan rimase a fissare il soffitto, pensando a com'erano complicate le relazioni. Sperava che Juan non spezzasse il cuore di Mo. Mo era un'anima così gentile e aperta e Juan non sembrava molto serio. I suoi pensieri si posarono su Chip. Le era piaciuto molto stare con lui. Il bacio che si erano scambiati era stato così dolce, così bello. Darcy a volte faceva sembrare "gentile" poco attraente, ma a Regan piaceva la sensazione di calma e di conforto che provava con Chip. Meglio ancora, lui la trattava con rispetto. Se l'avesse chiamata di nuovo, ci sarebbe sicuramente uscita insieme.

Si girò e, abbracciando il cuscino, pensò alla sorprendente notizia di un cugino di cui non avevano mai sentito parlare. Lo zio Gavin era stato un uomo misterioso. Anche adesso stavano scoprendo sempre più cose su di lui. Alla fine dell'anno, se avessero raccolto la sua sfida, cos'altro avrebbero scoperto dello zio?

CAPITOLO 28
DARCY

Darcy si girava e rigirava, cercando di mettersi comoda nel letto. Ma le immagini di Duncan continuavano a balenarle nella mente. Era ovvio che era stato ben accudito, ma era una vita che nessuno avrebbe desiderato per un altro. La dedizione di Rocky nei suoi confronti, così come quella di Elena e della sua famiglia, era stata una sorpresa. Riusciva ancora a vedere la gentilezza negli occhi di Rocky quando aveva parlato con Elena e sentire la tenerezza nella sua voce quando le aveva raccontato della lealtà di Gavin verso il figlio che non sarebbe mai stato in grado di parlare, giocare o fare altro.

Darcy non era sicura di quando si fosse addormentata, ma quando si svegliò, era carica di una nuova determinazione a vedere le persone in modo diverso. Dopo aver conosciuto Duncan, ed essersi resa conto di come alcune persone fossero costrette a vivere, capì quanto fosse fortunata. E anche se alcune persone del suo passato non la ritenevano all'altezza, avrebbe messo da parte il dolore e affrontato la vita con gratitudine per coloro che la amavano.

Dopo essersi vestita e aver fatto una rapida colazione, si diresse in ufficio, si sedette al computer e iniziò a scrivere.

Era quasi ora di pranzo quando finì di modificare il testo che aveva scritto. Lo inviò a Nick. Non sapeva se gli sarebbe piaciuto o meno, ma in ogni caso le sue parole erano venute dal cuore.

Emotivamente esausta, Darcy uscì dall'ufficio, attraversò la strada e si incamminò verso la spiaggia. L'aria fresca del mare, il sole e il grido degli uccelli contribuirono a cancellare la tensione delle spalle e ad alleviare il dolore che aveva dentro. Si tolse i sandali, godendosi il calore dei piedi e la sensazione dei granelli di sabbia sulla pelle. Le grida dei gabbiani attirarono la sua attenzione. Guardandoli spiegare le ali, le venne il capriccioso desiderio di poter volare anche lei.

Si diresse verso la spiaggia, restando vicino al bordo dell'acqua dove la sabbia era compattata. La sua camminata si trasformò in una corsa e ben presto i capelli le volarono dietro, una massa di riccioli rossi e spumeggianti. Ma anche se i suoi piedi martellavano la sabbia a ritmo regolare, non riusciva a sfuggire al ricordo di suo cugino e delle limitazioni che aveva.

Si fermò e riprese fiato. Poi si voltò e tornò verso l'hotel, camminando lentamente, scalciando il bordo spumoso dell'acqua, lasciando che le bagnasse le dita dei piedi.

All'hotel, andò a pranzo da Gracie.

Meaghan la vide e la salutò.

Darcy ricambiò il saluto e prese posto al tavolo d'angolo che era più o meno riservato alla famiglia.

Qualche minuto dopo entrò Regan.

Vedendola, Regan si affrettò a sedersi di fronte a lei. «L'arredamento del patio al primo piano dell'Edificio Airone è pronto. È favoloso. Hai controllato se ci sono prenotazioni per oggi?»

Darcy scosse la testa. «Lo farò oggi pomeriggio. Credo che dovremmo andare avanti e lavorare ad alcuni annunci da mettere sui giornali locali. Preparerò qualcosa e ne parleremo più tardi.»

Lynn si avvicinò al tavolo con l'ordinazione di Darcy e si rivolse a Regan. «Sai cosa vuoi?»

«Sì, grazie. Invece della mia solita insalata, vorrei un panino alla cernia e un bicchiere di tè freddo.»

Dopo che Lynn se ne fu andata, Regan disse: «Non riesco a smettere di pensare a Duncan. Chiederò a Rocky di portarmi a Ybor City la prossima volta che ci va.»

«Ora che sappiamo di lui, sono sicura che Rocky capirà e sarà lieto di portarti.»

«È buffo, pensavamo che facesse paura, ma è solo un tipo tranquillo» ha detto Regan.

«Sì, ora lo so.»

Arrivò il panino di Regan e, mentre lei iniziava a mangiare, rimasero sedute in silenzio, ognuna persa nei suoi pensieri.

Darcy finì il suo panino all'insalata di uova e si alzò. «Detesto mangiare e scappare, ma devo tornare in ufficio.»

«Ci vediamo dopo» disse Regan. «Forse possiamo parlare della pubblicità nel pomeriggio.»

Darcy salutò e si precipitò in ufficio, ansiosa di vedere quale fosse stata l'eventuale risposta di Nick all'articolo che aveva scritto.

Controllò il computer. C'era un'email di Nick. Diceva semplicemente: «Chiamami.»

Con le dita ormai fredde, Darcy digitò il suo numero.

«Sì?» rispose Nick.

«Sono Darcy. Volevi che ti chiamassi?»

«Sì. Voglio che tu legga ad alta voce l'inizio del tuo articolo.»

«Perché?»

«Fallo e basta, Darcy.»

Darcy deglutì a fatica e iniziò a leggere.

«Angeli senza ali. Di solito gli angeli sono descritti con le ali, ma io sono convinta che, come qualcuno mi ha detto una volta, siamo circondati da eroi ed eroine che possono essere considerati dei veri angeli. Non sono persone che si potrebbero riconoscere o, forse, nemmeno notare in mezzo alla folla. Non hanno ali, non hanno aureole. Come faccio a

saperlo? Perché ne ho incontrato uno ieri.

«Questo angelo è una donna anziana il cui lavoro consiste nel prendersi cura di qualcuno che non può mai dirle grazie, abbracciarla o anche solo sorriderle. Eppure lo tratta con gentilezza e rispetto. Io ho pianto quando l'ho incontrato e ho visto la situazione, ma lei rimane forte.

«Gli angeli sono intorno a noi, qui in Florida e altrove.

«Come faccio a saperlo?

«Perché ne ho incontrato uno.»

«Devo fermarmi?» chiese Darcy.

Fu accolta dal silenzio, e poi Nick disse con voce tremolante: «Sapevo che avevi la stoffa per scrivere una cosa del genere. Oggi ti affido la mia rubrica. Lasciamo perdere le recensioni dei ristoranti. È questo che devi fare.»

Darcy sprofondò sulla sedia, stupita dalla sua reazione. «Ti è piaciuto?»

«Molto» rispose semplicemente Nick. «Continua a seguire questo tema, Darcy. Serve a ricordarci tutti di vivere una vita migliore, di essere grati. Ottimo lavoro, Dee.»

Riattaccò prima che lei potesse dirgli che aveva paura di non poter più scrivere nulla di simile.

Dopo essersi ripresa dalla sorprendente telefonata con Nick, Darcy si mise al lavoro per scrivere gli annunci per il giornale. Quando Sheena raggiunse lei e Regan nella loro suite, li condivise con le sorelle.

«Mi sembrano davvero ottimi» disse Sheena. «Quanto costeranno e quanto dureranno?»

«Andranno avanti per cinque domeniche» disse Darcy, porgendo a Sheena un foglio di carta. «Faremo annunci una tantum in un paio di giornali settimanali più piccoli.» Fece un respiro profondo, sperando che le sorelle capissero. «Ho altre idee da discutere con voi.»

Di fronte ai loro sguardi interrogativi, Darcy iniziò a illustrare la sua idea di dedicare più di due camere ai disabili e di offrire uno sconto permanente ai veterani feriti. «Vorrei che riconoscessimo le necessità di quanti devono affrontare problemi fisici.»

Regan le rivolse uno sguardo fermo. «Ha qualcosa a che fare con l'incontro con Duncan?»

Darcy annuì. «Assolutamente. È nostro dovere nei confronti di Gavin fare una cosa del genere.»

«Che bel pensiero» disse Sheena. «Sono davvero colpita da te per averci pensato. È un'idea fantastica.»

«Bene. Perché ho preparato un annuncio speciale per il sito web. Voglio che ci diate un occhio.»

Darcy aprì il computer e andò sulla loro pagina web. Un annuncio, che mostrava la bandiera americana, era semplice ma efficace:

«Ringraziamo i nostri militari feriti offrendo loro e alle loro famiglie speciali opportunità di soggiorno presso di noi. Contattateci per prendere accordi.»

«Mi piace» disse Regan. «Semplice e diretto.»

«Anche a me» disse Sheena. «Forse possiamo sfruttare il nostro dono dell'hotel meglio di quanto pensassimo.»

«E quando la casa sarà ricostruita, potremo aggiungere alloggi speciali per portatori di handicap. Di sicuro io non voglio viverci» disse Darcy.

«Nemmeno io e Tony» aggiunse Sheena.

Regan scosse la testa. «Non riesco a immaginare di vivere nella proprietà con ospiti che ti perseguitano in continuazione. Ma se non vogliamo viverci noi, forse potremmo affittarla per un sacco di soldi.»

«O trasformarla in un ristorante» disse Sheena. «Ricordate, Gavin ne aveva parlato. In quella particolare posizione, potrebbe essere proprio il posto piccolo ed esclusivo che desiderava.»

Il volto di Regan si illuminò per l'eccitazione. «Posso mostrare i progetti a Mo? Ha una laurea in design d'interni. Forse può darci qualche suggerimento per trasformarlo in un piccolo ristorante.»

«Ok, non è troppo tardi per apportare modifiche. Non hanno ancora fatto il massetto» disse Sheena. «Adesso chiamo Blackie. Forse può convincere Archibald Wilson e il suo studio legale di Boston che abbiamo il diritto di cambiare i progetti della casa.»

Darcy sorrise alle sorelle. Qualche mese prima non sarebbe mai successo. Ma ora stavano diventando unite come una vera squadra.

In quel momento entrò Michael. «Mamma? Quando si cena? Io e Randy dobbiamo mangiare prima di andare agli allenamenti di baseball.»

Sheena sospirò e si alzò. «È meglio che vada.»

Darcy si alzò in piedi e impulsivamente gettò le braccia intorno a Sheena. «Sei una brava mamma, Sheena.»

Il volto di Sheena si illuminò. «Grazie. Congratulazioni per il tuo lavoro al giornale. Non vedo l'ora di leggere la tua prima rubrica.»

A Darcy tremò lo stomaco. Il pensiero di dover scrivere un articolo ogni settimana la spaventava a morte.

CAPITOLO 29
SHEENA

«Ci vediamo dopo, ragazzi!» disse Sheena, salutando Michael e Randy che andavano ad allenamento. «Buona fortuna!»

Osservò i due dirigersi verso l'Explorer con un sorriso sul volto. Michael stava ridendo per qualcosa che aveva detto Randy. Dopo la discussione che avevano avuto, Randy era diventato parte della famiglia, si rifaceva il letto al mattino, aiutava coi lavori all'hotel e la trattava con il rispetto che meritava.

Sheena avvolse il braccio intorno a Meaghan, che era in piedi accanto a lei. «Andiamo a fare una passeggiata sulla spiaggia prima di preparare la cena per te e papà?»

Meaghan annuì. «Va bene.»

Si avviarono verso l'uscita.

Mentre attraversavano la proprietà dell'hotel, Sheena studiò sua figlia. Lontano dai suoi crudeli amici di Boston, si era riaffermato il tipico temperamento dolce di Meaghan. Stava crescendo in fretta, stava perdendo i tratti infantili e stava diventando una bella ragazza. Sarebbe arrivato il giorno in cui anche lei, come Michael, sarebbe andata all'università.

Attraversarono la strada e si incamminarono lungo la passerella che portava in spiaggia. Si tolsero i sandali e si diressero verso l'acqua. Come sempre, Sheena provò un senso di pace alla vista delle onde azzurre che si muovevano in uno schema regolare, scorrendo una dopo l'altra verso la riva e tornando indietro.

«Mamma?»

Si voltò verso Meaghan. «Sì?»

«Come farò a farmi nuovi amici se lavoro in albergo?»

A Sheena si strinse il cuore. «Tesoro, mi dispiace. So quanto sia importante avere degli amici. Chiamiamo la scuola per vedere se ci sono nuovi programmi estivi, quelli che ti interessano di più.»

Mentre passeggiavano sulla spiaggia allo stesso passo, Sheena si rese conto che Meaghan era alta quasi quanto lei. Non poté fare a meno di pensare al giorno in cui Meaghan si sarebbe sposata. Era così persa nei suoi pensieri che le ci volle un attimo per rendersi conto che Meaghan si era fermata davanti a un gruppo di ragazzi, seduti sui loro teli da mare ad ascoltare musica.

«Sei nuova da queste parti?» Sheena sentì una ragazza chiedere a Meaghan.

«Sì, andrò al primo anno al liceo. Voi vivete qua?»

Sheena fu sorpresa e allo stesso tempo compiaciuta dal comportamento estroverso di Meaghan. Le fece un piccolo saluto e proseguì, voltandosi solo una volta per assicurarsi che la conversazione stesse andando bene.

Lavorare al ristorante aveva aiutato Meaghan ad avere fiducia in sé stessa. Incrociò mentalmente le dita che Meaghan avesse trovato nuovi amici.

La solitudine le diede il tempo di pensare alle sue sorelle e a come erano cambiate da quando erano arrivate in Florida. I suoi pensieri volarono a Tony. Anche lui era cambiato, felice della sua nuova situazione. Aveva iniziato a lavorare con Brian e si era trovato sorprendentemente occupato. Era un ottimo modo per lavorare per ottenere la certificazione statale, e il reddito costante sarebbe stato piacevole. In tempi difficili, avere una piccola impresa non era poi così bello.

«Mamma, aspettami!»

Sheena si fermò e si girò.

«Ce l'ho fatta!» Gli occhi di Meaghan brillavano per l'eccitazione quando raggiunse Sheena. «Ho parlato con un paio di ragazze della mia età. E indovina un po'? Mi vedrò con loro domani pomeriggio qui sulla spiaggia.»

«Fantastico» disse Sheena, abbracciandola. «Sono molto felice per te. Ora è meglio che torniamo in albergo. Papà avrà fame.»

Meaghan passò oltre lo spazio vuoto che prima avevano occupato i suoi nuovi amici e si incamminò sulla passerella che riportava alla strada e all'albergo.

Sheena era in uno stato d'animo felice quando entrò nella suite. La sua famiglia stava trovando una normale routine.

Quando il suo cellulare squillò, lo prese su e vide che era un numero sconosciuto. «Pronto?»

«Mio figlio è con te?» disse una voce arrabbiata.

«Chi parla?» chiese Sheena, accigliata.

«Sharon Jessup. Devo parlare subito con Randall. Non risponde alle mie chiamate. Ho bisogno che me lo passi subito al telefono.»

«Mi dispiace. Non è qui. È agli allenamenti di baseball.»

«Quando torna, digli di chiamarmi.» Riattaccò prima che Sheena potesse rispondere.

«Chi era?» chiese Meaghan con gli occhi spalancati. «La sentivo urlarti contro.»

«La madre di Randy. Non so di cosa si tratti, ma dovrebbe chiamarla.»

«Randy dice che non è altro che una parolaccia» disse Meaghan. «Ha un sacco di fidanzati.»

«Be', credo che sia meglio che ci parli. È arrabbiata per qualcosa.»

Tony entrò dalla porta. «Ehi, ciao! Cosa c'è per cena? Sto morendo di fame! Non crederai mai a tutto il lavoro che ho fatto oggi.» Diede un bacio a Sheena e fece l'occhiolino a

Meaghan. «Come stanno le mie ragazze?»

Meaghan sorrise. «Oggi mi sono fatta degli amici.»

«Buon per te.»

«Tony, mentre preparo la cena, dobbiamo parlare» disse Sheena. «Si tratta della madre di Randy.»

«Che noia» disse Meaghan. «Vado a cercare Regan e vedo se vuole fare una nuotata.»

«Va bene» disse Sheena. «Ti farò sapere quando sarà pronta la cena.»

Tony prese una birra dal frigorifero. «Ne vuoi una?»

Sheena scosse la testa. «Preferisco un bicchiere di vino.» Si versò un bicchiere dalla bottiglia della sera precedente.

«Faceva un caldo porco là fuori» disse Tony, dopo aver bevuto un sorso della sua birra fredda e aver fatto un sospiro soddisfatto. «Che problema c'è con la madre di Randy?»

«Non ne sono sicura. Sembrava ubriaca quando ha chiamato chiedendo a Randy di mettersi in contatto con lei. Credimi, capisco quanto possa essere frustrante quando un figlio non risponde al telefono, ma c'era qualcosa di strano. Non so molto di lei, ma i ragazzi non ne parlano bene.»

«A me sembrava a posto quando le ho parlato» disse Tony.

«E suo padre?»

«Quando gli ho parlato della situazione, mi è sembrato un tipo simpatico. Forse un po' rigido, ma amichevole.»

«È evidente che non sono molto uniti. Quando Randy parlava di passare un'estate tranquilla a Nantucket con suo padre, non sembrava contento.»

Tony scrollò le spalle. «Be', seguiremo la procedura e chiederemo a Randy di chiamare sua madre.» Si avvicinò a Sheena. «Nel frattempo, che ne dici di un bacio per il tuo maritino?»

Sheena rise e lo spinse scherzosamente. Ma quando Tony la abbracciò e la tirò a sé, lei si rannicchiò contro di lui ed emise un sospiro felice.

Quando i ragazzi tornarono nella suite accaldati e sudati, Sheena consegnò a ciascuno una bottiglia d'acqua. «Prendetevi un minuto prima di precipitarvi in piscina. Ho ricevuto una telefonata da tua madre, Randy. Ha bisogno che la chiami subito.»

Lui si lasciò sfuggire uno sbuffo di disgusto. «Cosa vuole?»

«Non lo so, ma è meglio che le telefoni. Sembrava sconvolta.»

Randy si avviò verso la camera da letto e sbatté la porta dietro di sé.

Sheena rivolse a Michael uno sguardo interrogativo. «Perché è così arrabbiato?»

Lui scrollò le spalle. «A Randy non piace molto sua madre in generale, ma dopo che si è messa con il suo ultimo ragazzo, non gli piace affatto. Bevono troppo e Randy pensa che il tipo voglia i pochi soldi che ha sua madre.»

Michael frugò nella credenza e tirò fuori una scatola di biscotti. L'aveva appena aperta quando Randy entrò in cucina.

«Stai bene?» chiese Sheena, osservando il rossore intorno agli occhi di Randy.

«Mia madre dice che devo andare a casa, che non posso restare qui. Mio padre minaccia di non pagare gli alimenti per il periodo in cui sarò via. È furiosa con lui e con me. Dice che le ho rovinato la vita. Ho chiamato mio padre e gli ho lasciato un messaggio per dirgli cosa sta succedendo. Ma a lui non interessa. Dai, Michael, cambiamoci e andiamo a fare una nuotata.»

Sheena e Michael si scambiarono uno sguardo preoccupato e poi Michael seguì Randy in camera da letto.

Più tardi, dopo che se ne furono andati, Sheena andò nella

stanza che condivideva con Tony. Lui si era addormentato sopra il letto, davanti alla televisione. Sheena lo studiò. Mesi di preoccupazioni per gli affari a Boston gli avevano fatto spuntare un paio di rughe sulla fronte, ma da addormentato il suo viso sembrava più sereno di quanto lei lo avesse visto da mesi.

Il cellulare di Tony, appoggiato sul comodino, emise un cinguettio. Lei vide il nome del chiamante e lo sollevò.

«Salve, signor Jessup. Come sta? Sono Sheena Morelli. Tony non può rispondere.»

«Mio figlio mi ha chiamato questa sera e mi ha lasciato un messaggio inquietante. Ha detto che sua madre vuole che torni a Boston per evitare che io smetta di pagare gli alimenti. È assurdo! Dice anche che vuole rimanere in Florida e continuare a lavorare per voi. Cos'è questa storia del lavoro? Pensavo che avrebbe trascorso un'estate divertente a giocare a baseball.»

«Sì, anche quello. Ma far parte della nostra famiglia significa lavorare insieme e divertirsi. Sono sicura che lo capisce.»

«Francamente no. So che suo marito fa l'idraulico. Non mi dica che state insegnando a mio figlio a fare l'idraulico.»

Sheena trattenne dentro di sé una replica rabbiosa e poi lasciò uscire un respiro tremolante. «Lavora all'hotel che possediamo io e le mie sorelle. E lavorare come idraulico è un lavoro rispettabile. C'è qualcos'altro che vuole dirci o ha finito?»

«Dica a mio figlio di chiamarmi. Tutto questo non sarebbe mai dovuto succedere.» Il signor Jessup chiuse la chiamata, lasciando Sheena con molte cose non dette. Furiosa, mise giù il telefono, uscì dalla camera da letto e andò fuori a calmarsi.

Seduta lì, osservò da lontano Michael e Randy che si divertivano in piscina. Guardandoli, si chiese che cosa avrebbe riservato il futuro al ragazzo che i genitori non volevano davvero.

CAPITOLO 30

DARCY

Darcy entrò nel piccolo ufficio del giornale con Nick, sentendosi come se stesse entrando in una terra straniera ed eccitante. Tre persone che lavoravano alle loro scrivanie avevano un aspetto così professionale e sicuro di sé che le tremarono le viscere per il terrore. Poteva anche considerarsi una giornalista, ma questo non avrebbe significato niente se i suoi colleghi non l'avessero accettata.

«Ehi, Nick! Come stai, amico!» disse un giovane occhialuto, correndo verso di loro. Una donna più anziana alzò lo sguardo dal suo computer e sorrise. «È bello vederti, Nick.»

Un uomo che parlava al telefono al terzo banco li salutò e continuò a parlare.

«Darcy, questo giovane qui con noi è Jeremy McCarthy. Si occupa dei nostri servizi sportivi. Jeremy, Darcy Sullivan, conosciuta dai lettori come Dee Summers, mi sostituisce nella mia rubrica settimanale.»

Occhi castani amichevoli dietro occhiali con montatura di corno la studiarono. Jeremy sorrise e le porse la mano. A Darcy, con la sua statura piccola e magra e i suoi capelli castani e radi, Jeremy sembrava il tipico ragazzo appassionato di libri che aveva lavorato al giornale del liceo e ne aveva fatto la sua carriera.

«Piacere di conoscerti» disse lei, stringendogli la mano. «Forse mi darai qualche consiglio su come rispettare scadenze costanti.»

«Scadenze?» disse l'altro uomo dell'ufficio, alzandosi dalla scrivania per raggiungerli. «Piccole cose fastidiose che crescono col tempo.»

Nick le presentò Bruce Gilman. Capelli neri ricadevano su una fronte ampia e si intonavano ai baffi ben curati. Uno stuzzicadenti gli usciva dalla bocca, anche mentre esclamava la sua disponibilità ad accettare il lavoro di Nick.

L'ultima persona che li raggiunse fu una donna che Darcy immaginò avere una quarantina d'anni. Con i suoi capelli biondo ossigenato, il rossetto vistoso e i molteplici braccialetti che le tintinnavano al braccio, Darcy si chiese quale fosse il suo ruolo al giornale.

Nick sorrise. «Sei in forma come sempre, Lainey. Voglio presentarti Darcy Sullivan, che si firma Dee Summers. Darcy, lei è Lainey Edwards, la nostra redattrice di eventi mondani.»

«Cosa sta succedendo qui?» ringhiò una voce dietro di loro.

Darcy si voltò e vide un uomo tarchiato e dai capelli grigi che veniva verso di loro.

«Ah, ecco il nostro illustre editore, Ed Richardson» disse Nick. «Ed, ti presento Darcy Sullivan.»

«Sei quella dell'angelo, eh? Nick mi ha detto che non vedi l'ora di imparare. Se gli altri articoli sono buoni come quello, andrai bene. Ma nessuno di noi è insostituibile. Giusto, gente?»

Gli altri intorno a lei annuirono.

«Ok, allora tornate al lavoro. Dobbiamo pubblicare un articolo stasera.»

Nick condusse Darcy a una scrivania nell'angolo. «Condividerai questa scrivania con chiunque ne abbia bisogno, perché farai il tuo lavoro da casa e ti limiterai a passarcelo. Ti va bene?»

«Sì, sarà il modo più semplice per rispettare le mie

scadenze» disse Darcy. «Ho ancora il mio lavoro all'hotel. Almeno fino a quando non potremo assumere un professionista per gestirlo.»

«Ok, se non ti dispiace, credo sia meglio che vada a casa.»

«Non è un problema» disse Darcy, notando quanto fosse diventato pallido il volto di Nick. Gli prese il braccio. «Ti accompagno subito a casa tua.»

Le rivolse un debole sorriso. «Sandy dovrebbe essere già a casa. Voglio che tu la conosca.»

«Sì, mi piacerebbe» disse Darcy. Si era chiesta come stesse la moglie di Nick, la donna che una volta gli aveva ricordato la sua dieta. Da quella telefonata al loro primo incontro, Sandy non aveva avuto più motivo di preoccuparsi del peso di Nick. Ne aveva perso così tanto.

Salirono sul furgone dell'hotel e Darcy si diresse verso un quartiere tranquillo con alte palme ombreggianti e fiori tropicali che coloravano il paesaggio intorno a case a un solo piano. Darcy entrò nel vialetto di una piccola casa beige.

«Siamo arrivati» disse piano Darcy, pungolandolo con delicatezza. Lui era appoggiato allo schienale del sedile del passeggero con gli occhi chiusi. «Nick?»

I suoi occhi si aprirono di scatto. «Oh, già qui? Mi dispiace di essermi addormentato, ma sono sempre così stanco, maledizione. Non è da me.»

Darcy scese dal furgone e si affrettò ad aiutare Nick ad alzarsi dal sedile. Pur volendo, si costrinse a non mostrare tristezza. Austin le aveva detto che mostrare le proprie emozioni turbava alcuni pazienti, e Nick sembrava il tipo di persona che non voleva che gli altri si preoccupassero per lui.

Mentre stavano risalendo il vialetto d'ingresso, la porta di casa si aprì e uscì ad accoglierli una donna dal viso piacevole. I suoi capelli castani erano striati di biondo. Darcy notò la sua figura esile e il suo passo agile e capì che era molto più giovane di Nick. Quando si avvicinò, il suo sguardo si posò su Darcy e si rivolse rapidamente a Nick.

«Stai bene, tesoro?» gli chiese, prendendolo per il braccio.

«Sì, è solo che sono maledettamente stanco» disse Nick. «Questa è Darcy Sullivan, quella di cui continuo a parlare.»

«Oh, sì. L'angelo scrittore. Salve, sono Sandy Howard. Sono molto felice di conoscerti. È meraviglioso che tu possa sostituire Nick al giornale. Significa molto per lui.»

«Credimi, è un onore per me poterlo fare» disse Darcy. «Sto imparando molto da lui. Continueremo a lavorarci insieme per un po'.»

«Puoi smetterla di parlare di me come se non fossi qui. Non sono ancora morto» brontolò Nick.

Darcy sussultò. «Non intendevo...»

«Va tutto bene» la rassicurò Sandy. «L'umorismo macabro è diventato una cosa normale da queste parti.» Le lacrime le riempirono gli occhi verdi, ma le scacciò rapidamente. «È una cosa di Nick. Non mia.»

Dopo aver accompagnato Nick dentro casa, Darcy disse: «È meglio che vada.»

Sandy scosse la testa. «Almeno rimani per un bicchiere di tè freddo o di limonata. Fa caldo e tu hai avuto da fare.»

«Va bene, grazie» disse Darcy. Era curiosa di sapere da Sandy come gestire al meglio il suo tempo con Nick. Al giornale non si era parlato della sua malattia. Era così che avrebbe dovuto fare?

«Vado in camera da letto a sdraiarmi» disse Nick. «Grazie di tutto, Darcy. Credo che tu sia piaciuta alla banda del giornale. Questo renderà le cose più facili per te, perché a volte i rapporti si fanno piuttosto tesi quando si avvicinano le scadenze.»

«Grazie per avermi portato in redazione e per avermi presentato, Nick. In settimana ti manderò per il mio prossimo articolo per email.»

Lui annuì e le fece un debole cenno di saluto prima di sparire in un corridoio.

«Vieni in cucina. Possiamo parlare lì» disse Sandy.

Le pareti gialle e i piani di lavoro in granito grigio accolsero Darcy quando seguì Sandy in cucina. C'era un bovindo che si affacciava su una veranda schermata e sulla piscina; accanto si trovava un tavolo con ripiani in vetro.

«Incantevole» disse Darcy.

Sandy annuì. «Abbiamo ristrutturato la cucina e i due bagni di recente. Sono soddisfatta di come sono venuti. Limonata?»

Darcy annuì e poi prese fiato, cercando le parole giuste. «Mi dispiace molto per Nick. Sembra un uomo meraviglioso. È stato sicuramente gentile con me.»

«Non è la prima volta che ha il cancro» disse Sandy. «Pensavamo che l'avesse sconfitto, ma ora è tornato con prepotenza.» Le lacrime le riempirono gli occhi ancora una volta. «Mi si spezza il cuore al pensiero che mi lasci. È il secondo matrimonio per entrambi e pensavo che avremmo trascorso molti anni insieme.»

«Come vi siete conosciuti?» chiese Darcy. A prima vista, sembravano così diversi.

«A una festa di Natale. Nick, ovviamente, interpretava Babbo Natale. Avevo portato mia nipote alla festa e quando chiese chi altro volesse parlare con Babbo Natale, alzai la mano.» Un sorriso attraversò il volto di Sandy. «Le cose che mi sussurrò... ancora mi emoziono ogni volta che ci penso. Ci siamo sposati tre mesi dopo.»

«Da quanto tempo siete sposati?» chiese Darcy, mettendo da parte questa informazione per usarla in futuro.

«Sei anni.» Aveva gli occhi pieni di lacrime. «Non passeremo nemmeno abbastanza tempo insieme per avere quella famosa crisi del settimo anno su cui tutti fanno battute.»

«Cosa posso fare per aiutare te e Nick?» disse Darcy, parlando con un nodo di compassione in gola.

«Continua a fare quello che stai facendo. Scrivere e coinvolgere Nick in ogni fase. Gli fa molto piacere che tu sia entusiasta di farlo. A modo tuo sei un angelo, Darcy.»

Darcy scosse la testa con decisione. Sapeva benissimo di non essere un angelo.

Darcy tornò all'hotel con una nuova determinazione di fare un buon lavoro per il giornale. Lo doveva a Nick, lo doveva a sé stessa. E, a dire il vero, aveva un po' paura di Ed Richardson. Lui aveva messo in chiaro che non avrebbe accettato una brutta rubrica da lei.

Mentre svoltava nel parcheggio, vide un'auto sconosciuta accostarsi all'edificio delle suite. Incuriosita, scese dal furgone e si voltò sorpresa quando Meaghan le corse incontro.

«Che succede?» chiese Darcy.

«Il padre di Randy è qui e sta urlando contro mamma e papà.» Meaghan le afferrò il braccio. «Dai, vai a parlargli.»

«Dov'è Regan?»

«È uscita con Mo per scegliere altri tavoli per la piscina. Sbrigati.»

Allarmata dall'accenno di lacrime negli occhi di Meaghan, Darcy la seguì nella suite di Sheena.

Meaghan si precipitò all'interno, lasciando Darcy in imbarazzo sulla soglia mentre Sheena, Tony e un uomo alto e distinto si giravano verso di lei.

«Ciao a tutti» disse Darcy. «Meaghan mi ha chiesto di venire a salutarvi, ma posso andarmene se si tratta di una questione privata.»

Sheena le fece cenno di entrare. «Visto che fai parte della famiglia, tanto vale che senti cosa sta succedendo. Il padre di Randy, R.J. Jessup, è qui per riportare Randy a casa. Dice che non aveva idea che suo figlio lavorasse per noi e in un posto come questo.»

Darcy sentì un'ondata di rabbia montarle dentro, pronta a esplodere in un lampo di parole. Ma essendosi ripromessa di permettere alle persone di dire la loro, disse solo: «Davvero?» Ma il suo tono fece arrossire le guance di RJ.

«Randy mi ha detto che era qui per giocare a baseball, non per lavorare» replicò il padre di Randy.

«Aspetta un attimo» disse Tony controllando a stento la voce. «Quando ti ho parlato, ti ho spiegato che se avessimo avuto Randy per tutta l'estate, avrebbe dovuto vivere come parte della nostra famiglia e seguire le nostre regole. Una di queste era quella di dare una mano in questo progetto. All'epoca non hai fatto obiezioni. I ragazzi di questa età non hanno bisogno di stare tutto il giorno a poltrire.»

R.J. scosse la testa. «Randall non ha bisogno di stare qui. Dovrebbe stare con la nostra gente. Non so cos'avesse in testa la mia ex a mandarlo qui. Dov'è adesso mio figlio?»

«Lui e Michael sono giù al lungomare, sulla baia, e stanno aiutando a pulire quell'area» disse Sheena a bassa voce.

«Vado a prenderlo» disse Meaghan alzando la voce per la preoccupazione.

«Vado con lei» disse Darcy. Sapeva che se fosse rimasta per dare sostegno a Sheena, avrebbe mandato tutto all'aria dicendo a R.J. che era un vero idiota.

CAPITOLO 31
SHEENA

Sheena osservò Darcy e Meaghan uscire dalla suite e si preparò a ricevere altre sfuriate dal padre di Randy. Tony le stava accanto e fletteva le dita. Sapeva che non vedeva l'ora di trovare un pretesto per spaccargli la faccia per aver mancato di rispetto a loro e alla loro famiglia.

Gli mise una mano sul braccio per ammonirlo. «Perché non ci mettiamo seduti ad aspettarli? R.J., posso portarti qualcosa da bere? Ho fatto del tè freddo fresco stamattina e ai ragazzi piace sempre la mia limonata.»

«Solo acqua» rispose R.J.. Prese una delle sedie pieghevoli che stavano usando provvisoriamente e si sedette, con le spalle dritte e rigide.

«Tony?» chiese Sheena.

«Grazie, prendo un tè freddo» rispose bruscamente.

Sheena approfittò del tempo trascorso a prendere le bevande per inspirare e rilasciare diversi respiri profondi. Era ben consapevole della situazione in cui si trovavano, di quanto fossero incomplete le suite, dello stato dell'hotel. Tuttavia, questo non era un motivo per cui R.J. Jessup, da uomo ricco qual era, li trattasse in quel modo. Sebbene mantenesse un'apparenza di calma esteriore, dentro di sé era pronta ad artigliargli la faccia per lo sguardo compiaciuto con cui guardava la stanza incompiuta.

Al rumore di passi affrettati fuori dalla porta, i tre si alzarono.

Michael e Randy entrarono di corsa nella stanza, si

fermarono e li fronteggiarono.

Randy guardò suo padre accigliato. «Cosa ci fai qui?»

«Sono venuto a portarti a casa. Passerai il resto dell'estate a Nantucket con me, Ginger e le nostre due bambine.»

«Non ci contare» sbuffò Randy. «Mamma ha detto che potevo stare qui. Ho il permesso scritto di stare qui, le liberatorie mediche, tutto quello che mi serve.»

«Be', ha cambiato idea.» L'espressione di R.J. si addolcì. «So che le cose tra noi non sono andate bene in passato, ma questa è l'occasione per cambiarle.»

Randy scosse la testa. «No, papà, non voglio andare via. Qui sono un vero membro della famiglia. Mi trattano come uno di loro e mi piace.»

Al suo fianco, Michael mise un braccio sulla spalla del suo amico. «Signor Jessup, la prego di far rimanere Randy. Stiamo passando un'estate fantastica e lui sta giocando davvero bene.»

«Sì, papà, gioco come interbase e sono bravo» disse Randy con orgoglio.

«Ma devi lavorare qui, in questo... in questo... motel» disse R.J.

Randy guardò suo padre in cagnesco. «È più di un motel. Sarà bellissimo quando sarà finito. Quello che vedi è solo l'inizio. Non lo capisci?»

«Signor Jessup... R.J., tu non sai nulla delle circostanze che ci hanno portato a questa proprietà. Ti suggerisco di aspettare a esprimere giudizi finché l'hotel non sarà completato» disse Tony.

Sheena non riuscì più a trattenersi. «Forse non hai mai dovuto lavorare per qualcosa nella vita, ma iniziare con un progetto come questo può portare a diversi risultati positivi. Come il senso di orgoglio per il lavoro svolto, il senso di realizzazione e la propensione ad aiutare agli altri. Credo che tuo figlio lo stia imparando.» Rivolse a R.J. uno sguardo significativo. «Randy è libero di andarsene se vuole, ma spero sinceramente che non lo faccia. Come ha detto lui stesso, Randy è diventato parte della nostra famiglia e ci mancherebbe molto se se ne andasse.»

Alla vampata di emozione che attraversò il volto di Randy, suo padre chiuse la bocca che aveva aperto per parlare. «È vero, Randall? Ti piace stare qui? Vuoi restare?»

Randy annuì. «Sai che Ginger non mi vuole intorno. E nemmeno la mamma. Io sono felice qui.»

R.J. scosse la testa e guardò Sheena. «Dopo tutto quello che gli ho dato, ci si aspetterebbe che lo apprezzi.»

«Che ne dici di dargli amore e attenzione?» disse Sheena a bassa voce. «Perché non andate sul patio o sul molo a passare un po' di tempo da soli?»

«Che ne dici se ti faccio fare un giro della proprietà?» disse Randy. «Potrai vedere come sarà un giorno.»

R.J. annuì. «Ok, andiamo.»

Dopo che se ne furono andati, Sheena sprofondò in una sedia, sentendosi emotivamente esausta. Aveva già avuto a che fare con lo snobismo, ma il modo in cui R.J. aveva liquidato il Salty Key Inn l'aveva davvero ferita. Lei e le sue sorelle stavano lavorando sodo per renderlo attraente. E in seguito, se avessero vinto la sfida, sarebbero state in grado di fare molto di più. Ma per il momento si trattava di un lavoro in divenire.

Quando R.J. e Randy tornarono nella suite, Sheena percepì una nuova armonia tra loro.

«Gli ho mostrato come tutto sarà sistemato come avevamo detto» disse Randy con una nota di orgoglio.

«Sì, devo dire che il vostro motel è situato in una posizione ideale. Se mai voleste venderlo, sarei interessato, anche se, confesso, lo abbatterei e costruirei un nuovo grattacielo, qualcosa che potrebbe fruttare molto denaro.»

«Ma quel tipo di edificio non si adatterebbe a questo quartiere» disse Sheena, sconvolta dall'idea. «Non si riuscirebbe mai a ottenere il permesso di fare una cosa del genere.»

«Ah, ci sono modi per aggirare le cose» disse R.J. con una tale sicurezza che Sheena si trattenne dal rispondergli male. Persone come quelle stavano rovinando molte coste, tutto per soldi.

«Si è deciso se Randy resterà qui?» disse Tony.

«Sì, ho detto a Randy che può stare qui per l'estate. Compie diciotto anni in autunno e voglio poterli festeggiare con lui.»

Michael diede a Randy una spinta amichevole. «Allora, devo ancora dividere la mia stanza con te? Che palle.»

Randy rise. «E io devo ancora sorbirmi le lagne di Meaghan.»

«Oh, sei cattivo come mio fratello» disse Meaghan, e poi un ampio sorriso le increspò il viso. «Oh, accidenti! Credo che tu sia un po' mio fratello.»

«Per l'estate» la avvertì Sheena.

«Be', è meglio che vada» disse R.J. «Mi scuso per avervi fatto perdere tempo.»

«Ci prenderemo cura di tuo figlio» disse Tony, accompagnandolo alla porta.

«Oh sì, grazie. Lo apprezzo molto» disse R.J., tendendo la mano.

Con grande sollievo di Sheena, Tony la strinse.

«Se abbiamo bisogno di contattarti per qualsiasi motivo, abbiamo il biglietto da visita che ci hai dato» lo rassicurò Sheena.

«Addio, figliolo» disse R.J. facendo una pausa.

Sheena si aspettava che si abbracciassero, ma Randy si limitò a fare un piccolo saluto al padre. Alla faccia dell'affetto padre-figlio. E questo, pensò Sheena, la diceva lunga.

Dopo che R. J. se ne fu andato, Meaghan chiese: «Possiamo andare a mangiare fuori per festeggiare stasera?»

Sheena studiò i sorrisi sui tre giovani volti, guardò Tony e annuì. «Sì. E Randy può scegliere il posto.»

«Purché non sia troppo costoso» disse Tony, agitando scherzosamente un dito verso Randy.

Michael diede a Randy un piccolo pugno sul braccio e Meaghan sospirò.

Tony e Sheena si scambiarono un sorriso. Le cose erano tornate alla normalità.

CAPITOLO 32
REGAN

Qualche giorno dopo, Regan era seduta a un tavolo del Key Hole con le sue sorelle. Era passato un po' di tempo dall'ultima volta che avevano trascorso del tempo insieme e le era mancato. Ma passare la maggior parte del tempo con Mo si stava rivelando una cosa molto positiva. Stava imparando molto sulla decorazione d'interni e stava conoscendo molte persone del settore.

Ascoltando Sheena che ripeteva nei dettagli la sua conversazione con R.J. Jessup, Regan si sentì avvampare in viso. «Che idiota!»

Sheena annuì. «Lo è davvero. Ammetto che mi ha fatto molto piacere quando Randy ha chiesto di restare con noi. Credo che lavorare e vivere con una famiglia normale lo abbia aiutato moltissimo.»

«Mi brucia sapere che se suo padre potesse comprare l'hotel, se ne sbarazzerebbe» disse Darcy. «Sono rimasta scioccata quando ho visto per la prima volta il Salty Key Inn, ma ho imparato ad apprezzare questa zona della costa così particolare, con i suoi edifici dai colori vivaci.»

«Anch'io» disse Regan. «Alcuni posti sembrano modesti dall'esterno ma sono bellissimi all'interno.»

«Un po' come le persone» disse Darcy. «Ragazze, devo proporre un nuovo articolo per la rubrica ogni settimana. Come farò?»

«Hai parlato con altri collaboratori di Gavin? Sappiamo qualcosa di Sam e Rocky. E gli altri?» disse Sheena, alzando il suo bicchiere di vino rosso.

Darcy passò mentalmente in rassegna il personale. «Che ne dici di Lynn Michaels? Ha detto che suo marito e Gavin erano grandi amici.»

«Vediamo qual è la sua storia» disse Regan. «Ci hanno detto che erano tutti amici di Gavin.»

«Sì, ma alcune persone non vogliono che i dettagli della loro vita siano esposti» protestò Darcy. «Me l'ha detto Holly.» Alzò lo sguardo quando quest'ultima, la proprietaria del bar, si avvicinò al loro tavolo.

«Be', sembra una serata speciale per le sorelle Sullivan. Vi offro io un giro di drink.»

«Perché non ti unisci a noi?» disse Sheena.

Holly scosse la testa. «Grazie, ma è meglio che tenga d'occhio la folla. Abbiamo un gruppo di giovani e devo assicurarmi che siano abbastanza grandi e sobri per stare qui.»

Regan aveva appena bevuto un sorso di vino quando notò Brian entrare dalla porta e avvicinarsi.

«Ah, le belle sorelle Sullivan. Siete qui per festeggiare la ricostruzione del molo?»

Darcy gli sorrise. «È bellissimo! Io e Meaghan siamo andate in kayak ieri pomeriggio e abbiamo usato il molo.»

«E tu, Regan?» chiese Brian.

Lottando contro la marea di energia che le scorse dentro quando Brian la guardò fisso negli occhi, scosse la testa. «Non ho avuto tempo di fare niente del genere. Sto lavorando ad alcuni progetti miei.»

Sheena gli sorrise. «Sembra che entrambe le mie sorelle abbiano un sacco di talento che io non ho avuto.»

«Ah, ma Sheena, tu continui a far andare avanti il progetto. Questo è un talento. Tony parla di tutto l'aiuto che gli hai dato.»

Sheena fece una smorfia. «Solo quando me lo permetteva. Ora è diverso.»

«Tony è una brava persona. Mi piace averlo in squadra.»

«Grazie» disse Sheena, raggiante.

Regan osservò l'interazione. Brian era un brav'uomo. Ma a livello personale, aveva paura di come la faceva sentire. Riconosceva il pericolo quando lo sentiva e, francamente, lui la spaventava a morte.

CAPITOLO 33
DARCY

Un pomeriggio di qualche giorno dopo, Darcy entrò da Gracie chiedendosi quale fosse il modo migliore per avvicinare Lynn. Il servizio del pranzo era terminato e Lynn, Sally e Maggie erano sedute a un tavolo a sorseggiare bevande fredde e a parlare.

«Ciao, Darcy!» disse Maggie. «Vuoi unirti a noi?»

«Certo, grazie.»

Darcy si avvicinò al tavolo e prese la quarta sedia. «Giornata buona?» chiese.

«Sempre molto pieni» rispose Lynn. «Stiamo davvero costruendo un bel giro d'affari qui.»

«Ma quando siamo pieni è estenuante» disse Sally. «Credo che andrò in camera mia. È bello vederti, Darcy. È da un po' che non pranzi qui.»

«Chi era quel tipo adorabile con cui eri? Quello che sembrava Babbo Natale» disse Maggie.

«È un mio amico, lavora per il *West Coast News*. Scrivo una rubrica settimanale per il giornale.»

Lynn inarcò le sopracciglia. «Davvero? È meraviglioso.»

«Ah sì? Quando hai intenzione di scrivere un romanzo? È una cosa che ho sempre voluto fare» disse Sally, alzandosi e fermandosi al tavolo.

Darcy si irrigidì. Scrivere una breve rubrica per il giornale era una cosa. Scrivere un romanzo era un'altra cosa. «Io... non lo so.»

«Be', sono orgogliosa di te per il lavoro al giornale» disse

Lynn.

«In effetti, volevo parlarti di questo» disse Darcy, buttandosi sull'argomento.

Maggie si alzò in piedi. «Ok, vi lascio sole. Ci vediamo dopo, Darcy.»

Lasciò la stanza con Sally.

«Sì, cara? In che cosa posso esserti utile?» disse Lynn, rivolgendole uno sguardo interrogativo.

Darcy cercò di calmare i nervi schiarendosi la gola. «Mi chiedo se può darmi qualche informazione su come hai conosciuto mio zio. Hai detto che lui e tuo marito erano molto legati. Sei disposta a condividere questa storia?»

«Non la pubblicherai sul giornale, vero?»

Darcy fece una pausa. «Non ho intenzione di usare nomi veri e non mi firmo con il mio nome. Quindi, è tutta roba piuttosto riservata.»

«Ok, fammi prendere un altro bicchiere di tè freddo e ti racconto tutto. È davvero dolce.»

Darcy estrasse dalla borsa un bloc notes e una penna e restò lì, pronta a prendere appunti.

Lynn tornò al tavolo, vide il foglio e la penna e scosse la testa. «Niente appunti. Ti sto semplicemente raccontando una storia.»

Darcy si affrettò a mettere via tutto. «Ok, sono pronta quando vuoi a parlare.»

Lynn si sedette e la studiò per un attimo. «Te lo racconto perché tuo zio voleva bene a te e alle tue sorelle, ed era un brav'uomo.»

«Immagino che tu lo conoscessi da tempo» disse Darcy, sollecitando informazioni.

La sua espressione si addolcì. «Da almeno trentacinque anni.»

«Allora sapevi di Duncan?»

La sorpresa di Lynn fu evidente. «Sai di lui? Come?»

«Rocky» disse Darcy. «Mi ha portato lì una settimana fa o poco più.»

«Allora, il mio Benny e Gavin si sono conosciuti quando Gavin stava indagando sulle immersioni in cerca di oro. Condividevano l'interesse per la ricerca di relitti di navi e divennero subito amici. Gavin era un tipo vivace, rideva sempre e pensava sempre a cose divertenti da fare. Il mio Benny era un po' silenzioso e timido, e Gavin era perfetto per lui.

«Un giorno, un paio di anni dopo il loro incontro, Gavin annunciò di avere i soldi e il tempo per cimentarsi nella ricerca dell'oro di cui aveva parlato. Aveva investito un po' di soldi in borsa e aveva fatto il botto. Io e Benny ne parlammo. Anche se sarebbero stati via per un paio di mesi, incoraggiai Benny a partire con Gavin.»

Lynn smise di parlare e bevve un sorso di tè. «Era molto eccitato. Si è messo in aspettativa dal suo lavoro in uno degli hotel, ha fatto le valigie ed è partito con la mia benedizione.»

«E hanno trovato l'oro?»

«Non proprio. Credo che ognuno di loro abbia preso qualcosa da qualche parte, ma niente di grosso. Una moneta d'oro, un gingillo. Ma a loro non importava. Gavin, Benny e Rocky divennero amici e questo, per me valeva molto più dell'oro.»

«Hai mai conosciuto la ragazza di Gavin, la madre di Duncan?»

Un'espressione turbata offuscò il volto di Lynn, intensificando le rughe. «Era una bella ragazza, innamorata di Gavin e dei suoi soldi. Ma vedevo che era superficiale come una pozzanghera sul marciapiede. Glielo dissi una volta, ma si arrabbiò con me e non ne parlai più.»

«E quando nacque il bambino?»

Lo sbuffo di disgusto di Lynn fu eloquente. «Lei lasciò il bambino in ospedale e scappò durante la notte. Si scoprì che aveva un altro fidanzato al fianco, uno più giovane, ovviamente. A Gavin fu detto di lasciar morire il bambino, ma alla fine Gavin lo portò via dall'ospedale e trovò una donna che si prendesse cura di lui.»

Guardando la stanza vuota, Lynn si tamponò gli occhi. «Sapevo che Gavin aveva amato un'altra donna e l'aveva persa, ma questa volta una donna che pensava di amare gli aveva spezzato il cuore abbandonando il loro bambino. Non ha mai pensato che Duncan fosse orribile, sai. Non poteva, non con il sangue dei Sullivan che gli scorreva in corpo. Per un po' ha cambiato tutto.»

«Che cos'è successo?»

«Gavin cadde in una tremenda depressione: beveva troppo, a volte diventava violento. Il mio Benny era l'unico che sembrava essere in grado di raggiungerlo attraverso quell'oscurità. Poi, un giorno, Gavin annunciò che si era rimesso in carreggiata, che si era messo in contatto con tua madre e che sarebbe andato tutto bene.»

«Cosa? Mia madre? Ma non ci era permesso nemmeno fare il suo nome in famiglia.»

«Oh, ma si tenevano in contatto. È così che sapeva tante cose di voi ragazze. Ma non finisce qui, Darcy.»

Stordita, Darcy annuì. «Va bene, vai avanti.»

«Gavin è rimasto un buon amico. E quando Benny stava morendo di cancro ai polmoni, fu Gavin a sedersi accanto al suo letto per concedermi una pausa ogni tanto. È stato Gavin ad aiutarmi a pagare le spese mediche che non potevamo permetterci. È stato Gavin ad assicurarsi che in seguito avessi un posto dove vivere e lavorare.» Lynn ignorò le lacrime che le scendevano sul viso, sporse il braccio e diede una stretta alla mano di Darcy. «A volte le cose migliori vengono dai posti più improbabili. Capito?»

Darcy tirò su col naso e scacciò le lacrime sbattendo le palpebre. «Sì, credo di sì.» Si alzò e diede a Lynn un lungo e tenero abbraccio. «Grazie per averlo condiviso.»

Lynn sospirò. «Alcune storie meritano di essere raccontate.»

Darcy lasciò Lynn e andò direttamente nel suo ufficio, con un sacco di idee in mente. Si sedette davanti al computer e iniziò a scrivere. Sheena chiamò al cellulare, ma lei non rispose. Voleva mettere giù le sue parole.

Quando finalmente finì, Darcy guardò quello che aveva scritto.

«Gli angeli sono di tutte le dimensioni e forme. Alcuni sono grandi e burberi, così mascherati che non si direbbe che dietro i loro modi bruschi li guidi la gentilezza. Come faccio a saperlo? Perché qualcuno mi ha raccontato una storia che lo dimostra.»

Darcy scorse velocemente i dettagli dell'articolo e il paragrafo successivo che parlava della necessità di prendersi cura di coloro che non potevano cavarsela da soli. Dopo aver apportato alcune modifiche, posò l'articolo che aveva scritto, con un turbinio di pensieri in testa. L'unica cosa che non riusciva a conciliare era il rapporto che Gavin aveva avuto con sua madre. Era sua madre la donna che lui aveva amato e perso?

Uscì dall'ufficio e andò a cercare Sheena.

Darcy raccontò a Sheena ciò che Lynn aveva condiviso con lei e poi rivolse a Sheena un lungo sguardo. «Pensi che Gavin e la mamma fossero innamorati, che fosse lei quella che Gavin amava e aveva perso?»

«Penso che forse lo era. È triste, vero?» disse Sheena.

«Forse è per questo che papà non ha mai voluto che si facesse il nome di Gavin» disse Darcy. Sentì i suoi occhi allargarsi. «Oh mio Dio! Pensi che sia questo il motivo per cui la mamma aveva sempre quei suoi mal di testa? Una specie di mal d'amore?»

Sheena scosse la testa. «So che i suoi medici pensavano che i mal di testa fossero associati a cambiamenti ormonali che non potevano controllare. Se avesse a che fare con Gavin, sarebbe terribile. Semplicemente terribile.»

Regan entrò nella stanza. «Cosa c'è di terribile?»

«Siediti» disse Darcy, torvo. «Ho imparato qualcosa che ti interesserà.»

Regan prese posto sul divano accanto a Sheena e allungò la mano per toccarla. «Stai bene?»

Sheena annuì. «Sono solo preoccupata di come sia stata davvero la vita della mamma. Senti cos'ha da dire Darcy. Ti racconterà la storia.»

Darcy aggiornò la sorella su quello che aveva appreso, tamponandosi gli occhi con un fazzoletto. «Mi arrabbiavo molto con la mamma perché era sempre malata. Ma forse non era solo una questione medica a farle venire così tanti mal di testa.»

«Vorrei essere stata più comprensiva» disse Darcy.

«Be'» sospirò Sheena, «non conosciamo tutta la storia, ma vi ho parlato delle lettere che si sono scambiati. Ho visto quelle che Gavin ha scritto alla mamma, ma ha distrutto quelle che lei scrisse a lui. Probabilmente è una buona cosa. Dobbiamo a entrambi questa privacy.»

«E papà?» chiese Regan.

«Non possiamo dirglielo» disse Darcy. «Lo ferirebbe.»

«Credo che l'abbia sempre saputo» disse Sheena. «Ma non credo che gli piacerebbe l'idea che anche noi lo sappiamo.

Forse è per questo che l'argomento non doveva essere sollevato.»

Darcy studiò le sue sorelle. Erano molto più preziose per lei di quanto avesse pensato un tempo. Le storie hanno un significato molto diverso per le persone. Voleva scrivere di cose che aiutassero la gente. E forse, solo forse, avrebbe scritto un romanzo che la gente avrebbe apprezzato.

CAPITOLO 34
SHEENA

Sheena era sdraiata a letto a pensare alla situazione di Gavin e sua madre. Era, come a volte pensava, figlia di Gavin? Avrebbe potuto fare un test del DNA, ma dato che Gavin era suo zio non era sicura di quanto sarebbe stato utile con il suo patrimonio genetico così simile a quello di suo padre. Inoltre, non voleva fare nulla che potesse turbare il crescente rapporto con le sue sorelle.

Tony si girò e la tirò a sé. «Stai bene?»

«Stavo solo pensando alla vita e a tutti i cambiamenti degli ultimi mesi» disse lei contro il petto largo e muscoloso di lui.

Lui le accarezzò la guancia con la sua manona, indurita da tutto il lavoro che aveva fatto per Brian. «Hai salvato Randy da un'estate terribile. E, Sheena, tu e le tue sorelle state facendo un buon lavoro con l'hotel, a dispetto di quello che pensa R.J.»

«Grazie» mormorò lei, avvicinandosi.

Il corpo di Tony improvvisamente indicò che era pronto per qualcosa di più di una coccola.

Sheena sorrise. Era una sensazione meravigliosa essere desiderata, essere necessaria. Quando le labbra di Tony incontrarono le sue, era pronta a dargli tutto l'amore che provava.

Mentre lui la accarezzava, Sheena non poté fare a meno di pensare ai suoi genitori e di chiedersi se avessero avuto momenti di tenerezza come quello. Certo, avevano fatto sesso; dopotutto avevano avuto delle figlie. Ma la tenerezza che provava con Tony era più di un atto sessuale; era la massima dimostrazione d'amore.

Tutti i pensieri sugli altri scomparvero quando i loro corpi iniziarono a muoversi a ritmo. Era questo che voleva. E, più tardi, accoccolata contro Tony, ascoltando il battito del suo cuore rallentare gradualmente, si chiese come avrebbe reagito se gli avesse detto che avrebbe voluto un altro bambino dopo aver vinto la sfida dello zio Gavin.

Il mattino seguente, mentre preparava la colazione per i tre uomini della famiglia, Sheena accantonò il pensiero di nuovi bambini. I ragazzi crescevano e diventavano adolescenti: affamati, esigenti e a volte un po' volgari con le loro battute, le scarpe da ginnastica puzzolenti, i rutti.

Tuttavia, salutò sia Michael che Randy con una stretta affettuosa. Aveva iniziato a farlo dopo essersi resa conto di quanto poco affetto ricevesse Randy nella sua vita. Ora, con sua grande soddisfazione, Randy rispondeva con un rapido sorriso. Michael, come Meaghan, era sempre stato aperto agli abbracci e ricambiò il gesto.

Sheena andò nella suite che condividevano le sue sorelle per assicurarsi che Meaghan avesse finito il suo turno del mattino al ristorante.

Regan e Darcy erano sedute al tavolo della cucina con le tazze di caffè in mano.

«Prendi un caffè» le disse Regan. «Voglio farti vedere una cosa.»

Sheena si preparò una tazza e prese posto a tavola. «Che c'è?»

«Torno subito.» Regan andò in camera da letto e tornò con in mano un intero fascio di planimetrie.

«Non sono stata molto presente. Questo è il motivo. Dopo

che Mo e io abbiamo preso questi dall'architetto, d'accordo con Blackie, abbiamo lavorato su questo.»

Pose le planimetrie sul tavolo. «Eravamo d'accordo che volevamo qualcosa che potesse essere utilizzato come ristorante in futuro, quindi ci siamo concentrati su questo.» Sorrise a Sheena. «Siamo anche andati al ristorante in cui Blackie ti ha portato per il tuo... incontro d'affari.»

Darcy rise quando Sheena gemette e disse: «Ci risiamo.»

«Stavo solo scherzando» disse Regan. «Ma lui e Gavin hanno ragione. Possiamo fare qualcosa di simile a quel ristorante qui. L'impronta dell'edificio può essere facilmente modificata. Lasciate che ve lo mostri.»

Sheena osservò con crescente eccitazione Regan che indicava come ogni finestra si sarebbe aperta su una vista sull'acqua o su un piccolo giardino. «Abbiamo parlato anche con Kenneth Cochran di Hospitality Answers per avere dei consigli.» Si rivolse a Darcy. «E quando sarà il momento, ho la sensazione che riusciremo a convincere Graham Howard a diventare il nostro chef. È così carino.»

«Pensavo che fossi interessata a Chip» disse Darcy a Regan.

Un bel colore rosa soffuse le guance di Regan. «Oh, lo sono.» Si sedette e guardò da Sheena a Darcy. «Penso che sia quello giusto. Anche Mo lo pensa. Ma, Sheena, come si fa a sapere se un ragazzo è quello giusto per te?»

«Per prima cosa, deve fare in modo che lo desideri.» Sheena si lasciò sfuggire una risatina. «Dio! Tony mi fa impazzire. Ieri sera stavo addirittura pensando di avere un altro figlio. Tony mi fa sentire così femminile, così amata...» Sheena smise di parlare quando si accorse che le sue sorelle la stavano fissando.

«Un altro bambino? Dici sul serio?» Darcy scosse la testa. «Abbiamo bisogno di te per l'hotel, Sheena. Non potremmo farcela senza la tua guida e il tuo fiuto per gli affari.»

«Sì» concordò Regan.

«E se invece prendeste un cane?» suggerì Darcy, e risero tutte e tre.

«Sul serio» disse Regan, «quando è vero amore, lo capisci così?»

Sheena studiò Regan. «Mettendo da parte tutte le questioni pratiche, sì, credo che dovrebbe essere così.»

«Chip mi fa sentire intelligente» disse Regan.

«Sei intelligente, Regan» protestò Darcy.

«Be', e tu? Hai trovato qualcuno che ti faccia sentire così?» disse Regan.

Darcy distolse lo sguardo e poi scosse la testa. «Torniamo a parlare dell'hotel.»

Dopo aver esaminato i progetti e aver fatto altre domande, Regan disse. «L'assicurazione ci ha detto di lavorare in fretta per chiudere l'edificio prima che arrivino gli ospiti.»

«La nostra campagna pubblicitaria si basa su un'apertura nel giorno del Labor Day. Ce la possiamo ancora fare?» chiese Darcy.

«Non vedo perché no» disse Sheena. «Con le ultime consegne, ci stiamo avvicinando ad avere tutto pronto. Ho incaricato una lavanderia professionale per gestire le lenzuola e gli asciugamani delle camere e della piscina, come avevamo concordato. E parlerò di nuovo con Brian per far chiudere l'edificio in modo da non avere responsabilità. Ma ho pensato che dobbiamo far venire alcune persone come ospiti per testare le nostre strutture e le nostre routine dopo che avremo ottenuto tutti i permessi e l'hotel sarà aperto. Posso chiedere a Rosa e Paul di venire a provare le stanze.»

«Potrei chiedere aiuto anche alla cugina di Mo e alla sua famiglia. Io e Mo stiamo cercando di convincerla ad aprire una sua impresa di pulizie. Fa già le pulizie per sua nonna e per una zia. Potrebbe creare un'attività meravigliosa sia con i turisti che vivono in inverno sia con le persone che vivono tutto l'anno.»

«Potrebbe prendere in considerazione l'idea di fare le pulizie qui all'hotel con una sua squadra? Ho pensato di esternalizzare le pulizie. Ci farebbe risparmiare tempo e fatica.»

Il volto di Regan si illuminò. «Davvero? Glielo chiederò. Si chiama Bernice Richmond. È piccola, ma piena di energia e molto intraprendente. Sarebbe un modo meraviglioso per iniziare la sua attività. Ha già accettato di occuparsi della casa di Rosa e Paul. Ne abbiamo parlato con loro quando abbiamo consegnato l'ultima sedia.»

«Wow, Regan! Tu e Mo siete una bella squadra. Sono impressionata da tutto quello che state facendo» disse Sheena.

«Anch'io» disse Darcy. «È fantastico.»

Regan sorrise. «Una volta vinta la sfida, ho intenzione di entrare in affari con Mo. Me l'ha chiesto e io ho detto di sì.»

«Non puoi farlo» disse Darcy. «Avremo ancora bisogno di te qui.»

«Senti chi parla!» sbottò Regan. «Sei tu che hai intenzione di viaggiare e vedere il mondo.»

Gli occhi di Darcy si fecero tristi. «Con le mie nuove responsabilità verso Nick, dovrò rimandare per un po'.»

«È inutile discutere su chi resterà e chi passerà ad altro» disse Sheena. «Appena possibile, dovremo assumere un manager. Questo non significa che intendo rinunciare alle mie responsabilità qui. Voglio continuare a fare in modo che questo hotel sia al massimo delle sue possibilità, supervisionando le operazioni. Ma questo è ancora di là da venire. Per ora, noi tre dobbiamo continuare a lavorare insieme per far decollare questo hotel. D'accordo?»

Regan e Darcy si guardarono e annuirono.

Sheena fece un sospiro di sollievo. Avevano fatto molta strada, ma non si sarebbe rilassata finché lei e le sue sorelle non avessero vinto la sfida.

CAPITOLO 35
DARCY

Darcy si diresse in ufficio di umore triste. Sheena e Tony erano felicemente assortiti, ma le prospettive della sua vita sentimentale erano ai minimi storici.

Alla sua scrivania, Darcy riguardò il testo sul sito web, assicurandosi che i clienti che visitavano la struttura mentre era in fase di ristrutturazione capissero che il coupon speciale che avrebbero ottenuto era una compensazione per gli inconvenienti della ristrutturazione. Non voleva essere accusata di pubblicità ingannevole.

Quando le squillò il cellulare, Darcy controllò chi chiamava ed esitò. *Austin Blakely.*

Il suo cuore ribelle le batté forte in petto mentre rispondeva alla chiamata.

«Pronto?»

«Ciao, Darcy. Sono Austin. Ho pensato che volessi sapere che mia nonna è morta ieri sera. Il funerale si terrà venerdì. Credo che mio nonno apprezzerebbe la tua presenza. Anche se i miei nonni ti hanno incontrato solo una volta, eri piaciuta a entrambi e hanno apprezzato molto il biglietto di ringraziamento che gli avevi inviato.»

«Oh, Austin. Mi dispiace tanto per la tua perdita. Anche a me erano piaciuti. Una coppia così dolce. Cosa farà tuo nonno senza di lei?»

«Non lo so. Allora, verrai al funerale?»

Davanti al dolore nella voce di Austin, Darcy si affrettò a rispondere: «Certo. Grazie per avermelo fatto sapere.»

Riattaccò il telefono rattristata dalla notizia della morte di Margery Blakely. Avrebbe voluto che Austin le avesse detto che la voleva lì perché aveva bisogno di lei, ma capì che con la sua ragazza lì per lui, Austin non avrebbe avuto motivo di chiederglielo.

Due giorni dopo, Darcy entrò in una piccola chiesa comunitaria con un gruppo di persone per lo più anziane. L'esterno in stucco bianco sporco della chiesa era accompagnato da una cruda semplicità all'interno. Pareti bianche, una serie di vetrate e un altare di legno erano controbilanciati da una grande croce di legno montata sulla parete dietro l'altare. I banchi di legno erano resi più confortevoli da cuscini color bordeaux. Un lungo tappeto rosso guidava le persone giù per la navata centrale.

Incerta su sé stessa e su dove sedersi, Darcy trovò un posto in fondo alla chiesa. Ascoltando la musica dell'organo, le vennero in mente gli angeli. Non poteva fare a meno di riflettere su come la sua vita fosse cambiata da quando era arrivata in Florida e da quando, più di recente, aveva incontrato Nick Howard.

Un movimento all'ingresso della chiesa attirò la sua attenzione.

Austin sbucò da una porta laterale ed entrò nella sala principale con il nonno e la bionda con cui lo aveva visto al Pink Dolphin. Li seguiva una coppia di mezza età che Darcy suppose fossero i genitori di Austin. Darcy si mosse inquieta sulla sedia. Pensava che lei e Austin avessero condiviso un momento speciale con quel bacio prolungato e si chiedeva come avesse potuto sbagliarsi così tanto. D'altronde, tra tutte le sorelle Sullivan, lei era apparentemente la più sprovveduta in fatto di uomini. Di certo, Sean e Brian glielo avevano dimostrato.

La funzione fu breve ma dolce, con richiami gentili al tipo di persona che Margery era stata e a quanto avesse amato la sua famiglia. Quando Austin fece un breve discorso, sottolineando il suo affetto per la nonna e il modo in cui era sempre stata parte della sua vita, a Darcy spuntarono le lacrime per l'angoscia che sentiva nella sua voce. Perché un tempo aveva pensato che lui non fosse abbastanza eccitante per lei? Era il ragazzo più gentile e dolce che avesse mai conosciuto.

Alla fine della cerimonia, Austin e suo nonno si avviarono giù per la navata, seguiti dalla bionda che Darcy immaginava fosse Jasmine e dalla coppia che pensava potessero essere i genitori di Austin.

Quando Darcy si rese conto che si erano messi in fila all'ingresso per salutare i presenti, deglutì a fatica. Non aveva alcun desiderio di incontrare Jasmine o di trovarsi faccia a faccia con Austin.

L'uomo accanto a lei nel banco le diede una piccola spinta e Darcy si trovò a dover spostarsi senza poter evitare di muoversi verso la porta.

Gli occhi di Bill Blakely si illuminarono alla sua vista. «Grazie per essere venuta, Darcy. Austin mi aveva detto di averti chiamato.»

Darcy lo abbracciò dolcemente. «Mi dispiace molto per la tua perdita. Se c'è qualcosa che posso fare, fammelo sapere.»

Lui le strinse le mani tra le sue. «Che ne dici di venire a trovare un vecchio solitario ogni tanto?»

Lei annuì. «Senz'altro.» Si voltò verso Austin. «Mi dispiace tanto. So quanto amavi tua nonna.»

Austin annuì. «Darcy, voglio presentarti...»

Darcy lo interruppe. «Tu devi essere Jasmine» disse alla bionda al suo fianco. «Piacere di conoscerti. Mi dispiace, ma devo scappare. Sono in ritardo... per una riunione.»

«Oh, ma...» fece Jasmine.

Darcy si sforzò di fare un sorriso e fece un piccolo cenno di saluto mentre scappava, sgusciando tra la folla radunata all'ingresso.

Si affrettò a raggiungere il furgone, salì e rimase un attimo lì dicendosi di smetterla di essere così idiota. Era stato un bacio maledettamente delizioso che le aveva scosso l'anima.

Darcy bussò delicatamente alla porta di casa di Nick Howard, per non disturbarlo. Sua moglie, Sandy, la stava aspettando. Dopo aver ascoltato Lynn Michaels parlare di come Gavin l'avesse aiutata nel prendersi cura del marito malato, Darcy decise di offrire lo stesso sollievo a Sandy.

Quando Sandy aprì la porta e la vide, un enorme sorriso le comparve sul viso. «Darcy! Sono molto felice che tu abbia deciso di farlo. È molto importante per me poter uscire da sola per un po', sapendo che Nick sarà accudito. Ora sta dormendo, ma vieni dentro.»

Darcy entrò nel corridoio d'ingresso. «Ho portato con me il computer, così io e Nick possiamo lavorare su un paio di cose.»

«Perfetto» disse Sandy. «Mantenere le cose il più possibile normali è una benedizione.»

«Sì» disse Darcy, ringraziando silenziosamente Austin per il suo consiglio. «Così mi hanno detto un giorno.»

Dopo che Sandy se ne fu andata per delle commissioni, Darcy sistemò il computer sul tavolo della cucina in silenzio e si sedette. Stava lavorando a una serie di idee per il giornale e, sebbene non volesse che nessun altro lo sapesse, aveva iniziato a fare un abbozzo di romanzo su due sorelle separate che si riunivano dopo la morte della madre.

Darcy era ancora al lavoro quando sentì qualcosa alle sue spalle. Alzò lo sguardo e vide Nick in piedi all'ingresso della cucina.

«Quindi sei la mia babysitter?» chiese Nick, facendole un debole sorriso.

«No, tu sei il mio insegnante» rispose Darcy con un sorrisetto malizioso.

Nick rise. «Non smettere mai di fare l'impertinente, Darcy.» Si avvicinò al tavolo e prese posto accanto a lei. «A cosa stai lavorando adesso?»

«Ho iniziato un paio di articoli in risposta a due lettere all'editore che il mio lavoro ha ricevuto.»

«Già lettere all'editore?» Nick le diede una pacca sulla spalla. «Bene, Darcy. Stai coinvolgendo i nostri lettori.»

«Be', ho ricevuto un'altra lettera che diceva che ero una stupida, che non ci sono angeli, che le persone dovevano imparare a prendersi cura di sé stesse.» Le si mozzò il fiato. «Mi ha fatto molto male.»

Nick annuì. «Ci saranno sempre dei bastian contrari. Ignorali. Ora vediamo cosa stai facendo.»

Darcy trattenne il respiro mentre Nick leggeva gli articoli. Uno riguardava un progetto locale per bambini in affido; l'altro riguardava la necessità di famiglie che accogliessero studenti nell'ambito di scambi scolastici.

«Buoni, non eccezionale, ma molto buoni. La grandezza arriva con maggior lavoro di correzione editoriale, ma lo stai imparando. Giusto?»

Lei annuì. Non si era mai resa conto che scrivere un breve articolo poteva richiedere così tante ore.

Nick sospirò e le rivolse uno sguardo fisso. «Voglio che tu scriva il mio necrologio. Pensi di poterlo fare?»

«Oh no! Non parliamone adesso» protestò Darcy percorsa dai brividi.

«Se non ne parliamo adesso, potrebbe non venire mai fatto.» Nick le fece l'occhiolino. «A qualcuno potrà sembrare morboso, ma io voglio avere voce in capitolo su ciò che si dice di me.»

«Certo» disse Darcy, comprendendo quanto fosse importante per lui. «Ok, cominciamo. Dammi qualche dato.»

Mentre annotava ciò che Nick le stava raccontando, combatté le lacrime. Ci aveva pensato molte volte, ma a volte le sembrava che lei e Nick si conoscessero da sempre. Erano così in sintonia l'uno con l'altra.

Avevano appena terminato una bozza del necrologio quando tornò Sandy.

«Che cosa state facendo voi due?» chiese allegramente.

«Niente di che» disse Nick, lanciando a Darcy uno sguardo di avvertimento.

«È bello vedervi lavorare insieme» disse Sandy, posando una borsa della spesa sul bancone.

Darcy si alzò di scatto dalla sedia. «Ti aiuto io.»

Uscì con Sandy e sollevò un sacco di cibo in scatola pesante come il suo cuore.

CAPITOLO 36

REGAN

Regan si guardò ancora una volta allo specchio. Da quando era arrivata in Florida si truccava pochissimo, e le andava bene così. Aveva la pelle leggermente abbronzata e gli occhi risaltavano più che mai con il loro colore blu-violetto. Il più delle volte portava i capelli a coda di cavallo, ma quella sera li portava sciolti.

Pensava a Sheena che descriveva cosa si provava a stare con Tony e cercava la stessa cosa con Chip. Darcy era stata molto silenziosa durante quella conversazione. Regan aveva la sensazione che, nonostante avesse giurato di non esserlo, Darcy fosse ancora pazza di Brian Harwood.

Si scrollò di dosso il ricordo dei suoi baci con Brian. Erano fantastici, ma perché non avrebbero dovuto esserlo? Era difficile immaginare esattamente quante donne avesse baciato. Dio solo sapeva che Brian aveva l'imbarazzo della scelta tra le donne che quasi svenivano quando lo vedevano.

«Ehi, Regan!» chiamò Darcy. «È arrivato Chip!»

Regan diede un'ultima passata ai capelli, prese la borsa e si diresse verso il soggiorno.

Chip fece un lungo fischio. «Stai benissimo, Regan. Molto sexy.»

«Divertitevi» disse Darcy, salutandoli dal suo posto sul divano, dov'era impegnata con uno dei suoi videogiochi.

Fuori, Chip mise un braccio intorno a Regan e abbassò le labbra sulle sue, sorprendendola. «Mmm, buone.»

A Regan si agitò lo stomaco per l'impazienza di passare

l'intera serata con lui. Sembrava un ragazzo così gentile.

Lui fece un passo indietro e le prese la mano. «Pensavo di andare da Tamales. Ti va bene?»

«Certo, è carino e adoro i loro tacos di pesce.»

Arrivarono a Clearwater, parcheggiarono l'auto e si diressero lungo il marciapiede verso il bar colorato.

«Oggi ho preso un altro cliente, un piccolo hotel come il vostro» disse Chip. «Sto lavorando ad alcuni programmi speciali per loro, e credo che potrebbero andare bene per voi.»

Lei rise. «Dovrai parlarne con Darcy, perché non sono un'esperta di computer come voi due.»

«Giusto» disse lui. «Sei un'arredatrice.» Le sorrise, ma lei colse il tono sprezzante della sua voce e si accigliò.

Si disse che stava reagendo in modo esagerato e che era troppo permalosa, Regan disse: «L'hotel ha bisogno di essere ammodernato internamente? Forse possiamo farlo io e Mo.»

Chip si morse il labbro e la studiò. «Chi è questo Mosè Greene di cui tu e la tua famiglia continuate a parlare?»

«È una persona che ho conosciuto lavorando per l'hotel. È molto bravo in quello che fa e di recente ha aperto una sua attività. Siamo diventati buoni amici e stiamo lavorando insieme a diversi progetti. Spero di entrare in affari con lui un giorno.»

«E l'albergo?»

«Una volta vinta la sfida, assumeremo un direttore d'albergo esperto. A quel punto, il mio ruolo sarà molto minore.»

«Mmmh. Ma tu sarai comunque una delle proprietarie. Giusto?»

«Sì, questo non dovrebbe cambiare. Perché?»

«Penso solo che sia una figata che tu possieda un hotel. Tutto qui.»

Regan sorrise. «Sì, è forte.»

Salirono la scala esterna che portava al secondo piano del bar e si guardarono intorno alla ricerca di un tavolo.

Regan lo tirò per la camicia. «Laggiù, nell'angolo.»

Si fecero strada tra la folla rumorosa, sfuggendo a gomiti appuntiti e passando accanto a persone che li ignoravano.

Quando si avvicinarono al tavolo, un ragazzo si mise davanti a loro e se ne impossessò.

«Ehi, aspetta un attimo!» esordì Chip.

«Juan? Che ci fai qui?» disse Regan. «Dov'è Mo?»

«Sta arrivando. Chi è questo?» Gli occhi scuri di Juan studiarono Chip con ammirazione.

«Chip, questo è Juan Cardoza, il socio di Mo» disse Regan. «E Juan, lui è Chip Carson. Possiamo condividere questo tavolo con voi?»

Juan e Chip si scambiarono uno sguardo interrogativo e poi annuirono entrambi.

Quando Mo apparve con una camicia hawaiana turchese e dei bermuda color cachi, gli si illuminò il viso quando la vide. Mentre Chip la guardava, Mo le baciò una guancia, poi l'altra, prima di abbracciarla.

Regan si rivolse a Chip. «Questo è Mosè Greene o Mo, l'uomo più talentuoso e più elegante che conosca.»

Chip aggrottò la fronte, ma gli strinse la mano. «Piacere di conoscerti.»

«Grazie, anche per me è un piacere» disse Mo. «Cosa bevete tutti? Il primo giro lo offro io.» Fece cenno alla cameriera di avvicinarsi al tavolo.

Dopo aver ordinato, tutti si misero a sedere.

«Che c'è, tesoro?» le chiese Mo. «Ci sono novità sul fronte dell'albergo?»

Regan scosse la testa. «No, ma Chip sta lavorando a un progetto per un altro piccolo hotel e credo che dovremmo contattarli per offrire i nostri servizi.»

«Ok» disse Mo, rivolgendosi a Chip. «Qual è l'albergo?»

«Il Sunshine Inn, non lontano dal Salty Key Inn» disse Chip. «Ma non usare il mio nome quando parli con loro, ok?»

«Perché no?» disse Regan.

«Non voglio essere associato a nessun'altra attività. Tutto qui» rispose Chip, ma Regan sapeva che si trattava di qualcosa di più e, dallo sguardo complice di Mo, lo sapeva anche lui.

Regan provò una delusione cocente.

Mo le accarezzò la mano. «Non preoccuparti» disse piano.

Arrivarono i drink e, mentre tutti si rilassarono. Mo e Juan erano divertenti, pensò Regan. Alla fine della serata, i ragazzi si strinsero la mano e sia Mo che Juan le diedero un bacio sulla guancia.

Chip le tenne la mano mentre tornavano alla macchina.

«Non è meraviglioso Mo?» sbottò Regan.

Chip annuì. «Se non sapessi che è gay, sarei geloso.»

«Davvero?» Regan non sapeva se essere lusingata o se provare un po' di fastidio per il modo possessivo con cui le aveva stretto la mano.

Quando raggiunsero la jeep, Chip la prese tra le braccia. «È tutta la sera che voglio farlo.» Abbassò le labbra sulle sue e la baciò con un'intensità tale da sconvolgerla.

«Ehi, trovatevi una stanza!» gridò qualcuno.

Regan si staccò da Chip e gli fissò il viso arrossato. «Caspita!»

«Troviamoci una stanza da qualche parte come ha detto quel tizio.»

Regan scosse la testa. «Non posso. Meaghan sta con me e Darcy. Non voglio che si faccia un'idea sbagliata.»

«Idea sbagliata? Come sarebbe a dire? Tu mi vuoi quanto io voglio te.»

«Mi sono ripromessa di aspettare finché non fosse stato giusto. A qualcuno sembrerà una cosa da sfigati, ma spero che tu capisca. Siamo usciti insieme solo un paio di volte e non sono pronta.»

Chip si passò una mano tra i capelli biondi ed emise un lungo sospiro. «Per quanto tempo Meaghan resterà con te?»

«Finché Sheena e Tony non avranno una casa tutta loro o finché non avremo abbastanza soldi per rinnovare le suite.» Regan trattenne il respiro. Se Chip non avesse collaborato, se ne sarebbe andata.

Chip fece diversi respiri profondi. «Ok, è meglio che ti riporti alla tua suite, così posso andare a casa a farmi una doccia fredda.»

«Grazie.» Sentendosi allo stesso tempo saggia e sciocca, Regan si accomodò sul sedile del passeggero e aspettò che Chip si mettesse al volante e avviasse il motore.

CAPITOLO 37

DARCY

Qualche giorno dopo, Darcy entrò con il furgone nel parcheggio di Publix, sperando di poter entrare e uscire dal negozio di alimentari in fretta. Era preoccupata di rispettare la scadenza per la sua rubrica sul giornale. Da quando aveva iniziato a scriverle, si era resa conto che tutti avevano una storia da raccontare. Anche adesso, mentre entrava nel negozio, studiava le persone intorno a lei, chiedendosi cosa si nascondesse dietro i loro sorrisi, i loro cipigli e i loro sguardi tormentati.

Era in piedi nel reparto ortofrutta, cercando di decidere tra un ananas intero o un contenitore di pezzi di ananas, quando sentì una voce alle sue spalle dire: «Ciao, Darcy!»

Si girò di scatto e si trovò di fronte Bill Blakely. «Ciao, Bill. Come stai?»

Lui scrollò le spalle. «Me la cavo bene, credo. La famiglia è tornata a casa, quindi sono qui a cercare di decidere cosa devo andare a prendere.» Distolse lo sguardo e poi lo rivolse a lei. «La verità è che dovevo uscire di casa. Mi sento molto solo, senza Margery.»

«Mi dispiace molto, Bill. Dopo essere stati sposati per tanti anni, dev'essere difficile stare da soli» disse Darcy, consapevole del suo dolore. «Hai programmi per pranzo?»

Il suo volto si illuminò. «Non che mi ricordi.»

Darcy sorrise. «Che ne dici di venire a pranzo con me da Gracie, il ristorante del nostro hotel. Avrai la possibilità di vedere il Salty Key Inn.»

«Be', mi piacerebbe molto» disse. «Aspetterò fuori e ti seguirò quando sarai pronta.»

«Non ci metterò molto» disse Darcy. «Devo solo prendere alcune cose.»

Alcuni minuti dopo, Darcy incontrò Bill all'esterno. «Pronto?»

Lui annuì con entusiasmo e saltò su dalla panchina di legno su cui era seduto fuori dal negozio. «Ci vediamo all'uscita.»

Darcy tornò al furgone e guardò divertita Bill che si avvicinava alla sua auto, con il motore acceso come se non vedesse l'ora di decollare.

Lei fece da apripista per uscire dal parcheggio e imboccare la strada principale verso l'albergo, contenta dell'eccitazione di Bill.

Quando entrò nel parcheggio dell'edificio delle suite, Bill si fermò accanto a lei.

Lei scese dall'auto e aspettò che Bill la raggiungesse. Poi indicò l'insegna di legno intagliato in lontananza, vicino all'ingresso. «Quando sei arrivato, hai notato l'insegna che ha fatto Austin? Ha fatto un lavoro molto bello.»

Bill annuì. «È bravo praticamente in tutto.»

«Spero che non ti dispiaccia. Scarico la spesa e poi andiamo al ristorante attraversando il prato. Così potrai vedere com'è fatta una delle suite prima che le rifacciamo.»

«Certo. Vorrei dare un'occhiata a tutto. Austin era piuttosto eccitato da tutto quello che state facendo.»

Regan non si trovava da nessuna parte quando Darcy entrò nella loro suite. Mise rapidamente in frigo ciò che doveva essere conservato al freddo e, mentre Bill studiava in silenzio ciò che lo circondava, Darcy mise via il resto della spesa. «Ok, sono pronta. Andiamo.»

Mentre attraversavano il prato, Darcy spiegò a Bill come l'apertura stesse avvenendo per gradi e raccontò i cambiamenti che sperava di apportare in futuro.

Lui annuì. «Mi sembrano buone idee. Mi ricordo di quando questo era un bel posto per famiglie.»

«È quello che speriamo torni a essere» disse Darcy. Fece strada fino al ristorante e attese che una cameriera offrisse loro un tavolo.

Quando Lynn si avvicinò, le si spalancarono gli occhi. «Bill Blakely? Sei tu? Come stai? Mi è dispiaciuto sapere della morte di Margery.»

«Ciao, Lynn. Grazie. Sono qui con Darcy, a dare un'occhiata in giro.»

«Bene, ora seguitemi. Ho un bel posto qui.» Li condusse a un tavolo vicino al patio e al riparo dal sole.

«Grazie» disse Darcy, mentre Bill la aiutava a salire sulla sedia e poi si sedeva di fronte a lei.

Lynn consegnò a ciascuno di loro un menu. «Torno con l'acqua. C'è altro da bere?»

Darcy e Bill scossero la testa e lei se ne andò.

«Il cibo qui è delizioso» disse Darcy. «Ordina tutto quello che vuoi. Offro io.»

«Il miglior appuntamento che ho avuto da molto tempo a questa parte» disse Bill con un luccichio negli occhi.

Darcy rise. «C'è un prezzo da pagare, però. Una volta mi hai detto di essere stato in Vietnam e mi chiedevo se potessi intervistarti qualche volta per la rubrica che scrivo per il giornale. La rubrica presenta diverse persone della zona, con o senza menzione, e i diversi accadimenti della loro vita.»

«Be', credo di poterlo fare» disse Bill. «Vieni a pranzo da me e faremo due chiacchiere.»

«Affare fatto.»

Ordinarono il pranzo e parlarono dell'albergo. Cercando di non fare la ficcanaso, ma non riuscendo a controllare la sua curiosità, Darcy infine gli chiese: «Come fai a conoscere

Lynn?»

Bill sorrise. «Suo marito Benny e io giocavamo a golf ogni tanto, prima che si ammalasse. Mi ha sorpreso vederla qui.»

«È una lavoratrice apprezzata qui al ristorante» disse Darcy.

Bill annuì e diede un altro morso al famoso sandwich di pollo fritto di Gracie. «Delizioso.»

Regan entrò nel ristorante, le vide e si avvicinò al tavolo. «Ciao, Darcy! E lei è il nonno di Austin, vero?» Al suo cenno, continuò: «È un piacere vederla. Mi è dispiaciuto sapere della morte di sua moglie.»

«Grazie.»

Darcy sorrise a Regan. «Abbiamo quasi finito di mangiare, ma vuoi unirti a noi?»

«No, grazie. Sono qui per prendere del cibo da asporto. Sto supervisionando la consegna dei copriletti.»

Mentre si allontanava, Darcy spiegò a Bill che si stavano preparando ad aprire l'hotel il giorno del Labor Day. «Dato che probabilmente i lavori di costruzione del nuovo ristorante saranno ancora in corso e la ristrutturazione non sarà completata quando apriremo, stiamo offrendo sconti speciali a chi prenota in anticipo.»

«Buona idea» disse Bill. Bevve un sorso d'acqua, si tamponò la bocca con il tovagliolo e disse: «Grazie per il pranzo. È meglio che ti lasci al tuo lavoro, ma chiamami quando vuoi e sarò lieto di aiutarti con la tua rubrica.»

Lei si alzò con lui. «Ti accompagno alla macchina.»

Mentre attraversavano il prato dirigendosi all'edificio delle suite, Bill disse: «A Margery eri piaciuta molto, Darcy. Anche a me.»

Una scarica di emozioni la fece arrossire. «Grazie.»

Lui le rivolse uno sguardo fermo. «Austin sarà in città questo fine settimana.»

Darcy si sforzò di sorridere al punto che le fece male al viso. «Salutamelo. Io sarò molto impegnata con l'albergo.»

«Ok, glielo farò sapere.»

Quando raggiunsero la sua auto, Darcy diede a Bill un rapido abbraccio. «Grazie per aver pranzato con me. Ci vediamo.»

Bill iniziò a dire qualcosa, poi si fermò. «Va bene, Darcy. Ci vediamo presto, spero.»

Darcy aspettò che Bill uscisse dal parcheggio prima di girarsi ed entrare.

Sospirando profondamente, si lasciò cadere sul divano, dicendosi che sarebbe stato sciocco piangere per un ragazzo che non era interessato a lei.

Meaghan entrò nella suite. «Ciao, zia Darcy. Cosa stai facendo?»

«Sto solo riprendendo fiato prima di andare in ufficio. Hai finito il tuo turno da Gracie?»

«Sì. Ora posso incontrare i miei amici in spiaggia. E, Darcy, credo di piacere a uno dei ragazzi.»

«Davvero? Vuoi portarlo qui così lo conosciamo tutti?» Darcy riuscì a malapena a mantenere una faccia seria.

«No. Non ancora» disse Meaghan. «Michael e Randy sanno essere molto cattivi.»

«Credo che la maggior parte dei fratelli a volte sia così.»

«Sì, quando mi sposerò e avrò dei figli, avrò tutte femmine» annunciò Meaghan prima di uscire di corsa dalla stanza.

Darcy rise. Se Meaghan aveva la sua di fortuna, si sarebbe ritrovata con una casa piena di figli maschi. Le lacrime le punsero gli occhi. Sarebbe morta di imbarazzo se le sue sorelle avessero saputo che era arrivata a sognare i figli che voleva avere con Austin.

Nel suo ufficio, Darcy fissava incredula lo schermo del computer. Avevano ricevuto la prima richiesta di prenotazione dalle sue vecchie compagne di stanza, Alex Townsend e Nicole Coleman. Le si seccò la bocca. Non era pronta a far vedere ad Alex l'hotel nel suo stato attuale. Sentiva già la risata beffarda di Alex in testa.

Sheena irruppe nell'ufficio sventolando un foglio di carta. «Abbiamo la nostra prima prenotazione!»

Darcy annuì con un'espressione cupa. «Lo so. Per il weekend del Labor Day.»

«Che ti succede? Non sei felice?»

«È da parte delle mie vecchie compagne di stanza. Ricordi la ragazza snob di cui ti ho parlato?»

«Oh, sì. Ora capisco. Ma, Darcy, loro, come tutti i nostri ospiti, devono capire che la proprietà è in fase di transizione. Dovremo farglielo capire.»

Darcy temeva il pensiero di dirglielo.

CAPITOLO 38
REGAN

Regan fece un passo indietro e ammirò il copriletto e i cuscini dai colori vivaci che aveva messo sul letto. Insieme alle tende, aggiungevano alla stanza una certa classe che le piaceva. Si guardò intorno, osservando tutti i cambiamenti. I colori, i tessuti, le finiture si sposavano bene tra loro: non erano di lusso, ma erano comunque di buon gusto. Tenendo fede al loro voto di essere oneste sul tipo di posto che doveva essere, pensò che lei e le sue sorelle avevano preso una decisione saggia. Nessuno avrebbe potuto lamentarsi di questa o delle altre stanze una volta completate.

Guardò fuori dalla finestra e si accigliò. Il giardino aveva bisogno di ulteriori ritocchi. Un giorno avrebbero creato un'area di ristoro proprio accanto alla piscina, ma fino ad allora avrebbe suggerito alle sue sorelle di aumentare il numero di piante che la circondavano.

Sheena entrò nella stanza e si guardò intorno. «Sembra tutto perfetto. Rosa e Paul sono pronti a venire questa sera per testare tutto.»

«Bernice e la sua famiglia verranno durante il fine settimana. Così avrà la possibilità di vedere che tipo di lavoro comporterà occuparsi delle pulizie per noi.»

«Ho stipulato un accordo con Rocky per la manutenzione e con la squadra di Brian per il giardinaggio. Con questi preventivi di spesa, ho un'idea più precisa dei costi legati al loro lavoro. Naturalmente, mi preoccupa aggiungere il costo dei domestici.»

Regan si sentì agitare lo stomaco. «Ce la faremo, vero?»

«Lo spero» disse Sheena. «Oggi pomeriggio mi incontrerò con Holly per definire gli sconti per il bar. E ho pensato di informarmi anche su altre attività commerciali.»

«Stasera esco con Chip» disse Regan. «Posso chiedere al Pink Dolphin se sono interessati.»

«Sarebbe fantastico» disse Sheena, rivolgendole uno sguardo fermo. «Sei seriamente interessata a Chip?»

Regan sospirò. «Non ne sono sicura.»

«Perché?»

«L'ho fatto arrabbiare quando non ho voluto trovarmi una stanza con lui. So che sembra infantile da parte mia, ma voglio essere molto sicura prima di fare una cosa del genere.»

Sheena la abbracciò. «Buon per te!»

«Allora, capisci?»

«Sì, certamente. Amo Tony e lo amerò sempre, ma vorrei aver avuto più tempo per me prima di impegnarmi con qualcuno.»

«La penso anch'io così. Ora che mi sento meglio con me stessa, voglio vedere cosa posso fare con Mo, imparando da lui e lavorando con lui.»

Il cellulare di Regan squillò. Lo controllò e sorrise. «A proposito di Mo, eccolo qui.»

Sheena la salutò con un piccolo cenno e uscì dalla stanza.

«Ehi, Mo! Come va?» chiese Regan.

Al suono di un singhiozzo, Regan sentì gli occhi spalancarsi. «Cosa c'è che non va?»

«Juan mi ha lasciato» riuscì a rispondere Mo con voce soffocata.

«Oh, tesoro, mi dispiace. Cosa posso fare per aiutarti?»

«Posso venire da te? Ho bisogno di una spalla su cui appoggiarmi e tu sei la persona migliore che conosca.»

A Regan si sciolse il cuore. «Certo, sono qui per te, Mo.»

Regan chiuse la chiamata e controllò l'ora. Chip sarebbe dovuto passare a prenderla di lì a un'ora. Digitò il suo numero e fu costretta a lasciare un messaggio per annullare il loro appuntamento. Non poteva lasciare Mo in quel modo.

Regan stava facendo una lista di cose che voleva che Bernice annotasse per la sua nuova impresa di pulizie, quando Mo entrò in ufficio e si sedette su una sedia accanto alla sua scrivania.

Dopo aver osservato il modo in cui i suoi occhi si riempivano di lacrime, Regan si alzò dalla sedia e lo abbracciò. «Mi dispiace tanto, Mo. Che cos'è successo tra te e Juan?»

Lui scrollò le spalle. «Non ne sono sicuro. Dice che vuole solo guardarsi intorno per un po'.»

Regan esitò e poi sbottò: «Ti meriti di meglio, Mo. Ho visto come Juan flirtava quando eravamo al Tamales.»

«Ma io lo amavo» protestò Mo. «Pensavo che io e lui avessimo un futuro insieme.»

«Avrai un futuro migliore senza di lui» disse Regan senza mezzi termini.

Mo la studiò. «Lo pensi davvero?» Regan annuì.

In quel momento le squillò cellulare, interrompendoli.

Rispose alla chiamata.

«Che fai, mi dai buca all'ultimo momento?» La voce di Chip era molto bassa, molto tesa.

«Mi dispiace, ma Mo ha avuto un contrattempo. Dovremo fare un'altra sera.» Regan si sforzò di nascondere il fastidio per il suo tono. «Non è una cosa così importante.»

«Davvero?»

«Oh, Chip, non volevo dire questo» disse Regan. «È solo che possiamo uscire un'altra sera. Giusto?»

«Credo di non avere scelta. Ci sentiamo più tardi.» Riattaccò il telefono.

Regan si accigliò. Chip non le aveva nemmeno chiesto cosa c'era che non andava.

CAPITOLO 39
SHEENA

Mentre aspettava che Rosa e Paul si presentassero all'hotel come primi "ospiti di prova", Sheena si sentiva i nervi tesi come una fune. Anche se si trattava di una prova, voleva che tutto fosse perfetto.

Quando l'auto dei suoceri entrò nel parcheggio, Sheena gli andò subito incontro. «Salve, benvenuti al Salty Key Inn. Posso aiutarvi con i bagagli?» disse, recitando il suo ruolo.

Paul aprì il bagagliaio dell'auto e ne estrasse una grande valigia con le ruote.

Sheena disse: «Andiamo all'ufficio della reception a fare il check-in.» Mentre si portava dietro la valigia, Sheena si guardò intorno con occhio critico. Il marciapiede che collegava il parcheggio era pulito e ampio, ma privo di piante.

Lasciarono la valigia fuori dall'ufficio della reception e Sheena si rese conto che avrebbero avuto bisogno di un posto asciutto dove mettere i bagagli in caso di pioggia, o forse avrebbe semplicemente chiesto agli ospiti di tenere le valigie in macchina finché non gli fosse stata assegnata una stanza.

Regan li stava aspettando nel piccolo ufficio. Fece loro un ampio sorriso. «Voi dovete essere il signore e la signora Morelli. Benvenuti al Salty Key Inn.»

Rosa disse: «Sì, è la prima volta che veniamo qui. Spero che ci abbiate dato una stanza a bordo piscina.»

Regan controllò lo schermo del computer e annuì. «I vostri alloggi sono al primo piano, con vista sulla piscina.»

«So che abbiamo detto che ci saremmo fermati due notti,

ma dobbiamo cambiare a una notte. È possibile?»

«In questo caso, sì» rispose Regan affabilmente. «Normalmente addebiteremmo una penale di cancellazione per aver effettuato la modifica così tardi, ma siamo felici di venirvi incontro.»

Sheena annuì alla sorella. Regan aveva gestito la situazione senza fare una piega. Era evidente che il suo vecchio lavoro di receptionist le aveva insegnato molto su come comportarsi con il pubblico.

Dopo il check-in, Sheena consegnò alla suocera un foglio di carta. «Ho stilato questo elenco da utilizzare per valutare il vostro soggiorno.»

Rosa lo prese e lo infilò nella borsa. «Grazie, tesoro. Lo userò. Lo prometto.»

Sheena rise. «So che lo farai. È per questo che vi abbiamo voluto qui.» Li condusse fuori e li portò all'Edificio Airone. «Alloggerete nella stanza numero A-105.»

Mentre le accompagnava lungo il corridoio, Sheena decise che le pareti avevano bisogno di qualche quadro. Quando lei e Darcy avevano pulito l'ufficio, avevano trovato delle vecchie fotografie di com'era il posto negli anni Settanta. Sheena decise di far fare degli ingrandimenti e di farli incorniciare.

Inspirando nervosamente, Sheena aprì la porta della stanza, consegnò la chiave magnetica a Paul e fece un passo indietro.

Rosa entrò ed espresse la sua approvazione. «Oh, è perfetto! Lo adoro!» Si rivolse a Sheena con gli occhi lucidi. «Voi ragazze avete fatto un lavoro meraviglioso.»

«L'hanno arredata Regan e Mo» disse Sheena.

«Sì, ha il loro tocco speciale.»

Sheena li lasciò sistemare e si affrettò a tornare nell'ufficio della reception. «Ottimo lavoro, Regan. Ora speriamo che facciano una buona visita.»

Darcy entrò in ufficio trafelata. «Scusate il ritardo. Mi trovavo nel bel mezzo di un articolo per il giornale e ho dimenticato l'ora. Com'è andata con i genitori di Tony?»

Sheena alzò il pollice. «La stanza è piaciuta. Ma, dopo averla vista attraverso i loro occhi, sto iniziando una lista di tutte le cose che vorrei cambiare.»

«Come stiamo andando con i soldi?» chiese Darcy.

Il sospiro di Sheena fu tutto dire. «Diciamo che sono molto preoccupata di iniziare bene. Come abbiamo detto, i nostri ospiti devono capire la nostra situazione.»

«Ho cercato di parlare con le mie vecchie coinquiline per rimandare il tutto a quando le cose andranno meglio, ma potrebbero venire comunque» disse Darcy, rivolgendo a entrambe uno sguardo preoccupato.

Sheena le posò una mano sulla spalla per confortarla. «Capisco quanto tu sia preoccupata per la loro reazione, soprattutto per quella di Alex, ma dovremo fare del nostro meglio.»

Quando Sheena tornò nella suite, trovò sul bancone della cucina un biglietto di Michael che diceva: «Sono fuori con degli amici. Torno presto.»

Un senso di inquietudine la travolse. Prese il cellulare e lo chiamò. Non rispose.

Si sentiva ancora molto inquieta per il biglietto di Michael quando dalla porta entrò Tony.

«Sono distrutto» disse, appoggiando la bottiglia d'acqua sul bancone. «Vuoi fare una nuotata prima di cena?»

Sheena gli diede un bacio sulla guancia. «Buona idea. Sono a pezzi pensando al soggiorno dei tuoi genitori all'hotel.»

Nella loro camera da letto, Sheena si spogliò e prese il costume da bagno.

«Aspetta! Vieni qui» disse Tony. La attirò a sé, premendola contro la sua pelle nuda, trasmettendole un'ondata di interesse che corrispondeva al suo.

«Dov'è Meaghan?» le mormorò all'orecchio.

«L'ultima volta che l'ho vista era con i tuoi genitori in piscina» rispose Sheena, mentre il desiderio le vorticava dentro.

Tony la lasciò per andare alla finestra e guardare attraverso le persiane. Si voltò verso di lei con un sorriso. «Sembra che tutti si stiano divertendo. Mi dia un secondo per chiudere la porta e poi, signora Morelli, lei è mia.»

«Pensavo che fossi stanco» disse lei scherzando, notando quanto lui sembrasse pronto a scatenarsi.

Lui rise. «Non per questo.» Si allontanò dalla porta, la prese in braccio e la adagiò sul letto.

Sdraiato accanto a lei, Tony le accarezzò il corpo con tocchi sicuri ma teneri. Sheena rispose, le piaceva il modo nuovo e spontaneo in cui avevano iniziato a fare l'amore ogni volta che potevano. Non era sicura se fosse il clima caldo e soleggiato o il fatto che Tony non fosse costantemente preoccupato per i suoi affari, ma era cambiato da quando era arrivato in Florida.

Lui le palpò i seni e li stuzzicò, trasmettendole una scossa di desiderio. Quando sostituì le mani con la bocca, lei emise un gemito di soddisfazione.

Lui sollevò la testa e avvicinò il viso in modo che le loro labbra potessero incontrarsi. Quando le infilò la lingua in bocca, spostò le mani più in basso, accarezzandola in modi che richiedevano una risposta ancora più forte da parte di Sheena. Dopo aver giocato ed essersi dati piacere l'un l'altra, si mossero insieme in un ritmo che portò entrambi all'estasi.

Ridacchiando, soddisfatto di sé, Tony la strinse tra le braccia. «Pensi che sarà così anche dopo che i ragazzi se ne saranno andati?»

«Lo spero» disse Sheena, posandogli la testa sul petto, sentendo il forte battito del suo cuore, desiderando che potessero rimanere così per sempre.

Più tardi, quella sera, Sheena e Tony si trovarono di fronte due ragazzi strafatti.

Furiosa per il fatto che avessero ignorato le sue regole, Sheena li fulminò con lo sguardo. «Perché mai avreste dovuto fare una cosa del genere? Fate entrambi sport e conoscete i danni che le droghe possono provocare al cervello e al corpo. Lo sapete bene!»

«Droga? È solo erba» disse Randy.

Sheena esplose. «Che vi piaccia o no, io la considero una droga e anche la polizia federale. E che vi piaccia o no, voi due siete in punizione perché non ne permettiamo l'uso.»

«Cosa? Mia madre la fuma sempre» disse Randy.

«Già, ci trattate come dei bambini» brontolò Michael.

«Hai sentito tua madre. Sei in punizione» disse Tony, in piedi accanto a lei, mettendole una mano sulla spalla. «Potete andare agli allenamenti e alle partite di baseball, ma poi dovete tornare subito a casa. Capito?»

«A meno che non torniamo a casa del tutto. Vero, Michael?» disse Randy.

Si scambiarono un sorriso idiota.

«Non cominciate» disse Sheena, rendendosi conto che nel loro stato d'animo non poteva comunicare con loro.

Dopo che i ragazzi se ne furono andati in camera da letto, Sheena e Tony si sedettero nel patio a parlare a bassa voce.

«Non pensavo che avere Randy con noi sarebbe stato così difficile» disse Sheena. «Non abbiamo avuto questo tipo di problemi con Michael fino ad ora.»

«Siamo incastrati» disse Tony cupo. «Dobbiamo

dimostrare a Randy che non siamo come i suoi genitori, che gli staremo vicino finché non potremo più farlo. Domani cercherò di parlare con lui da soli. Se ancora parla di andarsene, glielo lasceremo fare.»

«Ok» disse Sheena. «Vediamo dove ci porta.»

CAPITOLO 40
DARCY

Darcy non si era resa conto di quanto sarebbe stato difficile tenere il passo con le rubriche settimanali del giornale. Quando ne parlò con Nick, lui le suggerì di preparare qualche articolo in anticipo. Con questo proposito, prese il telefono e chiamò Bill Blakely.

«Darcy! Sono felice di sentirti. Ho detto ad Austin che avrei fatto un'intervista con te e lui mi ha incoraggiato ad andare avanti.»

«Ottimo. Non vedo l'ora di incontrarti. Quando vuoi fissare il nostro appuntamento?»

«Perché non vieni a pranzo domani? Potremo fare l'intervista in quell'occasione. Peccato che Austin non sia potuto rimanere qui. Ma gli ho promesso che avresti preso buoni appunti e poi potremo condividerli con lui.»

Darcy fece una pausa. Meno aveva a che fare con Austin e meglio era, ma in cambio dell'intervista doveva concedere qualcosa a Bill. «Sarò felice di mandargli quegli appunti via email.»

«Sì, puoi fare anche questo.»

Si salutarono e Darcy andò a lavorare a un articolo che stava scrivendo su Clyde, il membro più giovane della gente di Gavin. Maggie aveva accettato di restare con Clyde mentre li intervistava entrambi su come Clyde, con le sue disabilità, fosse entrato a far parte del gruppo.

Scorrendo la prima stesura della rubrica, Darcy capì con quanta facilità Clyde avrebbe potuto essere una persona persa per strada, abbandonata a sé stessa e senza uno scopo nella vita.

Maggie aveva conosciuto Clyde quando sua madre era venuta a morire in ospedale, diversi anni prima. All'epoca, poco più che ventenne, Clyde aveva sempre vissuto a casa. Per alcuni pomeriggi alla settimana, aveva lavorato per un vicino, immagazzinando merci nel loro piccolo negozio di alimentari. Sapendo di essere alla fine della sua vita, la madre di Clyde aveva pregato Maggie di prendersi cura di suo figlio, di trovare un buon posto dove potesse vivere e lavorare.

Darcy ripensò alla loro conversazione.

«La mamma ha detto che devo stare con Maggie mentre la mamma è in cielo. Vero, Maggie?»

Maggie gli sorrise e gli strinse la mano. «Sì, abbiamo fatto in modo che funzionasse, non è vero?»

«Sì. Viviamo qui» disse Clyde con orgoglio. «Io ti aiuto. Anch'io sono bravo. Come ha detto la mamma.»

Vedere la loro interazione aveva toccato il cuore di Darcy.

Maggie non voleva che venissero usati i loro nomi, ma era d'accordo che la loro storia avrebbe potuto dare spunto a un altro articolo sulla necessità di aiutare le persone handicappate. Ma quando Darcy chiese maggiori informazioni su Maggie stessa, Maggie la zittì. Darcy accettò con garbo che Maggie non aveva intenzione di condividere altri dettagli della sua vita, ma sperava che un giorno l'avrebbe fatto.

Ancora una volta, Darcy esaminò quello che aveva scritto alla ricerca di errori grammaticali e di uno stile più pulito, più ordinato, migliore.

La mattina dopo, Darcy si incontrò con le sue sorelle per esaminare la lista di commenti che Rosa e Paul avevano compilato per loro.

Riunite intorno al tavolo nella suite di Sheena, studiarono attentamente ogni risposta e si scambiarono sguardi torvi. Rosa era stata corretta ma diretta nelle sue risposte.

«Ok, facciamo un elenco delle cose da fare e poi stabiliamo le priorità» disse Sheena. «Siamo tutte d'accordo di procedere a mettere altre piante intorno alla piscina, sì?»

Darcy fece un cenno di assenso. «Darà un'autentica atmosfera tropicale all'area. Dato che il nuoto è l'unica attività che offriamo al momento, credo sia importante.»

«E sei d'accordo che abbiamo bisogno di un paio di sedie da spiaggia pieghevoli da offrire ai nostri ospiti?» le chiese Sheena.

Darcy annuì. «Solo perché costano poco.»

«E solo se ne compriamo poche» aggiunse Regan.

«E la zona del molo? Ora che il molo è sistemato e abbiamo i due kayak, direi di aspettare a fare qualsiasi altra cosa finché anche Brian non avrà il suo molo e poi combinare le due attività» disse Regan. «È quello di cui Michael parla sempre.»

«Sì» disse Sheena. «Brian gli sta chiedendo di dirigere la gestione quando sarà pronto. E questo solo se non lo lego per tenerlo fuori dai guai. Lui e Randy si sono fatti una canna ieri sera.»

Darcy non riuscì a trattenere la sua preoccupazione. «So che Michael è un bravo ragazzo, ma Randy mi sembra un po' un rompicapo. Pensi di aver fatto bene a prenderlo con te per l'estate?»

«A volte non ne sono sicura» disse Sheena, «ma poi lo vedo reagire a noi in modo affettuoso e so che è la cosa giusta da fare. Ma non gli piace il fatto che lo stiamo osservando. Randy ha persino suggerito a Michael di non tornare affatto a casa.»

«Ehi!» disse Regan. «Non mi piace questa cosa.»

«Sai che ti dico?» sbottò Darcy, «farò io stessa una bella

chiacchierata con Michael. Sa che non sopporto certe stronzate.»

Sheena le rivolse uno sguardo fermo. «Sì, credo che potrebbe essere una cosa positiva. Grazie, Darcy.»

Un brivido di soddisfazione pervase Darcy. Fino a poco tempo prima, Sheena avrebbe potuto sentirsi offesa da una simile offerta, ma la loro crescente amicizia stava cambiando le cose.

Passarono poi a parlare del coupon che avevano offerto a Paul e Rosa per ottenere sconti su cibo e bevande nella casa accanto.

«Gli è piaciuto molto!» disse Sheena. «Penso che dovremmo provare a fare accordi con altri ristoranti nelle vicinanze. Che ne pensate?»

«Mi piace l'idea» disse Regan. «Forse Darcy può progettare un volantino che elenchi tutti gli sconti che possiamo proporre.»

«E i volantini che stavi disegnando per le nostre tariffe speciali?» chiese Sheena. «Pensavo che li avremmo già avuti, Darcy.»

Darcy trattenne una risposta difensiva. Anche lei era preoccupata di arrivarci in fondo. «Ci penserò stasera.» Controllò l'orologio. «Adesso ho un appuntamento con Bill Blakely per un'intervista per il giornale.»

Sheena le rivolse uno sguardo preoccupato. «Questa faccenda del giornale non interferirà con le scadenze che hai con noi, vero?»

«No» disse Darcy. «Non lo permetterò.» Ricordava di aver letto di scrittori e scadenze. Ora capiva meglio la pressione che esercitavano. Si alzò. «Credo che sia meglio che vada. Non preoccupatevi. Farò la mia parte.»

Durante il tragitto verso la casa di Bill, Darcy ricordò come la sua casa fosse sembrata così ricca, così calorosa per l'amore che aveva condiviso con Margery e l'affetto che entrambi nutrivano per Austin. Quei sentimenti erano stati quasi tangibili. Stando con lui in quell'atmosfera e poi condividendo con lui quel bacio, si era aperta a un uomo come non aveva mai fatto prima, permettendogli di vedere quanto fosse vulnerabile. Stordita dalle sensazioni che Austin aveva provocato in lei, era crollata come un albero in una tempesta.

A Darcy sfuggì un lungo sospiro tremolante. Ora che aveva provato un tale legame emotivo e fisico con Austin, non si sarebbe accontentata di meno con qualcun altro, anche se questo significava che sarebbe rimasta zitella. L'amore era molto più che ricevere, ora lo sapeva. Era donarsi all'altro.

Non appena si fermò nel vialetto di Bill, lui uscì dalla porta d'ingresso per salutarla. Vista la sua impazienza, fu contenta di aver accettato il suo invito. Era evidente che si sentiva solo.

Bill rimase in attesa mentre lei scendeva dal furgone. «Entra pure. Ho preparato il pranzo e ho trovato alcune vecchie foto dei tempi dell'esercito da mostrarti.»

«Ottimo!» disse Darcy. «Apprezzo la tua disponibilità a condividere qualche informazione con me. La mia rubrica dovrebbe dare alle persone della zona la possibilità di conoscersi, incoraggiandole a raccontare le loro storie.»

«Sembra interessante» disse Bill. «Avrò la possibilità di darci un occhio prima che lo pubblichi. Giusto?»

Darcy annuì. «Alcune persone non vogliono che si usi il loro nome e va bene anche così.»

Bill la condusse all'interno e in cucina. Sul tavolo della cucina, su due tovagliette, c'erano piatti con panini, patatine e sottaceti.

«Spero che ti piaccia il prosciutto e formaggio» disse.

«Sì» disse Darcy. «Grazie. Ha un aspetto molto

professionale.»

Lui si mise a ridere. «Ho sempre avuto a che fare con la cucina da queste parti. Ho lavorato negli alberghi e poi nella mia attività.»

Darcy annuì, ricordando l'azienda di forniture per ristoranti di cui era stato proprietario e sorrise.

Si sedettero e mangiarono in un silenzio piacevole, due persone improvvisamente timide.

«Ho pensato che sarebbe stato interessante fare una storia su un veterano del Vietnam perché molti giovani non hanno idea di quella guerra, a parte quello che hanno letto nei libri di storia. Mio padre ha fatto in modo che noi ragazze ne fossimo a conoscenza.»

«Quindi anche tuo padre ha prestato servizio in Vietnam?»

«Non fu ferito gravemente o cose del genere, ma fu terribilmente deluso dal trattamento che lui e altri commilitoni ricevettero una volta tornati negli Stati Uniti. È successo anche a te?»

«Sì, fu piuttosto brutto. I giovani che ci urlavano contro erano marmocchi viziati che non avevano idea dell'inferno che avevamo passato. La guerra è una cosa brutta e lo è sempre stata. Ma far parte di un'unità, essere disposti a dare la vita per qualcun altro è qualcosa che dice molto sulla condizione umana. Sono ancora in contatto con alcuni dei miei compagni. Uno, Joey Barrett, mi ha salvato la vita. Gliene sarò sempre grato.»

«Dove vive? Riesci a vederlo ogni tanto?» chiese Darcy.

Bill scosse la testa. «Si è suicidato non molto tempo dopo il nostro ritorno. Disse che non poteva convivere con il ricordo di quello che aveva fatto.»

Darcy si contorse lo stomaco per l'angoscia. «Mi dispiace tanto.» Crescendo, lei e le sue sorelle avevano temuto i regolari attacchi di depressione del padre.

«In compenso, ci sono quattro di noi che vivono in Florida. Un paio di volte all'anno ci riuniamo e parliamo dei vecchi tempi in cui eravamo giovani. È uno strano gruppo legato da ricordi che altri non apprezzerebbero.»

«Che cosa diresti ai giovani d'oggi?» chiese Darcy, cercando di dare una svolta al suo articolo.

«È facile» disse Bill. Si sfregò gli occhi, che avevano cominciato a lacrimare. «Gli direi di godersi le libertà che hanno perché i ragazzi come noi, e anche le donne, erano disposti a mettersi in pericolo per proteggere quelle libertà per loro. Oggi è una battaglia più grande e più difficile.»

«La situazione mondiale è piuttosto spaventosa» concordò Darcy. «A volte mi chiedo cosa succederebbe se ci fosse un altro 11 settembre. Potrebbe accadere.»

«È per questo che abbiamo bisogno di uomini e donne validi nell'esercito.» Bill scosse un dito verso di lei. «Se potessi, farei in modo che coloro che sono disposti a combattere per questo Paese, il più grande Paese del mondo, siano onorati in ogni modo possibile.»

Darcy alzò lo sguardo dagli appunti e studiò quell'uomo che era apertamente un patriota, un fiero americano. Nascose l'impulso di fargli un saluto militare. Lui e altri come lui erano una specie di angeli a sé stanti. Annotò una rapida nota. «Hai delle foto da mostrarmi?»

Bill sorrise. «Sì. Ecco alcune foto di me e dei miei amici.» Le porse un mazzo di fotografie.

Darcy guardò quella in cima. Gli uomini ritratti, seduti in mezzo alla giungla a fumare sigarette, sembravano liceali, tanto erano giovani. «Quale dei due sei tu, Bill?»

Bill indicò un ragazzo magro con una folta chioma scura che spuntava da sotto una bandana rossa legata intorno alla testa. «In questo scatto c'è solo un ragazzo innocente. Vedrai un cambiamento nelle foto successive.»

Quando Darcy ebbe finito di studiare la mezza dozzina di foto, le venne un'irrefrenabile voglia di piangere. Bill aveva ragione. Guardando le foto, Darcy vide i segni che le esperienze vissute avevano lasciato su quei giovani, le cui espressioni passavano da quelle entusiaste ad altre piene di orrore. La guerra sembrava così inutile, così tragica.

«Immagino che ti stia facendo pentire di essere venuta» disse Bill, dandole una pacca sulla spalla. «Come ho detto, ci sono stati dei bei momenti. Non molti, ma qualcuno sì.»

«Questa è una parte della nostra storia, il tessuto che rende questo un grande Paese» protestò Darcy. «E voi e i vostri amici meritate il giusto riconoscimento. Spero solo di potervi rendere giustizia.»

«Aah, non c'è problema. Voglio solo che la gente capisca quanto sono importanti i membri delle nostre forze armate per questo Paese e per gli altri. Lo dico sempre ad Austin e a Jasmine.» Sorrise. «Austin e sua cugina sono ragazzi fantastici. Mi ascoltano pazientemente ogni volta che salgo sul mio palco.»

Lo shock le bruciò le terminazioni nervose. «Jasmine è la cugina di Austin?»

«Sì. Mi dispiace che tu non sia potuta rimanere per il ricevimento dopo il funerale. Avresti potuto passare un po' di tempo con lei e conoscere i genitori di Austin. Gli ho parlato di te.»

«Davvero?»

Bill annuì. «Mi piaci, Darcy. E piaci anche a mio nipote.»

«Oh, ma...»

Lui agitò una mano per fermarla. «Non sono affari miei. Che ne dici di una tazza di caffè prima di andare? Mi hai detto che dovevi andartene per le due, ed è quasi ora.»

Darcy raccolse le sue cose e si alzò. «Grazie comunque, Bill, ma ho promesso alle mie sorelle di completare un progetto per l'hotel. Sono in ritardo sulla tabella di marcia.» Sapeva di parlare a vanvera, ma aveva bisogno di stare un po' da sola per elaborare ciò che aveva appena appreso.

Bill la accompagnò alla macchina. «Spero di rivederti. Ho intenzione di venire a pranzo da Gracie qualche volta. Lynn mi ha chiesto di vederci lì.»

«Molto bene.» Darcy gli diede un rapido abbraccio. «Grazie mille per tutto. Ti manderò una copia dell'articolo prima di inviarlo al giornale.»

«Certo. E non dimenticare che anche Austin vuole vederlo.»

Darcy annuì e si mise al volante del furgone. Con un ultimo saluto a Bill, uscì dal vialetto e si diresse verso l'hotel, così confusa dalla situazione con Austin che le venne da piangere.

Piaceva davvero ad Austin? Se sì, perché non l'aveva chiamata, non aveva chiesto di vederla o non le aveva mandato un messaggio come facevano una volta?

I ricordi dei precedenti rifiuti la travolsero, cancellando la speranza che aveva iniziato a crescerle dentro. Forse, come altre, semplicemente non era alla sua altezza.

CAPITOLO 41
REGAN

Regan era in attesa che Bernice, suo marito, Dylan Richmond, e la loro figlia, Mercy, si presentassero al Salty Key Inn. Avevano deciso di trascorrere il fine settimana all'hotel per testare la proprietà e per vedere come Bernice avrebbe gestito le mansioni di pulizia.

Di tutte le cugine di Mo, Bernice Greene Richmond era sembrata la più estroversa, la più desiderosa di fare amicizia. I suoi bei lineamenti, come quelli di Mo, erano rivestiti di una sicurezza che piaceva a Regan. Suo marito era un uomo alto, con spalle larghe, caldi occhi marroni e un sorriso spontaneo. Ma era stata Mercy ad aver catturato il cuore di Regan fin dall'inizio. La bambina aveva un'aria malinconica e dolce che la stuzzicava, ricordandole sé stessa all'età di sei anni, innocente e insicura.

Bernice la salutò con la mano mentre si dirigevano verso l'ufficio di ricevimento. Mercy saltellava dietro di lei, con una bambola in braccio e una borsetta di plastica rosa. Dylan camminava con sicurezza dietro di loro.

Regan li raggiunse, impaziente di vedere come Sheena avrebbe gestito la loro prenotazione.

Quando entrarono in ufficio, Sheena alzò lo sguardo dalle sue carte. «Benvenuti al Salty Key Inn. Ciao, Bernice, e tu devi essere Dylan Richmond.» Sheena strinse la mano a entrambi e sorrise a Mercy. «E questa chi è?»

Mercy oscillava avanti e indietro sui suoi piedi.

«Avanti, dì come ti chiami» la esortò Bernice.

«Mi chiamo Mercy Beecher Richmond» disse la bambina. «E mi chiamo come mia nonna Beecher.»

«Molto bello» disse Sheena.

«E vivo sulla Sunset Drive» aggiunse Mercy.

«Buono a sapersi» disse Sheena.

«E la mia bambola è Lotti» continuò Mercy.

Bernice rise. «Ok, basta così, Mercy. Ottimo lavoro.»

Regan e Sheena si scambiarono un sorriso. «Dopo che Sheena vi avrà fatto il check-in, vi mostrerò le vostre stanze.»

Regan restò in attesa mentre Dylan compilava i documenti e Sheena parlava loro della proprietà. «Sarete nelle camere numero A-111 e A-112» concluse Sheena. «Vogliamo essere sicuri che queste sistemazioni siano apprezzate quanto le camere che si affacciano sulla piscina. Vi preghiamo di farci sapere cosa possiamo fare per migliorarle. Abbiamo cercato di dare al loro patio un'atmosfera da giardino.»

Bernice annuì. «Sì, Regan e Mo mi hanno dato precise istruzioni di essere brutalmente onesta su tutto.» Sorrise. «Ma sarò gentile.»

«Grazie» disse Sheena. «È un grande aiuto per noi. Lo apprezziamo molto.»

«Ok, ora vi faccio fare il giro» disse Regan, conducendo Bernice e la sua famiglia fuori dall'ufficio. Quando arrivarono alla piscina, mostrò come usare la chiave del nuovo cancello e indicò dove potevano prendere asciugamani e sedie per la spiaggia. «In attesa di ulteriori miglioramenti, abbiamo installato un distributore di bibite per consentire agli ospiti di acquistare bibite fresche.»

«Cosa c'è laggiù?» chiese Dylan, indicando il lungomare.

«Abbiamo un molo sul corso d'acqua e due kayak a disposizione dei nostri ospiti. Alla fine avremo anche altri tipi di imbarcazioni. Sul retro c'è anche un campo da bocce.»

«E il ristorante? Mo dice che è favoloso.»

«Il ristorante di Gracie è il migliore, Bernice. È aperto a colazione e a pranzo. In camera troverete dei coupon per il Key Hole, il bar accanto, e per alcuni altri posti lungo questo tratto di costa.»

«Meraviglioso. Grazie mille, Regan.» Bernice esitò e poi disse: «Voglio anche ringraziarti per essere una così buona amica di Mo. È distrutto da quando è finita con Juan e il tuo incoraggiamento e il tuo sostegno significano molto per lui.»

«Onestamente, mi sembra di conoscere Mo da sempre» disse Regan. È come se fossimo fratello e sorella oltre che amici, capisci?»

Bernice e Regan si guardarono e scoppiarono a ridere.

«Be', sai cosa intendo» disse Regan.

Bernice le diede un rapido abbraccio. «Sì, mi piace.»

Mentre proseguivano per la loro strada, Regan cominciò a innervosirsi in attesa di vedere come avrebbero reagito agli interni.

Mo aveva aiutato con gli accessori per la stanza, ma l'idea di base dell'arredamento era sua.

Aspettarono che Dylan prendesse le valigie dal suo furgone e poi Regan li condusse dentro. Trattenne il respiro quando Dylan aprì la porta.

«Bello!» esclamò Bernice, entrando nella stanza d'angolo. Si guardò intorno e sorrise a Regan. «Mo ha detto che hai talento e sono d'accordo. Questo arredamento è perfetto per questo tipo di proprietà.»

«Vedremo quanto sarà facile per la vostra nuova squadra pulirlo» disse Regan. «Siamo davvero contenti di averti qui a lavorare con noi.»

«Tra te e Mo non c'era modo di dire di no» disse Bernice. «Ma sono contenta che tu mi abbia convinto ad aprire un'attività in proprio.»

«Anch'io» disse Dylan.

Regan li lasciò e tornò alla reception per parlare con Sheena. Quando entrò in ufficio, Sheena la accolse con un piccolo grido di gioia. «Indovina un po'? Abbiamo altre due prenotazioni per il nostro speciale weekend del Labor Day. Una persona dalla Georgia e una coppia da Orlando.»

«Fantastico!» L'eccitazione si accese in Regan. L'apertura dell'hotel era più vicina ad avverarsi.

CAPITOLO 42
DARCY

L'iniziale euforia di Darcy nell'apprendere che Jasmine era la cugina di Austin era svanita. Decise di non chiamarlo. In passato era stata impulsiva nel farlo, ma non aveva intenzione di ripetere lo stesso schema con Austin. Era troppo speciale per lei. Che le piacesse o no, avrebbe dovuto aspettare che si facesse sentire lui. Era l'unico modo per essere sicura del suo interesse.

Costringendosi a dedicarsi al lavoro, Darcy lavorò a un articolo basato sulla sua conversazione con il nonno di Austin. Aveva promesso a Nick e Sandy una visita, e voleva finire l'articolo in tempo per farlo leggere a Nick. Le si strinse il cuore al pensiero delle sue condizioni. Quando lo aveva visto per la prima volta, le era sembrato Babbo Natale. Ma nel giro di un paio di mesi, quell'immagine era stata distrutta da una malattia che gli stava divorando il corpo.

Darcy bevve un sorso d'acqua e iniziò a scrivere di un'epoca e di una questione che molti ancora ignoravano. Una volta terminata la prima stesura, si alzò dalla sedia e uscì.

Le voci delle persone in piscina la fecero avvicinare. In acqua c'era una coppia che stava insegnando alla figlia a immergersi per cercare un oggetto.

«Ciao, Bernice! Sono felice che tu e la tua famiglia siate qui» disse Darcy salutandoli.

Bernice annuì e la salutò con la mano. «Sì, vieni a conoscere mio marito, Dylan, e mia figlia, Mercy.»

Darcy usò la chiave magnetica che portava sempre al collo

e aprì il cancello. «Com'è l'acqua?»

Dylan sorrise. «Perfetta, grazie.» Era un bell'uomo, pensò Darcy. Se glielo avessero chiesto, avrebbe detto che assomigliava a Jamie Foxx.

«E chi è questo pesciolino?» Darcy chiese a Mercy, che era uscita dall'acqua e le si era piazzata di fronte.

«Non sono un pesce» disse la bambina ridendo. «Sono Mercy Beecher Richmond.»

«Be', nuoti come un pesce. Stai attenta, presto ti cresceranno le branchie» la prese in giro Darcy.

Mercy aggrottò le sopracciglia, con aria preoccupata, e poi rise. «Te l'ho detto, non sono un pesce.»

Darcy sorrise. «Be', sei una ragazza intelligente.» Si girò verso Bernice e Dylan. «Divertitevi durante il vostro soggiorno.»

Tornata alla sua scrivania, Darcy riguardò quello che aveva scritto. Per molti aspetti, era contenta di scrivere sotto lo pseudonimo di Dee Summers, perché alcuni lettori avrebbero potuto essere infastiditi dai suoi articoli. In questo in particolare, aveva sollevato il problema di bruciare la bandiera americana. Era uno dei diritti civili in America, ma dopo aver ascoltato Bill raccontare alcune delle cose che aveva passato per proteggere quella bandiera, Darcy pensò che doveva sembrare uno schiaffo a coloro che avevano servito nell'esercito e si erano sacrificati. Il suo articolo avrebbe ricevuto molte lettere, alcune buone, altre meno. Ma il suo editore sarebbe stato contento. E Nick l'aveva avvertita che queste storie non erano sue, ma delle persone che aveva intervistato.

Sheena entrò in ufficio. «Che fai?»

«Sto riguardando il mio articolo» disse Darcy. «Vuoi dare un'occhiata?»

«Certo.» Sheena accettò il foglio da Darcy e si sedette a

leggerlo.

Darcy osservò il flusso di emozioni che attraversava il volto di Sheena. Le si seccò la bocca. Aveva esagerato con tutte le sue riflessioni sull'onorare i militari?

Quando Sheena finì di leggere, guardò Darcy con le lacrime agli occhi. «È bellissimo, Darcy. Sono molto contenta che tu faccia un lavoro come questo. Quando sarà il momento di scrivere un romanzo, spero che tu scriva qualcosa di altrettanto toccante.»

«Grazie, Sheena! Lo apprezzo molto» disse Darcy. «Ad alcuni i miei articoli piacciono molto, altri non li apprezzano affatto.»

«Sii fedele a te stessa e il resto andrà al suo posto» disse Sheena, rivolgendole uno sguardo soddisfatto. «Sono felice di conoscerti meglio. Hai molte cose interessanti da dire.»

Darcy scrollò le spalle. «Sto trovando una voce attraverso le parole. Chi l'avrebbe mai detto, eh?»

Sheena si alzò. «Vado a vedere il nuovo edificio del ristorante. Vuoi venire con me?»

«Certo, ho bisogno di una pausa.»

Uscirono dall'ufficio e si diressero dall'altra parte della proprietà dove un tempo sorgeva la casa rosa. Ora era stata ricostruita in modo da farne un piccolo ristorante.

Petey gli venne incontro con il suo strascico di penne come se fosse il padrone del posto. Per certi versi lo era, pensò Darcy.

Si avvicinarono alla nuova costruzione. Avevano già gettato il massetto e nelle vicinanze erano accatastati i blocchi di cemento, pronti per costruire i muri. Darcy sapeva che quella era la parte più facile. Il resto era lavoro di dettaglio, compreso l'impianto idraulico, di cui Tony si stava occupando per conto di Brian.

«Pensi che stiamo facendo la cosa giusta trasformando

questo posto in un ristorante?» disse Darcy.

Sheena annuì. «È quello che voleva lo zio Gavin. E nessuno di noi ha intenzione di vivere qui, quindi stiamo facendo un buon uso dello spazio.»

Darcy controllò l'orologio. «Credo sia meglio che vada. Devo dare un'altra occhiata alla rubrica e poi spedirla a Bill e a Austin.»

«Come sta Austin? È da un po' che non lo sentiamo.»

Darcy scosse la testa. «Non l'ho più visto dopo il funerale.» Non volendo affrontare con Sheena una conversazione sull'uomo che non riusciva a togliersi dalla testa, se ne andò.

In ufficio, controllò ancora una volta che non ci fossero errori di battitura e poi, prima di poter cambiare idea, inviò l'articolo a Bill e a Austin, sperando che apprezzassero quello che aveva cercato di dire, poi ne stampò una copia e andò da Nick.

Alla porta Sally le diede il benvenuto portandosi un dito alle labbra. «Nick sta dormendo, ma entra pure. Ho un appuntamento e vado subito fuori. Grazie mille, Darcy.»

«Prego. Mi sistemerò in cucina come sempre. Fai con calma.»

Dopo che Sandy se ne fu andata, Darcy si sedette in cucina e tirò fuori il computer. Nella quiete, poteva lavorare a un'altra idea che aveva per un articolo. Voleva che questa fosse divertente. Aveva parlato con uno dei baristi del Key Hole, che aveva ideato una nuova ricetta per un drink che aveva chiamato Davy's Locker. Un bravo ragazzo, sposato, con due figli piccoli, che lavorava di notte per pagare gli allenamenti di baseball del figlio e le lezioni di danza classica della figlia.

Era immersa nei suoi pensieri quando sentì un rumore alle

sue spalle. Si girò sulla sedia e trattenne un sussulto alla vista di Nick. Aveva un aspetto orribile: emaciato, magro e fragile. Saltò in piedi e lo aiutò a sedersi al tavolo di fronte a lei.

«Ciao! È bello vederti! Posso portarti qualcosa?» gli chiese, sforzandosi di nascondere il suo sgomento.

Lui le rivolse un rapido sorriso. «Un bicchiere d'acqua sarebbe gradito. Lo prenderei io stesso, ma sono troppo debole.»

Lei si affrettò ad andare al frigorifero per prendergli l'acqua, chiedendosi quanto potesse dimagrire ancora.

«Grazie.» Dopo aver bevuto un sorso d'acqua, gli tornò un po' di colorito sulle guance. Si appoggiò allo schienale della sedia e le sorrise. «Cosa mi hai portato?»

Colta da improvvisa timidezza, Darcy gli passò una copia dell'articolo che aveva scritto su Bill Blakely.

Lui lo lesse e annuì. «Bene. Ricordati di non diventare troppo moralista. Ai tuoi lettori non piacerà.» La studiò. «Quando scriverai il tuo romanzo, di cosa parlerà?»

Darcy ridacchiò. «Non ne sono sicura. Forse qualcosa su delle sorelle.»

«Ah, Darcy, hai un tale talento. Peccato che non sarò qui per vedere cosa ne farai.»

Le lacrime le bruciarono gli occhi, ma Darcy si limitò ad annuire. La verità era che Nick stava svanendo rapidamente.

Darcy era stanca, e aveva bisogno di una pausa dalla spirale negativa che aveva preso il suo umore dopo la visita a Nick. Si cambiò e si diresse verso la spiaggia. Il sole del tardo pomeriggio aveva perso un po' del suo calore e lei non vedeva l'ora di riempirsi i polmoni di aria fresca e salata.

Appena mise piede sulla sabbia, trasse un respiro profondo e chiuse gli occhi. Le sembrava sempre di aver appena aperto una porta su una terra magica. Passeggiò lungo il bordo dell'acqua, sorridendo ai piovanelli che le sfrecciavano davanti, e la tensione alle spalle si sciolse. Di tanto in tanto, un piovanello si fermava ed entrava in acqua, intento a nutrirsi dei banchi di pesciolini che guizzavano nell'acqua bassa.

Darcy ripensò ai primi giorni trascorsi all'hotel, a quanto era rimasta scioccata e delusa. Ora lo considerava casa sua. Si chiese quali fossero i progetti per il futuro e come li avrebbe inseriti nei suoi nuovi obiettivi di scrivere per il giornale e di iniziare un romanzo.

Aumentò il passo e corse verso sud lungo la spiaggia, ignorando le altre persone che prendevano il sole, nuotavano o cercavano conchiglie. Il dolore che aveva provato al pensiero di perdere Nick si attenuò quando ricordò le parole che le aveva rivolto mentre usciva da casa sua. «Me la caverò, e anche tu.»

Quando non riuscì più a riprendere fiato, rallentò e si voltò per tornare in albergo. Alzò gli occhi al cielo e osservò le nuvole gonfie sospese sopra di lei come se fossero dei dolcetti di meringa. Allungò la mano in aria come se potesse toccarle e poi ridacchiò di quel suo sciocco gesto.

Mentre risaliva la passerella per tornare alla strada, decise di fermarsi in ufficio. Voleva sapere se Bill e Austin avevano letto la rubrica. Stava scoprendo che esporsi mettendo su carta i suoi pensieri a volte era terrificante.

Quando entrò in ufficio, trovò Sheena seduta a una delle scrivanie, con la testa tra le mani.

«Cosa c'è che non va?» chiese Darcy.

Sheena sollevò la mano e fece un lungo sospiro. «È Meaghan. Ho trovato dell'erba nel suo scrittoio.»

«Cosa? Meaghan? Non ci credo. L'ho appena vista in spiaggia con un gruppo di ragazzi. Sembrava che stessero passando del tempo insieme, divertendosi alla vecchia maniera.»

«Sono qui che mi chiedo come affrontare l'argomento» disse Sheena.

«Io glielo chiederei e basta» disse Darcy. «Io e Meaghan parliamo spesso e l'ho sempre trovata piuttosto sincera con me.»

«Forse hai ragione. Voglio parlarle prima che torni a casa suo padre. Sarà sconvolto. Meaghan è il suo tesoro infallibile.» Sheena si alzò. «Ora vado in spiaggia. Ci vediamo dopo.» Si diresse verso la porta, si fermò e si voltò. «Grazie per il consiglio.»

Darcy salutò e si sedette alla scrivania per controllare la posta elettronica. Nessuna email da Austin o Bill. Delusa, annotò alcune idee che le erano venute in mente in spiaggia e decise di chiudere così la giornata.

CAPITOLO 43
SHEENA

Cercando di tenere a bada la rabbia, la delusione e la paura, Sheena uscì dal complesso dell'hotel, attraversò la strada e si diresse verso la spiaggia. Dopo aver trasferito la figlia in Florida, Sheena aveva sperato che Meaghan scegliesse i suoi amici e le sue attività in modo più oculato. Ma non sembrava che lo stesse facendo e questo la faceva arrabbiare. Tuttavia, non voleva attaccare Meaghan e metterla così sulla difensiva da impedirle di essere sincera.

Riconobbe i capelli ramati di Meaghan tra un gruppo di giovani sdraiati sugli asciugamani. Fece un respiro profondo e si avvicinò al gruppo.

«Ciao a tutti! Meaghan, posso parlarti un attimo?»

Meaghan si tirò su a sedere e aggrottò la fronte. «Sì.»

Sheena aspettò che Meaghan si alzasse in piedi. Poi, con le spalle incurvate, Meaghan si voltò verso di lei. «Ok, cosa vuoi?»

Prendendola per il braccio, Sheena la condusse lontano dagli altri ragazzi. «Devo parlarti di una cosa e voglio che tu sia sincera con me.»

Meaghan rivolse a Sheena uno sguardo interrogativo. «Di cosa si tratta?»

Sheena studiò attentamente la figlia. «Mettendo via alcuni tuoi vestiti, ho trovato della marijuana in uno dei cassetti della tua scrivania. Cosa ci faceva lì? È tua?»

Meaghan si allontanò scuotendo la testa. «No! Non è mia! Non sono così stupida! Sto per fare il provino per diventare cheerleader con le mie nuove amiche. E loro non fanno cose del genere.»

«Se non è tua, sai di chi è?»

Meaghan distolse lo sguardo e scalciò la sabbia. «Forse.»

«E?»

«E non voglio dirlo. Randy mi ucciderebbe!» Spalancando gli occhi, Meaghan si coprì la bocca con la mano. «Oh no! Non puoi fargli sapere che te l'ho detto.»

Sheena le mise una mano sulla spalla. «Grazie. Stasera farò una riunione di famiglia e quando ne parlerò, non ti coinvolgerò affatto.»

Gli occhi di Meaghan si riempirono di lacrime. «Gli ho detto che gliel'avrei tenuta. Non voleva che tu lo sapessi.»

«Non preoccuparti. Risolveremo tutto» disse Sheena, cercando di confortare Meaghan mentre voleva torcere il collo a Randy. Senza dubbio anche Michael era coinvolto.

Sheena avvolse le braccia intorno a Meaghan e le diede una bella strizzata. «L'onestà paga sempre.»

«Ora posso tornare dai miei amici?»

Sheena annuì. «Portali in piscina, se vuoi.»

Meaghan la salutò con un piccolo cenno e tornò al gruppo di ragazzi.

Guardandola andare via, Sheena si chiese cos'altro Meaghan avesse promesso di fare per Randy e Michael.

Quella sera, a cena, Sheena disse sottovoce: «Dobbiamo fare subito una riunione di famiglia.»

«Che succede?» chiese Tony, guardandosi intorno.

«Questo» disse Sheena. Tirò fuori dalla tasca un sacchettino di erba e lo tenne in alto.

«Erba?» chiese Tony. «Di chi è?»

«È di questo che dobbiamo parlare. L'ho trovata nello

scrittoio di Meaghan mentre sistemavo i suoi vestiti. Meaghan ha giurato che non era sua e che non appartiene alle mie sorelle. Sto aspettando una risposta da Randy e Michael.»

«Forse Meaghan stava mentendo» disse Randy.

«Come fate a essere sicuri che non appartenga a Regan o a Darcy? Era nella loro suite» disse Michael. «Non guardare me e Randy.»

«In realtà mi aspetto che voi due mi diciate la verità. In questa famiglia la verità è la cosa più importante. Bella o brutta che sia, ma dite sempre la verità.»

Michael distolse lo sguardo.

«E tu, Randy?» chiese Sheena. «È tua?»

«Perché pensi che io abbia una cosa del genere?» disse, con aria spaventata.

«Sheena ti ha fatto una domanda» disse Tony con severità «Ora rispondi.»

«Non devo rispondere a voi» si schernì Randy. «Sono un ospite.»

«Un ospite che è stato trattato come uno di famiglia. E come uno di famiglia, risponderai con sincerità o ti verrà chiesto di andartene» disse Tony con una voce calma e ferma che smentiva la vena che gli pulsava alla tempia.

Preoccupata che le cose si mettessero male, Sheena disse: «Senti, tutto quello che vogliamo è la verità e la promessa di non portare più in casa roba del genere. Tutti voi sapete come la pensiamo sulle droghe di qualsiasi tipo e vi chiediamo di rispettarlo e di astenervi dall'usarle quando siete sotto il nostro tetto.»

«Dai, mamma, non siamo dei tossicomani» disse Michael. «Cos'è un po' d'erba? La stanno legalizzando a destra e a manca in diversi stati.»

Tony sbatté la mano sul tavolo. «Basta con queste stronzate. Di chi è?»

Michael e Randy si guardarono l'un l'altro.

«Mia» dissero contemporaneamente.

«Ok, allora» disse Tony. «Non ne farete più uso e non ne terrete più qui o Randy va a casa e Michael resta in punizione, capito?»

Sheena sapeva che non sarebbe finita così, ma lasciò perdere. Un giorno alla volta.

Il mattino seguente, durante una riunione con le sorelle, Sheena raccontò quanto era accaduto. «E se vedete qualcosa che dovrei sapere, vi prego di dirmelo. Fino a quest'estate non abbiamo mai avuto problemi con Michael e le droghe, e non vogliamo che la situazione si aggravi ulteriormente. Gli piace lo sport e speriamo che ottenga una borsa di studio per il college.»

«Sono contenta che non sia stata Meaghan» disse Darcy. «I suoi amici sembrano bravi ragazzi.»

«Sì, le ho detto che può invitarli a usare la piscina, se vogliono. Va bene?»

«Certo, finché non avremo ospiti in albergo» disse Regan. «Ora diamo un'occhiata ai commenti di Bernice.»

Esaminarono alcuni dei suoi suggerimenti, riguardanti soprattutto la piscina e la zona della baia.

Quando ebbero finito, Sheena rivolse a Regan e Darcy uno sguardo preoccupato. «Non potremo fare altri lavori nelle stanze al piano superiore dell'Edificio Airone. E non possiamo nemmeno pensare di iniziare a lavorare sulle suite finché non avremo raccolto abbastanza soldi per farle come vogliamo.»

«Non dobbiamo fare altro che far partire l'hotel, giusto?» disse Darcy. «Lo faremo nel weekend del Labor Day, quando ci sarà l'inaugurazione ufficiale. Non preoccupiamoci di questo.»

«Va bene. La piccola somma di denaro che ci rimane dopo tutti i lavori di miglioramento del giardino servirà solo per le emergenze» disse Regan. «Faremo un'apertura soft la settimana prima del Labor Day per testare nuovamente tutto. Non dobbiamo fare altro che continuare a far funzionare l'hotel e incassare soldi.»

Sheena annuì, anche se detestava le frasi che iniziavano con le parole *Non dobbiamo fare altro che...* Di solito significavano guai.

CAPITOLO 44
DARCY

Dopo la riunione con le sorelle, Darcy andò al computer per aggiornare il sito web con un elenco di sconti a disposizione per gli ospiti. Potevano cambiare l'ordine dei fattori quanto volevano, venti camere non avrebbero prodotto entrate sufficienti per fare altro che restare a galla.

Richiamò il sito web sullo schermo e studiò il logo che Austin aveva aiutato a progettare. Era semplice, ma stupefacente. Guardò la fotografia dell'insegna di legno che aveva intagliato per loro e ne ammirò le linee pulite e semplici. Austin era indubbiamente un artista di talento.

Si appoggiò allo schienale e sospirò. Bill Blakely le aveva risposto in merito all'articolo che stava scrivendo su di lui, prodigandosi in grandi elogi. Nessuna notizia da Austin.

Persa nei suoi pensieri, Darcy sobbalzò quando il telefono sulla scrivania squillò. Si affrettò a rispondere, sperando in un'altra prenotazione.

«Darcy? Sono Austin. Domani sarò in città e mi chiedevo se potessimo vederci per pranzo. C'è qualcosa di cui vorrei parlarti.»

«Va bene. Posso liberarmi per l'occasione.» Non aggiunse che avrebbe fatto quasi di tutto per vederlo o che si sentiva quasi svenire dal sollievo.

«Pranziamo al Pink Dolphin. Lì potremo avere un po' di privacy. Vogliamo vederci all'una?»

Privacy al Pink Dolphin? «Va bene» disse lei, meravigliandosi della stranezza del suo invito. Il Pink Dolphin era un posto molto frequentato.

«Bene. Ci vediamo allora.»

Austin riattaccò prima che lei potesse scoprire qualcosa di più. Le dava fastidio l'idea di dover aspettare un altro giorno per scoprire di cosa volesse parlare Austin, ma era contenta che l'avesse chiamata.

Il giorno dopo, Darcy si prese particolare cura dei suoi capelli, lasciando che i riccioli rossi fossero liberi di formare morbidi boccoli intorno al suo viso. Il nuovo top blu senza maniche che aveva comprato per l'occasione si intonava al colore dei suoi occhi e staccava rispetto alla gonna bianca.

Sheena entrò nella sua camera da letto e la fissò. «Caspita! Stai benissimo! Dove stai andando?»

«Ho un appuntamento a pranzo» disse Darcy, cercando di eludere la domanda.

Ma Sheena non voleva saperne di accantonare il discorso. Si mise le mani sui fianchi e la fissò dritto negli occhi. «È meglio che spifferi tutto. Chi è?»

Sorelle! Darcy sospirò. «Se proprio vuoi saperlo, mi vedo con Austin. Gli ho mandato una copia dell'articolo che ho scritto su suo nonno e vuole parlarne.»

«Mmmh, ti metti in ghingheri per parlare di un articolo di giornale?»

Darcy distolse il viso. Aveva la nausea per l'apprensione, non aveva modo di rispondere.

Sheena la strinse tra le braccia. «Scusa. Non volevo turbarti.» La fece voltare per guardarla in faccia. «Oh mio Dio! Ti piace proprio, vero?»

Darcy annuì passivamente, augurandosi di scomparire. Non voleva che nessuno sapesse quello che provava per Austin, soprattutto quando non aveva idea se lui la ricambiasse. Finché non l'avesse saputo direttamente da lui, non ci avrebbe creduto. E dopo la loro ultima conversazione, non era sicura di niente.

«Oh, tesoro!» disse Sheena. «Non volevo agitarti. Sono solo molto sorpresa. Hai sempre detto che Austin non t'interessava.» Le fece un sorriso. «È un ragazzo meraviglioso. Spero che funzioni.»

«Per favore, non dire una sola parola a Regan o a chiunque altro, perché non so se lui prova gli stessi sentimenti» disse Darcy. Le si gelò il sangue al pensiero di trovarsi in un'altra situazione in cui non sarebbe stata considerata all'altezza.

«Prometto che non lo farò.» Sheena le posò una mano sulla spalla. «Dico sul serio. Mi piacerebbe vedervi insieme.»

«Grazie.» Darcy fece un respiro affannoso e prese la borsa. «È meglio che vada.»

«Buona fortuna» le disse Sheena, facendola sentire come un'adolescente al primo appuntamento. Era così nervosa.

Entrando nel ristorante, Darcy si disse di comportarsi in modo naturale. Dopotutto, si trattava solo di un pranzo con un ragazzo... un ragazzo a cui pensava costantemente.

Notò Austin seduto a un tavolo all'esterno e andò a raggiungerlo. Quando lui la vide, sorrise e si alzò per salutarla.

«Ciao» lo salutò Darcy con una voce affannosa che tradiva il suo nervosismo.

Lui la aiutò a sedersi e prese posto di fronte a lei. «È un piacere vederti. Per me ho ordinato una birra. Tu cosa desideri?» fece cenno a una cameriera di avvicinarsi al tavolo.

«Io prendo una coca cola con limone» disse alla cameriera.

Dopo che se ne fu andata, Darcy chiese: «Volevi parlarmi?»

Austin annuì. «Mi è piaciuto molto l'articolo che hai scritto su mio nonno. Lui ne era contento. Anche i miei genitori. Sono di nuovo in viaggio, ma gliel'ho mandato.»

«Grazie. È stato gentile da parte tua» disse lei con educato riserbo.

«Avrei voluto presentarteli al funerale di mia nonna, ma sei andata via prima che ci riuscissi.» La trafisse con quei suoi occhi azzurri.

«Mi dispiace di aver...» Darcy smise di parlare quando la cameriera le portò la coca cola e un paio di menu.

«E Jasmine? Sei stata scortese con lei, Darcy, e non so perché.» Un'espressione perplessa gli attraversò il viso, formandogli delle rughe sulla fronte.

«Non lo sai?» chiese lei, sollevata dal fatto che il nonno non avesse menzionato il malinteso in cui era caduta. «Drew Chaplin mi ha fatto credere che Jasmine fosse la tua ragazza...»

Austin alzò una mano per fermarla. «Pensavo che ci fosse qualcosa tra noi. Era solo nella mia testa?»

Darcy scosse la testa. «No, lo sentivo anch'io.»

«Spero che tu non pensi che io sia uno di quei ragazzi che saltano da una ragazza sexy all'altra.»

Ragazza sexy? «Non ho avuto molta fortuna nelle relazioni, e non sapevo cosa pensare.» Ammettendo i suoi fallimenti del passato, non si era mai sentita così vulnerabile, così esposta.

«Darcy, non sono il tipo di persona che prende in giro le ragazze. Capito?»

Lei annuì. «Nemmeno io. Sono stata ferita da un uomo che mi ha scaricato perché venivo dalla parte sbagliata della città, tra le altre cose. Ho bisogno di sapere che l'interesse che mi viene dimostrato sia sincero.»

Lui le rivolse uno sguardo fermo. «Sei pronta a lavorarci insieme?»

«Che cosa vuoi dire?»

Le sue labbra si incurvarono. «Credo che dobbiamo ricominciare a frequentarci.»

La sua sorpresa si trasformò in gioia. «Sì, oh sì. Sarebbe perfetto.»

Lui sporse il braccio attraverso il tavolo e le prese la mano. Se la portò alle labbra e la baciò. «Lo penso anch'io.»

Quella sera, come aveva promesso, Austin passò a prenderla alle sette per portarla a cena.

Invece di visitare i soliti bar, scelsero di mangiare in un ristorante di pesce a Indian Rocks Beach.

Seduta di fronte a lui a un tavolo vicino a un'ampia vetrata che si affacciava sul porto turistico, Darcy voleva darsi un pizzicotto. I sogni che aveva fatto su Austin non erano stati sciocchezze, dopo tutto. Era bello, simpatico e favoloso come se lo ricordava. E la magia che c'era tra loro? Il suo corpo formicolava ancora per il bacio che le aveva dato nel parcheggio del Pink Dolphin dopo essersi accordati su questo appuntamento.

Lui le restituì il sorriso. «È bello passare un po' di tempo insieme in questo modo, da soli e lontano dal tuo hotel e dalle responsabilità che ho verso mio nonno. So che sono stato impegnato con gli studi e i problemi familiari, ma, Darcy, non mi sono dimenticato di te. Ho già detto ai miei genitori cosa penso di noi due insieme.»

«Davvero?» Darcy deglutì nervosamente. «E se non gli piacessi?»

Lui ridacchiò. «Gli piaci già. Mio nonno parla sempre di te. Anzi, mi ha detto che sarei stato un pazzo se ti avessi lasciato andare.»

A Darcy spuntarono le lacrime agli occhi. Si girò verso la finestra per non farsi vedere da Austin.

«Darcy? Non mi credi?»

Lei si voltò verso di lui. «Voglio...»

Il dolore gli riempì gli occhi.

«Oh, Austin, è solo che non riesco a credere che sia vero. Ho sognato di stare insieme.»

Un sorriso sostituì il suo sguardo preoccupato. «Anch'io, Darcy, e ora sta a noi fare sì che diventi realtà.»

Più tardi, uscendo dal ristorante, Austin si rivolse a lei con un sorriso. «Hai intenzione di scrivere una recensione sul ristorante?»

Darcy si fermò sui suoi passi, rendendosi conto di non riuscire a descrivere il cibo che aveva mangiato perché la sua attenzione era stata tutta rivolta a Austin e a quanto lo amava.

Rise felice. «Non questa volta.»

Pochi giorni dopo, Austin terminò l'ultima lezione della sessione estiva e si trasferì a casa del nonno per prepararsi a iniziare il suo tirocinio a St. Petersburg. Nelle settimane successive, le giornate di Darcy furono felicemente riempite dalla crescente relazione con Austin. Quando gli sms e le telefonate non erano sufficienti, si incontravano a pranzo, a cena o, un pomeriggio, per una semplice passeggiata lungo la spiaggia.

Camminando mano nella mano lungo la riva, si muovevano all'unisono.

Darcy guardò Austin e non poté impedire alle sue labbra di incurvarsi.

«Che c'è?» chiese Austin.

«Tu, solo tu» rispose lei.

Lui smise di camminare e si girò verso di lei. «Mi trasferirò a St. Petersburg alla fine del mese e voglio che mi aiuti a scegliere un appartamento. Per me è importante che ti piaccia, perché voglio che passiamo molto tempo insieme. L'ho già detto, ma ti amo, Darcy. Più di quanto tu possa immaginare.»

Darcy sbatté le palpebre confusa. *Le stava chiedendo di sposarlo?*

«Che ne dici? Mi aiuterai a scegliere un posto dove vivere? Sono stanco di stare a casa di mio nonno e voglio avere un po' di privacy insieme a te.»

Lei si lasciò sfuggire una risatina nervosa per aver frainteso le sue intenzioni. «Certo, ne sarei felice.»

Quella sera, dopo che Austin e suo nonno avevano cucinato per lei, Austin e Darcy si sedettero sulla veranda a parlare.

Austin le prese la mano e la guardò dritto negli occhi. «Con te che condividi la suite in albergo con tua sorella e io che sto qui, non abbiamo avuto la possibilità di stare insieme come vorremmo. C'è una locanda sulla costa che dovrebbe essere carina. Che ne dici di andarci con me domani sera?»

Darcy fu toccata dal suo sguardo incerto. Gli strinse la mano. «Mi piacerebbe molto.»

Austin sorrise. «Bene. Speravo che lo dicessi.»

Il bacio che le diede era pieno di promesse di cose migliori a venire.

CAPITOLO 45
DARCY

Mentre Darcy preparava una borsa per stare fuori una notte con Austin, pensò a lui. Bello a modo suo, la sua presenza la riempiva di un'amorevole sicurezza che non aveva mai conosciuto. Vedendo la serietà sul suo volto quando le aveva chiesto di andare via con lui, era stata più che mai sicura che i sentimenti che provava per lei fossero reali. E non c'erano dubbi sulla magia che c'era tra loro quando lui l'aveva salutata con un bacio la sera prima. Anche adesso, al solo pensiero, quasi sveniva.

Sheena entrò nella stanza, seguita da Regan. «Che cosa stai facendo?»

«Io e Austin andiamo in un piccolo bed and breakfast lungo la costa.» Sopraffatta da un impeto di trepidazione, le afferrò per le mani e le costrinse a fare un balletto con lei. «Austin mi ama! Mi ama!»

Regan la abbracciò. «Sono così felice per te.»

«Abbraccio di gruppo» annunciò Sheena, unendosi a loro.

Ridendo, rimasero insieme, prese dall'entusiasmo del momento.

Quando sentirono il rumore di un'auto che entrava nel parcheggio, guardarono fuori dalla finestra.

«Oh mio Dio! È arrivato Austin. È meglio che vada a tenerlo occupato mentre finisco di fare la borsa» disse Darcy. «E non osate dirgli nulla di quello che vi ho detto.»

«Vedremo» scherzò Sheena, seguendo Regan fuori dalla camera da letto.

Darcy piegò con cura il vestito per la cena e lo mise sopra la camicia da notte sexy che si era affrettata a comprare nel negozio di Jenna Lynch quella mattina. Dopo aver messo in borsa le ultime cose, la portò in soggiorno, dove Austin stava parlando con le sorelle.

«Ho firmato un contratto con uno studio dentistico di St. Petersburg e inizierò un tirocinio subito dopo il Labor Day» raccontò.

«Bene, sarai nei paraggi» disse Sheena.

«Quel fine settimana apriremo ufficialmente l'hotel» disse Regan. «Puoi aiutarci a festeggiare. Vero, Darcy?»

Darcy sorrise. «Lo spero.»

«Pronta?» disse Austin, tendendo la mano per prendere la valigia.

«Sì» disse Darcy, pronta come non mai per quello che era sicura sarebbe stato un momento deliziosamente romantico.

Darcy scese dall'auto di Austin e rimase un attimo a guardare il Sandy Beach Inn. Era una graziosa casa gialla costruita in legno con un'ampia veranda che si estendeva su tutta la facciata della casa e avvolgeva gli angoli dell'edificio su entrambi i lati. La locanda era annidata in mezzo a un boschetto di palme e una varietà di querce di cui Darcy non sapeva il nome. Un abbaino a capanna sopra l'ingresso principale aveva finestre a più vetri che li scrutavano come occhi di bambini curiosi.

«Aspetta di vedere l'interno, moderno e con un tocco di vecchia Florida che ti piacerà. O forse ho una naturale passione per le finiture e le modanature in legno» disse Austin.

Darcy sorrise. Era una persona molto interessante: un artista ma anche un uomo pratico, desideroso di aiutare la sua famiglia e gli altri.

«Andiamo?» chiese lui, rivolgendosi a Darcy con un sorriso sexy.

Lei si sentì battere forte il cuore per l'impazienza. «Certo.»

«Prima di cena avremo tempo per fare una passeggiata o qualcosa del genere» disse lui, afferrando le loro valigie.

Sapeva che lui stava aspettando una risposta e le piaceva il fatto che lasciasse a lei la scelta. Gli diede un rapido bacio. «O qualcosa del genere.»

Lui ridacchiò. «È quello che stavo pensando.»

Entrarono in casa.

La coppia di anziani che li accolse si presentò come Lila e Jack Pierce. Jack spiegò che erano in pensione ma che gli piaceva aprire la loro casa alla gente.

«E Lila è una cuoca favolosa» disse Jack. «A che ora dobbiamo servirvi la cena? La casa è vuota stasera, anche se domani arriveranno due coppie.»

«Facciamo alle otto?» disse Darcy, ricevendo un cenno di approvazione da parte di Austin.

«Ok, allora. Qualcuno di voi ha qualche allergia?» chiese Lila.

Darcy e Austin scossero la testa.

Jack li condusse al piano superiore fino a una porta rosa pallido. «Questa è quella che chiamiamo la nostra suite per la luna di miele. È la mia stanza preferita della casa, e molto riservata.»

Gli diede una chiave e li lasciò in corridoio.

«Non ti porterò in braccio oltre la soglia» disse Austin con aria seria.

Darcy rise. «Ah no?»

Lui scosse la testa. «Vediamo com'è.»

Aprirono la porta e si trovarono in una stanza con pareti bianche e moquette verde scuro. Un grande letto a baldacchino era coperto da una trapunta bianca con un vivace disegno di fiori di ibisco in rosa acceso. C'era un piccolo divano rosa di fronte a un caminetto a gas che forse sarebbe stato piacevole nei mesi invernali, ma che per il momento sarebbe rimasto spento. Le portefinestre davano su un balconcino che si affacciava sul prato sul davanti e, in lontananza, si vedeva la costa.

«È incantevole» disse Darcy. Le sarebbe piaciuto che Regan avesse potuto vedere l'arredamento. Le sarebbe piaciuto moltissimo. Darcy decise che forse più tardi avrebbe scattato un paio di foto per mostrargliele.

Austin posò le valigie e si girò verso di lei. «È bello staccare e avere del tempo solo per noi per conoscerci davvero.»

Quando Austin le si avvicinò, il battito cardiaco di Darcy accelerò. Le sembrava così grande, così sicuro di sé, così pronto a fare il passo successivo.

Austin sembrò percepire la sua esitazione. Sollevandole il mento, abbassò le labbra sulle sue.

Le sfuggì un gemito sommesso quando la avvicinò a sé. E poi tutto il nervosismo svanì quando la strinse ancora di più tra le braccia. Era così bello. La sua forza, la sua dolcezza, la sua gentilezza erano cose che Darcy aveva sempre cercato, pensò. Avrebbe voluto fondersi con lui.

Quando si separarono, lui le sorrise. «Me l'ero immaginato.»

«Lo desideravo così tanto. Quando mi baci, mi sento completa.» Temendo di sembrare sciocca, lo guardò. «Capisci cosa intendo?»

«Sì» rispose lui a bassa voce.

Ancora vestiti, si sdraiarono sul letto, una di fronte all'altro.

Austin le prese la guancia con la mano. «Sei bellissima, lo sai?»

Lei scosse la testa. «Non come Regan o Sheena.»

Lui inarcò le sopracciglia. «Perché dici così?»

«Perché è quello che dicono sempre tutti» rispose Darcy.

Lui ebbe l'audacia di ridere. «Stai scherzando!» La tirò più vicino a sé. «Vieni qui, bellezza mia.»

La baciò con una tale tenerezza che le lacrime le punsero gli occhi. Le sue mani le accarezzarono i seni, trasmettendole un impulso di desiderio. E quando lui mosse i fianchi, facendole sentire la sua eccitazione, lei allungò la mano per toccarlo.

La diga di esitazione si ruppe e in un turbine di movimenti si spogliarono e rimasero sdraiati a guardarsi. A Darcy piaceva l'ampio petto di Austin, il modo in cui la peluria si assottigliava fino a formare una V che portava alla sua considerevole virilità. Era più di un orsacchiotto, come Regan lo aveva chiamato una volta. Era magnifico.

Dopo aver dimostrato quanto fosse generoso ed eccitante come amante, Austin restò sdraiato accanto a lei.

Le sorrise soddisfatto. «Ah, Darcy, come pensavo, c'è un fuoco dentro di te che è così... sexy.»

«Oh?» Darcy gli rivolse uno sguardo di sfida.

«Sì. L'ho sentito la prima volta che ci siamo baciati.»

Lei gli mise un dito sulla bocca e poi abbassò le labbra sulle sue. Quando si ritrasse, lo studiò e le si riempirono gli occhi di lacrime. «È la prima volta che dono la mia anima.»

«Dio, non hai idea di quanto ti abbia aspettato.»

Languida e soddisfatta, Darcy gli appoggiò la testa sul petto, ascoltando il suo battito cardiaco che rallentava. Mentre si addormentava, pensò ai genitori di Sean Roberts, la cui disapprovazione aveva causato la rottura della loro relazione. *Che Dio vi benedica*, pensò, *per avermi condotto a questo momento, a quest'uomo.*

CAPITOLO 46
DARCY

Darcy fu svegliata dallo squillo del suo telefono. Stordita, si sollevò su un gomito e guardò chi era. *Sandy Howard.* Il cuore cominciò a batterle all'impazzata.

«Pronto?»

«Darcy? Sono Sandy. Voglio che tu sappia che sono arrivati i medici e mi hanno detto che non ci vorrà molto prima che Nick ci lasci. Ho pensato che volessi saperlo.»

«Digli di resistere. Sono fuori città, ma cercherò di arrivare il prima possibile.»

Austin accanto a lei si tirò su a sedere mentre lei chiudeva la chiamata. «Che succede?»

«È Nick. Sta morendo. I medici dicono che non ci vorrà molto.» Scese dal letto e si voltò a guardarlo. «Devo andare da lui.»

Austin scese dal letto e si avvicinò a lei. «Capisco. Vestiamoci e poi partiamo.»

Darcy tese le braccia e lui la strinse a sé. «Mi dispiace, Darcy. Davvero.»

Lei gli rivolse uno sguardo preoccupato. «Questo non cambia nulla tra noi, vero?»

Lui le fece un sorriso triste. «No, certo che no.» La fissò negli occhi, le prese la guancia con la mano e si chinò in avanti per sfiorare le sue labbra calde.

Darcy lo abbracciò, certa di non aver mai incontrato nessuno di speciale come lui.

###

Si vestirono in fretta, con capi comodi, e poi scesero a spiegare la situazione.

«Nessun problema» disse Jack. «Tornate ancora e vi faremo un prezzo speciale.»

«Volete che vi prepari un panino?» chiese Lila.

Austin annuì. «Sarebbe fantastico. Possiamo mangiarlo durante il tragitto.»

Pochi istanti dopo, Darcy si sistemò sul sedile del passeggero dell'auto di Austin e partirono.

Austin ruppe il silenzio tra loro. «Mi dispiace per Nick, Darcy. So quanto siate diventati uniti.»

«Grazie.» Si voltò verso di lui. «E grazie per aver organizzato questa visita alla locanda. Mi dispiace che sia finita così.»

Lui le rivolse uno sguardo tenero. «Ma non sta finendo. È solo l'inizio. Giusto?»

Darcy sentì un sorriso felice formarsi sul suo viso. «Giusto. Ti hanno mai detto quanto sei fantastico?»

«Be', non proprio come hai fatto tu» rispose lui, facendole un sorriso malizioso.

Lei rise. «Dico sul serio, Austin. Sei davvero un uomo fantastico. Alcuni ragazzi si sarebbero infuriati con me perché ho voluto tornare a casa per vedere Nick.»

Austin si accigliò. «È piuttosto egoista, non credi?»

Darcy ripensò ad alcune delle sue esperienze con Sean e annuì. «Hai ragione. Credo di non aver fatto scelte molto azzeccate in passato.»

Austin le diede una stretta alla mano. «Darcy, sei meglio di quanto pensi. E anche più carina.»

Darcy si commosse. Gli sollevò la mano e vi appoggiò le labbra. «Mi ci fai sentire. Grazie.»

Era buio quando Austin si fermò nel parcheggio dietro l'edificio delle suite. «Sei sicura di non volere che venga con te a trovare Sandy e Nick?»

Darcy esitò. «Sì, ma ho davvero bisogno che tu sia con me per il funerale. Ho promesso a Nick che avrei tenuto un elogio funebre e sono già nervosa al pensiero.»

«Non preoccuparti. Ci sarò.» Austin si protese in avanti e le diede un bacio. «Proviamo un'altra volta alla locanda.» I suoi occhi scintillarono divertiti. «Mi è piaciuto molto.»

Lei rise. «Anche a me. Sei stato... be', meraviglioso.»

Mentre si guardavano negli occhi, Darcy sentì un brivido dentro di sé. Aveva detto di amare Sean, ma rispetto ai sentimenti che provava per Austin, non aveva mai conosciuto l'amore.

Quando Darcy portò la borsa da viaggio nella suite che condivideva con la sorella, Regan saltò su dal divano. «Che ci fai a casa?»

Darcy posò la valigia e, guardando Regan, sentì gli occhi riempirsi di lacrime. «È per via di Nick. Sta morendo. Devo andare a trovarlo. Austin ha detto che sarebbe venuto con me, ma non so quanto tempo starò via. Mi servono le chiavi del furgone.»

«Oh, tesoro, mi dispiace» disse Regan. «So quanto sia importante per te.»

Darcy sentì le lacrime scorrere sulle guance e cercò di allontanarle.

Regan la abbracciò e le consegnò le chiavi del furgone. «Chiama se hai bisogno di noi.»

«Ok, per favore, dite a Sheena cosa sta succedendo.»

Regan annuì. «Mi dispiace che tu non abbia potuto goderti la locanda con Austin.»

Le labbra di Darcy si incurvarono. «Oh, ma me la sono goduta.» Sospirò, perdendosi momentaneamente nei ricordi.

Lo squillo del cellulare la riportò di colpo al presente. Controllò il numero. *Sandy.*

Con un senso di nausea, Darcy rispose alla chiamata. «È Nick? Se n'è andato?»

«No, ma è meglio che tu venga subito. Sta chiedendo di te.»

«Sto arrivando.» Darcy salutò Regan e corse fuori dalla porta, con il battito accelerato per l'angoscia.

Imboccando il vialetto di Nick e Sandy, Darcy pensò che aveva perso il conto delle volte che era venuta in questa casa per passare del tempo con Nick, sperando sempre che in qualche modo sarebbe sopravvissuto all'assalto di questa terribile malattia. Si rendeva conto di quanto fosse stato sciocco, soprattutto dopo la sua ultima visita a Nick. Ma il pensiero della sua morte era stato troppo doloroso da prendere in considerazione.

Scese dal furgone e si affrettò a raggiungere la porta.

Sandy la salutò sulla soglia. «Grazie a Dio sei qui. Ti stava chiamando.»

Darcy aveva la gola secca quando entrò in camera da letto: Nick era sdraiato a letto: era uno scheletro, sembrava l'ombra di sé stesso. Stupita che un corpo potesse ancora vivere in quel modo, Darcy si precipitò al suo fianco e gli prese la mano fredda.

«Nick? Sono Darcy. Sono qui.»

I suoi occhi si spalancarono e la bocca si stirò sui denti in un sorriso inquietante. «Bene. Come una figlia per me. Volevo dirtelo per farti capire.»

«Capire cosa?»

Sandy le rivolse uno sguardo gentile. «Ti sta lasciando tutti i libri in prima edizione che ha raccolto nel corso degli anni. Ha pensato che tu, da autrice, li avresti apprezzati.»

Le lacrime le salirono copiose agli occhi e le tracciarono una scia incandescente lungo le guance. Si chinò e gli diede un bacio sulla guancia. «Grazie. Ne farò tesoro.»

«Entrambi volevamo che li avessi tu. Valgono molto, ma è giusto che vadano a te. Ne parlava da tempo.»

Darcy continuò a tenere la mano di Nick. Sandy gli prese l'altra mano. In piedi a fianco al suo letto, si guardarono l'un l'altra addolorate e lo sentirono esalare l'ultimo respiro.

«Mi dispiace tanto» sussurrò Darcy. «Cosa posso fare per aiutarti?»

«Il solo fatto di essere qui con me, con Nick, significa più di quanto tu possa immaginare» disse Sandy. «Il centro di cura e io ci occuperemo del resto. Ci vediamo alla funzione.»

«Verrò a fare quello che mi ha chiesto» disse Darcy, scossa da tutto quello che era successo. «Chiama se hai bisogno di qualcosa.»

Un'infermiera le si avvicinò mentre usciva dalla stanza. «Sta bene, cara?»

«Sì» disse Darcy, sapendo di non stare affatto bene. Aveva perso uno dei migliori amici che avesse mai avuto.

CAPITOLO 47
SHEENA

Due settimane prima del Labor Day e dell'apertura dell'hotel, Sheena e Tony andarono allo studio Gatto e Ryan. In quel momento erano alla reception in attesa di essere ricevuti da Gregory Ryan. Socio di Blackie, era specializzato in diritto commerciale. Notando il morbido tappeto orientale verde che le era sempre piaciuto, Sheena era ansiosa di conoscere l'uomo che aveva contribuito a far diventare l'azienda un'impresa di grande successo. Era una combinazione interessante: Blackie come consulente finanziario e Greg come avvocato.

«Nervoso?» Sheena chiese a Tony in un sussurro sommesso.

Tony scrollò le spalle, ma i suoi occhi brillavano e si intonavano al sorriso radioso che aveva sul viso. «Non capita tutti i giorni di vendere la propria attività.»

Sheena gli rivolse un sorriso sincero. «Sono contenta che tu abbia ceduto l'azienda a un tuo vecchio collaboratore e a tuo cognato. E sono molto contenta che, così facendo, resterai in Florida a tempo pieno.»

Lui sorrise. «Anch'io.»

La receptionist gli andò incontro. «Signori Morelli, il signor Ryan può ricevervi ora.»

Li guidò giù per un corridoio e si fermò davanti alla porta di un grande ufficio.

Entrarono in una stanza con una parete di vetro che si affacciava sull'insenatura sottostante.

Un uomo basso, con occhi azzurri scintillanti e capelli rossi sbiaditi, si alzò da dietro la scrivania e tese la mano. «Greg Ryan. Piacere di conoscervi. Sembra che oggi abbiamo degli affari interessanti di cui occuparci.»

Dopo essersi stretti la mano ed essersi presentati, Sheena e Tony si sedettero ai posti indicati da Greg.

Greg si accomodò sulla sedia dietro la scrivania e intrecciò le dita. «Allora, hai intenzione di aprire un'attività qui in Florida, Tony?»

«Sì, dopo aver soddisfatto i requisiti normativi. Nel frattempo, lavoro per la società di Brian Harwood.»

«Ah, sì. Brian è un bravo ragazzo. Intelligente e motivato.» Greg si spostò sulla sedia e aprì la cartella di documenti che aveva davanti. «Sembra un affare piuttosto semplice. La valutazione mi sembra un po' bassa, ma se sono tutti soddisfatti, vi suggerisco di procedere a firmare i documenti. Come abbiamo già discusso al telefono, non c'è niente di cui essere scontenti. Ognuno può andare avanti con la propria vita.»

«Ho il mio camion, i miei attrezzi e tutto ciò che mi serve per lavorare qui» disse Tony.

Greg annuì. «E tu sei soddisfatta di questi accordi, Sheena? In quanto comproprietaria della società, devi approvare l'accordo e firmarlo.»

«Sono molto soddisfatta della vendita. Significa che Tony sarà qui con me e con i nostri figli.» Le piaceva vedere il sorriso che illuminava il volto di Tony.

«Va bene allora, raccogliamo le vostre firme e poi spediremo i documenti a Boston.» Greg consegnò a ciascuno una penna blu e si appoggiò allo schienale.

Mentre apponeva la sua firma, Sheena si sentì sollevata. Ora, forse, con la vendita dell'attività, lei e Tony potevano pensare di comprare una casa.

Una volta conclusa la loro attività, strinsero la mano a Greg e lasciarono l'ufficio.

Una volta fuori, Tony disse: «Vuoi festeggiare? Che ne dici di pranzare al Don CeSar?»

«Che ne dici invece di pranzare al Key Pelican? È una cosa che volevo mostrarti da tempo. Regan, Darcy e io stiamo basando molte decisioni sulla progettazione e la costruzione del nostro ristorante sul Key Pelican perché assomiglia a quello che Gavin aveva in mente.»

«A me va bene. Finora ho dato un'occhiata ai progetti solo per l'impianto idraulico del locale, ma è una buona idea avere una visione reale di ciò che volete.»

Lasciarono St. Petersburg, attraversarono la baia di Boca Ciega e procedettero lungo la costa, imboccando un vialetto a sud di Indian Rocks Beach.

«Non è carino?» disse Sheena. Si fermarono davanti a un edificio dalle cornici turchesi e rosa. «Non abbiamo ancora deciso il colore che vogliamo, ma vorrei qualcosa di luminoso e accogliente come questo.»

Tony osservò il ristorante e annuì. «Vediamo l'interno.»

Quando entrarono nel ristorante, la padrona di casa la guardò perplessa. «Tu non sei l'amica di Blackie Gatto?»

«Sì, sia io che mio marito siamo suoi amici. Perché?»

«Niente, semplicemente ti ho riconosciuto.»

Dopo che si furono seduti, Tony le chiese: «Ti va di festeggiare con un drink?»

«Mi sembra un'idea fantastica» rispose Sheena.

Quando il cameriere arrivò al loro tavolo, Sheena ordinò un bicchiere di vino bianco e Tony una birra d'importazione.

Dopo l'arrivo dei loro drink, Tony si voltò verso di lei. «So che vuoi comprare una casa e sistemare i ragazzi prima della scuola, ma stavo pensando che la cosa più intelligente da fare sia costruire una casa nello stesso quartiere in cui Brian sta costruendo alcune case. Facendo io stesso gran parte del lavoro e sfruttando lo sconto di Brian sui materiali, potremmo risparmiare un sacco di soldi. Ci venderà un lotto a un buon prezzo. Cosa ne pensi? Hai visto il quartiere. È fantastico.»

«Ma questo significa rimanere all'hotel. Cosa faremo con i ragazzi e le loro scuole?»

Tony sorrise. «Ho già pensato a tutto. Michael può andare da solo al liceo vicino al nuovo quartiere e noi possiamo fare a turno a portare Meaghan alla sua scuola.»

Sheena aggrottò la fronte preoccupata. «Ma se la macchina ce l'ha Michael, io cosa userò?»

«O il furgone dell'albergo o questa.» Quasi con timidezza, Tony le porse le chiavi di un'auto.

Sheena le guardò scioccata. «Cos'è?»

Tony le rivolse uno sguardo birichino. «Le chiavi della tua nuova auto. Una piccola Volkswagen decappottabile, solo per te!»

Gli occhi di Sheena si spalancarono e si riempirono di lacrime. «Davvero? È meraviglioso!» Si alzò dalla sedia e gli si mise in grembo. «Non vedo l'ora di vederla. Dov'è?»

«All'hotel. Ho dato disposizioni affinché Regan venisse a prenderla.»

«Oh, sono così eccitata! Finiamo di bere qui e poi andiamo via.»

Lui rise. «Per me va bene. Possiamo pranzare da Gracie.»

Fece segno al cameriere e pagò le bevande.

Mentre beveva un ultimo sorso di vino, Sheena studiò l'uomo che credeva di conoscere. Il vecchio Tony, quello che si preoccupava costantemente dei suoi affari a Boston ed era sempre troppo stanco per fare qualcosa di divertente, non avrebbe mai fatto qualcosa di così frivolo. «Come ti è venuta quest'idea?» gli chiese.

«Una volta mi hai detto che ti sarebbe piaciuta una

decappottabile. Ne ho vista una l'altro giorno e ho pensato a te.»

«Come facciamo a permettercela con la casa e tutto il resto?»

Lui sorrise. «Dopo aver rinegoziato la vendita per ottenere un po' di soldi in più, dovrebbe essere più o meno come avevamo detto.»

«E Michael prende la mia vecchia auto? Scommetto che è entusiasta.»

Tony annuì e poi si fece serio. «Gli ho detto che può usare il SUV come se fosse suo, purché lui e Randy non si mettano in altri guai.» Si alzò. «Sei pronta per andare a vedere la tua nuova macchina? Parleremo della casa un'altra volta. Sto ancora lavorando ai progetti da farti vedere. Poi potremo decidere cosa fare.»

Sheena seguì Tony fino al suo furgone, chiedendosi quali altre sorprese le sarebbero capitate.

CAPITOLO 48
REGAN

Regan portò la nuova auto di Sheena nel parcheggio dietro l'edificio delle suite, la parcheggiò all'ombra e, come promesso, legò un grande fiocco rosa al volante.

Fece un passo indietro per ammirare il suo lavoro e sorrise pensando alla sorpresa che avrebbero fatto a Sheena. Tony non sembrava tipo da fare un regalo così bello, ma dopo aver vissuto e lavorato in Florida negli ultimi due mesi, era diventato molto più divertente. E probabilmente era un bene che Sheena avesse una macchina propria. Il furgone dell'albergo non era sempre disponibile e Gertie, la vecchia Cadillac anni Cinquanta di Gavin, veniva tenuta di riserva solo per le emergenze.

Regan lasciò l'auto e andò all'ufficio della reception dove Chip stava lavorando al computer. A quanto pareva aveva bisogno di qualche aggiornamento.

«Come va?» chiese a Chip quando lui emerse dal corridoio sul retro dove aveva lavorato al gestionale. «È tutto a posto?»

«Credo di sì.» Le sorrise. «Ho installato un nuovo programma e ho predisposto un sistema di backup migliore.» La studiò. «Ti va di uscire stasera? C'è un nuovo gruppo che suona al Pink Dolphin.»

Regan esitò.

«Andiamo!» la blandì Chip. «Sarà divertente.»

«Ok» rispose Regan. «Proviamolo.»

«Perfetto. Passo a prenderti alle sette.»

Regan lo guardò attraversare il prato dell'hotel. Poi notò

Brian Harwood, che si era fermato a parlare con lui. Le accelerò il battito cardiaco quando lo vide. Stava facendo del suo meglio per stargli lontano, ma stare con Brian le dava un'eccitazione che non riusciva a dimenticare.

CAPITOLO 49
DARCY

Dopo la telefonata di Regan, Darcy si affrettò a uscire. Era eccitata come gli altri che stavano nel parcheggio, in attesa di vedere la reazione di Sheena alla piccola e graziosa decappottabile bianca. Pensava che fosse un gesto molto dolce da parte di Tony, ma soprattutto che fosse qualcosa che aveva riunito il gruppo in un modo completamente nuovo. Anche Gracie e gli altri membri della squadra di Gavin erano venuti a condividere il momento. E con l'imminente funerale di Nick, Darcy aveva bisogno di quanti più eventi rincuoranti possibili per risollevarsi il morale.

Dopo pranzo, avrebbe incontrato Austin da suo nonno e poi avrebbero trascorso la serata in un ristorante vicino a Sarasota, più avanti sulla costa. Darcy era impaziente di vederlo. Austin le era stato di grande sostegno mentre piangeva la morte di Nick pensando con preoccupazione all'elogio funebre che doveva fare al funerale. Sarebbe stato bello stargli tra le braccia.

Il furgone di Tony apparve all'orizzonte e Darcy, come gli altri, trattenne il fiato quando si accostò all'auto bianca.

Sheena saltò giù e corse verso l'auto. «È mia? Tutta mia?» Li sorprese tutti saltando su e giù e battendo le mani come una bambina.

Tony rise, la raggiunse e la prese in braccio tra gli applausi del gruppo.

Meaghan si precipitò al fianco della madre. «È così bella, mamma! Mi fai fare un giro?»

Sheena tenne in alto le chiavi. «Sali e andiamo!» Si rivolse al gruppo. «Grazie mille! Non ho mai avuto niente di simile e vi voglio tanto bene!»

«Sbrigati, mamma!» chiamò Meaghan dal sedile del passeggero.

Sheena si mise al volante, tolse il fiocco rosa e lo sventolò in aria. Al suono del motore, Darcy osservò il volto di Sheena illuminarsi per l'eccitazione. Lacrime inaspettate le appannarono la vista. Non si era mai resa conto di quanto Sheena fosse stata delusa per aver perso l'università e di quanto fosse stato difficile per lei sforzarsi di essere la madre e la moglie perfetta dopo essere rimasta incinta e aver sposato Tony.

Quando Sheena rientrò nel parcheggio, Darcy la raggiunse dove aveva accostato l'auto.

«Congratulazioni, Sheena, per tutto: la vendita dell'azienda, la macchina, tutto.» Le diede un abbraccio e un bacio. «Ora devo andare. Ci vediamo dopo.»

«Vuoi che ti accompagni?» chiese Sheena, sorridendo come una bambina dopo aver ricevuto il più bel regalo di compleanno del mondo.

Darcy sorrise. «Sarebbe fantastico. Volevo chiederlo a Regan, ma così è ancora meglio. Mi porterà a casa Austin.»

Meaghan scese dall'auto e Darcy si accomodò sul sedile del passeggero.

Mentre si allontanavano, Darcy salutò Regan. Aveva parlato fino a tarda notte di Austin con sua sorella. Regan era entusiasta che Darcy si fosse innamorata di lui ed era impaziente di vedere cosa sarebbe successo in seguito.

Sheena si voltò verso Darcy. «Quindi è una cosa seria tra te e Austin?»

Darcy annuì. «So che sembra una cosa improvvisa, ma lo amo davvero.» Darcy ricordava ancora quanto fosse stata scioccata, emozionata da quel primo bacio. E poi, più tardi, quando finalmente avevano ammesso il sentimento che provavano l'uno per l'altra e poi avevano fatto l'amore, aveva avuto la sensazione di stare donando la sua anima ad Austin. E lui aveva fatto altrettanto.

Lo amava. Era così semplice, così profondo, così meraviglioso. Le ci era voluto un po' per capirlo, ma ora che lo sentiva, non riusciva a immaginare un giorno senza di lui. Era spaventoso pensare a come un tempo aveva dichiarato di volere qualcuno di più eccitante. Quanto era stata superficiale!

Sheena sorrise. «Sono felice per te. È un ragazzo fantastico, super gentile, super intelligente e di grande talento.»

Dopo che Sheena ebbe accompagnato Darcy da Bill Blakely, Darcy e Bill bevvero qualcosa di fresco in cucina in attesa che Austin tornasse da una commissione.

«Sono contento che tu e Austin facciate sul serio» disse Bill, offrendo a Darcy un biscotto da una scatola che aveva tirato fuori dalla credenza.

Lei scosse la testa alla sua offerta e sorrise. «Sì, anch'io.»

Bill riprese il suo posto di fronte a lei e le rivolse uno sguardo fermo. «Noi uomini della famiglia Blakely ci innamoriamo in fretta, profondamente e per sempre. Non gli farai del male, vero?»

Darcy indietreggiò sorpresa. «No, non lo farei mai. È il primo uomo con cui sono uscita che mi conosce davvero, e il primo di cui mi fido sinceramente che non mi farà del male.»

Bill annuì soddisfatto. «Bene.»

Sentirono Austin entrare in casa e interruppero bruscamente la conversazione.

Austin entrò in cucina e sorrise alla sua vista. Si mise al suo fianco, si chinò e le diede un lungo bacio sulle labbra che le provocò ondate di piacere. Darcy non poté fare a meno di ricambiare e, quando lui si ritrasse, si guardarono e risero di puro piacere.

«Credo di non dovermi preoccupare, dopotutto» disse Bill, sorridendo.

Austin aggrottò la fronte e si voltò verso suo nonno. «Preoccuparti di cosa?»

«Di voi due insieme. Sembra che la magia dei Blakely stia funzionando, come è successo per me e Margery.»

Darcy scambiò un'occhiata con Austin e si rivolse a Bill. «Era una donna adorabile.»

Bill allungò una mano attraverso il tavolo e le diede una stretta. «Anche tu, Darcy.» Si alzò. «Ora vi lascio soli.»

Austin si alzò e tese la mano. «Vuoi fare una passeggiata? Possiamo andare al parco e parlare lì.»

Darcy si alzò e prese la mano di Austin. Uscirono fuori e si incamminarono verso il piccolo parco al centro del quartiere, come avevano fatto un tempo che sembrava ormai lontano.

Il sole giocava delicatamente con le nuvole fluttuanti, nascondendocisi dietro per poi esplodere con la sua luminosità. Una famiglia di anatre scese verso lo stagno, gracchiando forte come se protestasse per l'intrusione nel loro territorio. Darcy rise quando la più piccola si affrettò a raggiungere le altre.

Si sedettero su una panchina all'ombra poi Austin si rivolse a lei con un'espressione seria. «Darcy, io e te condividiamo qualcosa di speciale, non sei d'accordo?»

Darcy sorrise. «Oh, sì, l'ho capito fin dal primo bacio.»

Il cuore le batté forte quando lui si mise in ginocchio davanti a lei. «So che agli altri può sembrare troppo presto, ma io non voglio aspettare. Ti amo e voglio che tu stia con me per il resto della nostra vita. Senza di te al mio fianco, non conoscerò mai tutto ciò che la vita può essere. Darcy, vuoi sposarmi?»

Darcy lo fissò per un attimo, con la voglia di darsi un pizzicotto per vedere se era tutto vero o se aveva sognato. Poi si rese conto che lui stava aspettando la sua risposta. «Sì, oh sì!» gridò, battendo le mani.

Austin tirò fuori dalla tasca una scatolina quadrata di velluto nero. «Ho disegnato questo anello per te.» Aprì il coperchio, rivelando tre grandi diamanti della stessa dimensione incastonati in un'ampia fascia di platino. Ancora in ginocchio, la guardò con una tale tenerezza che le si strinse il cuore. «La sua semplicità per me simboleggia il modo in cui ti amo, con tutto il cuore, con tutto il corpo e con tutta l'anima.»

Calde lacrime rigarono le guance di Darcy, inondandole di una gioia che non aveva mai conosciuto.

Si alzò in piedi, le infilò l'anello al dito e la abbracciò.

«Non aspettiamo troppo a sposarci, ok?»

Lei annuì. «Che ne dici di un matrimonio invernale?»

«Perfetto» disse. «Dovresti aver finito la tua sfida all'hotel e potrai viaggiare con me.»

Darcy sentì gli occhi allargarsi.

Lui rise. «Ricorda, i miei genitori sono nel settore, quindi scegli tu dove andare per la nostra luna di miele e ci andremo.»

«Ora sto davvero sognando» disse Darcy. «Tu, l'anello, il viaggio.» Improvvisamente singhiozzò.

«Mio Dio! Che c'è?» chiese Austin, lanciandole un'occhiata preoccupata.

«È favoloso, ecco che c'è» rispose lei, tirando su col naso.

Quando tornarono a casa, Bill alzò lo sguardo dal libro che stava leggendo. "Allora?"

Austin rise. «Ha detto di sì.»

«I tuoi genitori hanno chiamato per dire che saranno qui appena possibile per festeggiare. Immagino che tu gli abbia detto tutto sul matrimonio con la nostra Darcy.»

Darcy si voltò verso Austin. «Davvero? Lo sapevano?»

Un ampio sorriso comparve sul volto di Austin. «Ho anche chiamato tuo padre per avere il permesso.»

«Oh mio Dio! E lui cos'ha detto?»

«Mi ha detto di tenerti in riga e di assicurarmi che tu sia felice.»

Darcy rise. «È proprio da lui.»

Più tardi, dopo una cena elegante in un ristorante dove ordinarono champagne e parlarono per ore dei loro progetti, Austin riaccompagnò Darcy in albergo. Scesa dall'auto, Darcy si fermò sotto uno dei lampioni del parcheggio e fissò l'anello al dito. Scintillava e brillava come una lucciola magica.

«Immagino che ti piaccia, eh?» disse Austin, avvicinandosi e cingendola con le braccia.

«Mi piaci di più tu, ma sì, mi piace molto. Dai, diamo la buona notizia alle mie sorelle.»

Darcy condusse Austin all'interno e, quando trovò la sua suite vuota, andò a bussare alla porta di quella di Sheena.

Fu Tony ad aprire la porta. «Ciao, entra pure!»

Sheena si alzò dal divano dove stava leggendo e si avvicinò. «Che succede?»

Sorridendo, Darcy tese il dito. «Noti qualcosa?»

«Oh, mio Dio!» gridò Sheena. «Siete fidanzati? Che meraviglia! Che bella sorpresa!»

Sheena abbracciò prima sua sorella e poi Austin.

«Congratulazioni a entrambi!»

Mentre Tony stringeva la mano ad Austin, Meaghan si precipitò nella stanza. «Darcy si è fidanzata? Quando è il matrimonio? Posso partecipare?»

Darcy rise. «Certo. Stiamo pensando a un matrimonio invernale, dopo la fine della sfida.»

«Mi sembra una buona idea» disse Sheena, alzando lo sguardo quando Regan entrò nella stanza.

«Che succede?» chiese Regan. Guardò la mano che Darcy le agitava davanti e strillò: «Oh mio Dio! Siete fidanzati?»

Sentendosi la ragazza più fortunata del mondo, Darcy abbracciò la sorella e poi vide Austin ricevere altre congratulazioni.

CAPITOLO 50
DARCY

Era una giornata d'agosto insolitamente fresca, e Darcy se ne stava seduta in un banco accanto ad Austin nell'affollata chiesa locale, con il corpo teso dal nervosismo, in procinto di tenere uno dei discorsi più importanti della sua vita. La luce filtrava attraverso le vetrate, diffondendo schegge di colore all'interno. Chinò la testa e pregò di rendere giustizia a Nick. Le aveva dato una nuova vita, così come Austin le aveva dato un nuovo amore.

La funzione diventò un susseguirsi indistinto di parole e di canti. Quando fu il momento di alzarsi, le traballarono le ginocchia.

Austin le diede una leggera stretta alla mano. Su suo silenzioso incoraggiamento, Darcy fece un bel respiro e salì la breve scalinata che portava al pulpito all'ingresso della chiesa.

Abbassando lo sguardo sul pubblico, si concentrò su Sandy e la sua famiglia e si voltò a guardare le persone del *West Coast News*. Jeremy McCarthy e Bruce Gilman erano seduti con le loro mogli. Lainey Edwards, appariscente come sempre, era seduta con Ed Richardson, il direttore.

Con la bocca secca, Darcy lanciò un'occhiata alla sua famiglia, presente per sostenerla. Sapevano quanto avesse a cuore Nick e quanto fosse nervosa all'idea di fare un discorso che rendesse giustizia a lui e alla loro amicizia. Randy e Michael erano seduti con gli altri e la guardavano con rispetto.

Darcy fece un profondo respiro, poi si schiarì la gola e cominciò a parlare.

Lei e Nick avevano lavorato insieme all'elogio funebre, ma non era riuscita a trattenersi dallo scrivere parole proprie. Proprio come si sentiva a volte quando scriveva la sua rubrica, le parole sembravano fluire attraverso di lei da un altro luogo. Parlò della gentilezza di Nick, del modo in cui la sua personalità si adattava al suo aspetto, di come voleva essere ricordato e di ciò che sperava per il futuro della sua famiglia e dei suoi amici.

«Nick si rammaricava di non avere figli propri e temeva di non lasciare un'eredità.» Darcy scosse la testa. «Non aveva idea di quanto avesse toccato il mio cuore e quello delle persone che lo circondavano. Il fatto che voi siate qui, a rendergli onore, non può in alcun modo rendergli giustizia. Io, per esempio, gli sarò per sempre grata per le ali che mi ha dato sotto forma di parole. Dire addio a Nick Howard sarebbe sbagliato. Rimarrà per sempre una parte di noi e del futuro.» Smise di parlare, guardò il soffitto e sussurrò: «Grazie.»

Il silenzio che seguì fu sconcertante, finché Darcy si rese conto che tutti stavano piangendo.

Quando tornò al banco, Austin si alzò per aiutarla a sedersi. Lei si aggrappò alla sua mano, bisognosa della sua presenza per non perdere l'equilibrio.

Una dolce musica d'organo riempì la chiesa.

Darcy guardò ancora una volta i colori delle vetrate e immaginò che fossero i colori mutevoli della sua vita. Quando era arrivata in Florida era stata una donna incerta su sé stessa e sul suo ruolo nella vita. Dopo aver trovato la sua strada attraverso l'amicizia con Nick e l'amore di Austin, aveva imparato ad amare gli altri in modo diverso e aveva capito che lei stessa era degna di essere amata.

Piena di tenerezza, Darcy si appoggiò alla spalla forte e sicura di Austin e prese la mano che lui le offrì, eccitata all'idea del loro futuro insieme.

Grazie per aver letto *Alla scoperta della mia strada*. Se ti è piaciuto questo libro, ti chiedo la cortesia di aiutare altri lettori a scoprirlo lasciando una recensione su Amazon, Goodreads o sul tuo sito preferito. Lo apprezzerei molto.

L'autrice

Judith Keim, autrice bestseller *di USA Today*, è un'autrice ibrida che si autopubblica ma pubblica anche con un editore. Scrive romanzi commoventi su donne che affrontano sfide inaspettate, le affrontano con grinta e trovano amore e felicità lungo il cammino. I suoi libri più venduti si basano, in parte, su molti dei luoghi in cui ha vissuto o che ha visitato e sulle persone interessanti che ha incontrato, creando personaggi credibili e ambientazioni realistiche che i suoi numerosi e fedeli lettori adorano. Ama ricevere messaggi dai suoi lettori e apprezza il loro entusiasmo per le sue storie.

Judith Keim ha trascorso l'infanzia e la giovinezza a Elmira, New York, e ora vive a Boise, Idaho, con il marito e i loro due bassotti, Winston e Wally, e altri membri della sua famiglia.

Fin da piccola è stata attratta dall'idea di scrivere storie. I libri erano sempre presenti, in fase di lettura, pronti per tornare in biblioteca o sul punto di essere scoperti. Tutti i membri della sua famiglia condividevano le informazioni tratte dai libri durante le loro chiacchierate, creando così un ricco bagaglio di conoscenze e una vivida immaginazione.

"Spero che questo libro ti sia piaciuto. Se così fosse, ti prego di aiutare altri lettori a scoprirlo lasciando una recensione su Amazon, Goodreads, Bookbub o sul sito di tua scelta. E ti prego di dare un'occhiata agli altri miei libri e alle altre serie in lingua originale:

Hartwell Women
The Beach House Hotel
Fat Fridays Group
Chandler Hill Inn
Seashell Cottage

Desert Sage Inn
Soul Sisters at Cedar Mountain Lodge
Sanderling Cove Inn
The Lilac Lake Inn

TUTTI I LIBRI IN LINGUA ORIGINALE SONO DISPONIBILI IN AUDIO su Audible, iTunes, Findaway, Kobo e Google Play! È così divertente sentire questi personaggi che prendono vita!"

Judith Keim può essere contattata sul sito:
www.judithkeim.com

E per mettere "Mi piace" alla sua pagina autore su Facebook e tenervi aggiornati sulle novità, andate su:
http://bit.ly/2pZWDgA

Per ricevere notifiche su nuovi libri, seguitela su Book Bub:
https://www.bookbub.com/authors/judith-keim

Iscriviti alla mia newsletter e ricevi un racconto gratuito. Le mie newsletter sono brevi e divertenti, con omaggi, ricette e le ultime notizie imperdibili su di me e sui miei libri. Benvenuti! Ecco il link:
https://BookHip.com/RRGJKGN

Judith Keim è anche su Twitter @judithkeim, LinkedIn e Goodreads. Passa a salutarla!

www.ingramcontent.com/pod-product-compliance
Lightning Source LLC
Chambersburg PA
CBHW022017310726
48972CB00006B/1695